여자는 존재 자체로 낙인이었어

여자는 존재 자체로 낙인이었어

오현세 지음

달콤한 책

부호 왕비의 출산 관련 내용이 적혀 있는 갑골문. 본문 32페이지.

신윤복,《혜원전신첩》〈홍루대주(紅樓待酒)〉, 지본채색, 28.2 x 35.6cm, 간송미술관.
한량들이 이패와 함께 주모가 술 가져오기를 기다리고 있다. [중국에서는 몸 파는 여인들이 있는 곳
은 청루(靑樓), 술시중만 드는 여자가 있는 곳은 홍루(紅樓)라 했으나 우리나라에서는 엄격히 구별
해 부르지 않았다.] 본문 140페이지.

조선에 온 중국 사신 행렬. 본문 144페이지.

김홍도,《단원풍속화첩》중 〈우물가〉, 18세기 후반, 종이에 담채, 27.0 × 22.7cm, 국립중앙박물관.
본문 206페이지.

길가메시와 엔키두의 싸움. (출처: 위키피디아) 본문 158페이지.

엔키두를 유혹하는 샴하트. (출처: 위키피디아) 본문 158페이지.

벨라스케스, 〈화장하는 비너스〉, 1644~1648년경, 캔버스에 유채. 본문 272페이지.

금잠고. (출처: 바이두) 본문 180페이지.

옛 경기여고 여학생의 등굣길. 1925년 사진.《경기여고 100년사》. 본문 170페이지.

차례

이 책은 주제를 분석하는 데 한자를 많이 이용했기 때문에 본문의 이해를 돕기 위해 이와 관련된 몇 가지 사전 지식을 준비했습니다.

1. 갑골문(甲骨文)

한자의 원형으로 알려진 갑골문은 은허문자(殷墟文字)라고도 불리는데, 대부분 지금의 허난성 안양시에 있는 은허 유적지에서 발견되었기 때문에 그런 이름이 붙었습니다. 은(殷)은 중국 역사상 두 번째 왕조인 상나라(기원전 1600~1046)가 기원전 1300년경에 천도한 마지막 수도의 이름이고, 은허는 상나라 멸망 이후 폐허가 된 은을 가리키는 말입니다. 은이 폐허가 되었다는 사실은 매우 중요한 의미를 갖습니다. 은에서 주로 사용되었던 갑골문이 은이 폐허가 되면서 땅에 묻힌 채 잊혔기 때문입니다.

갑골문은 지금 생각하는 문자와는 성격이 많이 달랐습니다. 갑골문은 일반인의 소통 목적을 위해서가 아니라 국가의 큰일을 앞두고 점을 칠 때 그 결과를 기록하려는 용도로 만들어졌기 때문입니다. 주로 거북의 배 껍질과 소의 견갑골에 새겨 갑골문이란 이름이 붙었는데 사람들은 여기에 점의 결과를 기록한 후 대개 땅에 묻었습니다.

상을 멸망시킨 주는 상나라를 아주 싫어하고 멸시했습니다. 때문에 주나라는 상나라를 무너뜨린 후 수도였던 은의 주민들을 이주시키고 폐허로 만든 다음 수도를 옮겼습니다. 은에 묻힌 갑골문이 수천 년간 그 존재조차 잊히게 된 이유입니다.

이렇게 사람들의 기억에서 사라진 갑골문이 1899년 금석학자 왕의영에 의해 다시 세상에 그 모습을 드러냈습니다. 실로 3천여 년의 세월이 흐른 뒤였습니다. 이처럼 갑골문이 다시 세상에 알려진 것이 불과 120여 년에 불과하고 그 기간 동안 엄청난 근세사의 격변이 중국을 휩쓸고 간 관계로 충분한 연구는 아직 요원한 형편입니다.

2. 금문(金文)

금문은 당시 길금(吉金, 길한 금속)이라 부른 청동 재질로 만든 그릇에 새긴 글자입니다. 이 그릇은 일반용이 아니라 국가적인 제사나 의례에 쓰기 위해 또는 임금의 순회 기록을 새겨 각 지역에 배치하는 용도로 만들었습니다. 금문이 제작된 시기는 갑골문과 비슷하고 모양도 갑골문을 간략화한 것이 많습니다. 갑골문과 달리 단단한 재질에 새겼기 때문에 현재 12,000점 가량의 유물이 남아 있습니다. 갑골문과 함께 한자의 원형을 간직한 귀중한 자료로 평가받고 있습니다.

3. 초계간백(楚系簡帛)

춘추전국시대의 초나라에서 사용한 문자로 한자 변천사 측면에서 보면 금문과 예서의 중간 단계에 해당합니다. 죽간과 비단에 쓰여 간백(簡帛)이라고 부릅니다. 간혹 이해를 돕기 위해 사용했습니다.

4. 전문(篆文)

전문은 금문에서 변형된 글씨체로 주나라 때 만들어졌습니다. 주(籀)라는 사람이 창작했다 하여 주문(籀文)이라 불렀는데, 이것을 간략화한 것이 대전(大篆)이고, 진나라가 중국을 통일한 후 좀 더 간략하게 만든 것이 소전(小篆)입니다. 이 책에서는 글자의 의미를 파악하는 데 갑골문이나 금문이 없을 경우에만 전문(篆文)을 인용했습니다. 전문으로 쓴 글자체를 전서체(篆書體)라 합니다.

5. 허신(許愼, 30~124)

한자 역사에 가장 큰 영향을 미친 인물입니다. 이 사람을 빼놓고는 한자를 논할 수 없습니다. 중국 후한(後漢)의 학자로 《설문해자(說文解字)》를 썼습니다. 《설문해자》는 한자를 형(形), 의(義), 음(音)으로 분류해 체계적으로 정리, 해설한 최초의 자서(字書)로 후대의 학자들에게 절대적인 영향을 끼쳤습니다. 《설문해자》와 배치되면 어떠한 의견도 용납되지 않았습니다. 중국은 물론 한국, 일본에서도 한자의 해석은 절대적으로 《설문해자》의 주를 따랐습니다. 아직도 인터넷을 찾아보면 《설문해자》의 해석을 그대로 따르고 있는 사람들이 부지기수이니 예전에야 말할 나위도 없습니다. 다만 허신이 《설문해자》를 쓸 당시에는 갑골문의 존재가 전혀 알려지지 않았던 터라 해석의 상당 부분에 오류가 있습니다. 폄하할 일은 절대 아니지만 안타까운 일입니다. 또 《설문해자》가 봉건왕조체제 강화를 목적으로 편찬되었기 때문에 풀이에 군주와 남성의 권위를 내세운 것이 많다는 점도 염두에 두어야 합니다.

6. 설문해자(說文解字)

허신이 한자를 의미별로 540개의 부수로 정리한 다음 9,353자의 한자를 풀이한 책
으로 한자학의 바이블로 불립니다. 다만 한자의 원형을 주로 소전체에서 찾음으로
써 많은 오류를 낳았습니다. 소전체가 한자의 원형을 비교적 잘 간직하고 있는 문자
이긴 하지만, 그보다 오래된 대전체와 당시 어느 정도 남아 있던 고문(古文, 전국시대
문자)들을 참조하지 않았고, 무엇보다 갑골문의 존재가 아예 알려지지 않은 시대에
만들어졌기 때문입니다. 이로 인해 《설문해자》의 풀이 중 약 40퍼센트 정도는 잘못
이라고 주장하는 학자도 있습니다.

7. 설문(說文)

설문(說文)은 《설문해자》의 약칭이기도 하지만 《설문해자》에서 언급된 한자를 가리
키기도 합니다. 허신은 《설문해자》를 지으면서 수집 가능한 모든 문자를 참고했습니
다. 갑골문은 알지 못했으나 소전체를 바탕으로 그전의 대전체 및 고문들을 망라했
습니다. 때문에 이 책의 옛글자를 설명하는 지문에 설문이라 한 것은 허신이 《설문
해자》에서 참고로 한 글자(대부분 소전체)라는 의미입니다.

8. 동파문(東巴文)

동파문은 중국 북부의 소수민족인 나시족이 7세기 무렵부터 사용해오고 있는 문자
로 표의(表意)와 표음(表音) 성분을 겸비한 상형문자입니다. 동파문은 2,223개의 글자
가 있으나 일상에서는 1,300자 내외가 사용되고 있는데 세밀한 정감(情感)의 표현이
가능하고 복잡한 사건을 기록하고 시와 작문을 쓸 수 있으며 경전 등의 완전한 기

록이 가능합니다.

상당히 추상화된 한자에 비해 형태가 원시적이지만 사물의 본모습을 매우 흡사하게 담고 있습니다. 그림문자의 특징이 명확하게 남아 있는 유일한 문자로 그림문자의 살아 있는 화석이라고 할 수 있습니다.

이 책에서는 한자를 이해하는 데 도움이 될 것으로 여겨지는 경우에 동파문을 간간이 인용했습니다. 주로《동파상용자전(東巴常用字典)》(운남미술출판사)과《동파지전(東巴紙典)》을 참고했습니다.

9. 간체자(簡体字)

1956년, 중국 정부는 모두 2,238개의 간체자를 발표했습니다. 간체자는 본래의 한자를 간소화한 글자입니다. 간체자의 제정 목적은 문맹 해소였습니다. 한자의 본래 형태가 읽고 쓰기에 너무 어려웠기 때문입니다. 간체자가 분명 문맹률 감소와 디지털 기기 사용에 큰 도움을 준 것은 사실이지만 이로 인해 한자에 담겨 있던 본래의 모습이 사라지고 말았습니다. 뜻글자에서 그 뜻을 나타낸 부분을 삭제, 변형했으니 빈대 잡으려 초가를 태운 느낌입니다. 상당수 한자가 표의문자에서 단순한 기호로 전락했습니다. 중국의 학자들도 이 점에 큰 우려를 하고 있습니다. 우리나라는 원래의 한자 모습인 정체자(번체자)를 그대로 간직하고 있습니다.

10. 한전(漢典)

한자와 중국 관련 자료를 풍부하게 갖춘 중중사전(中中辭典) 사이트입니다. 갑골문과 금문만을 모아 놓은 사이트《Chinese Etymology》와 함께 많이 참고했습니다.

11. 바이두(Baidu, 百度)

바이두는 세계에서 가장 큰 중국어 검색 엔진이자, 포털사이트입니다. 14억 중국 인구의 유일한 독점 사이트로 검색 결과에 중국 정부의 입김이 작용한다는 단점은 있지만 중국에 관한 정보를 찾으려면 빼놓을 수 없습니다.

언제부터인지 잘 모르겠습니다. 남자와 여자 사이가 좋지 않습니다. 보통 안 좋은 것이 아니라 거의 적대감을 갖는 지경에 이른 것처럼 보입니다. 서로가 서로에게 절대적으로 필요한 존재임을 뻔히 알면서도 그렇습니다. 둘의 사이를 완화시키기 위해 별별 처방이 다 나와 있지만 백약이 무효입니다. 왜 그럴까요? 서로 상대방을 모르고 있기 때문입니다. 남녀가 피차 서로에게 이해하기 힘든 존재라는 이야기는 진부합니다. 그렇게 서로 이해할 수 없다면 어느 한쪽만이라도 이해하면 어떨까요? 이 책은 그 이해의 실마리를 그림문자 '여(女)'에서 찾았습니다.

여(女)라는 한자가 좋지 못한 뜻으로 쓰이고 있다는 것은 누구나 알고 있습니다. 이에 대한 전설이 《회남자(淮南子)》에 실려 있습니다. 짧게 옮깁니다.

어느 날 한자를 만들었다고 전해지는 인물 창힐에게 여자 귀신들이 몰려와 항의를 했다. 왜 나쁜 뜻의 글자에 여자를 사용한 것이 그리 많으냐고. 그러면서 예를 들었다. 奸(간음할 간), 嫉(시기할 질), 嫌(싫어할 혐), 妖(요망할 요), 妄(망령 망), 娼(창녀 창), 媚(아첨할 미), 姦(간사할 간), 奴(종 노) 등등. 말문이 막힌 창힐은 사과를 하고 여자를 이용한 좋은 글자들을 만들겠노라고 약속했다. 그렇게 만든 글자들이 妥(편안할 타), 妙(묘할 묘), 嬌(아리따울 교), 姝(예쁠 주), 姚(예쁠 요) 등이다.

이 전설이 맞을까요? 과연 여자라는 글자가 좋은 뜻으로도 쓰였을까요?

그렇지 않습니다. 남자들의 머릿속에서 자신과 동등한 인간으로서의 여자가 있어본 적이 없었습니다. 여자는 누구랄 것 없이 남자의 삶을 위한 노예이자 도구이며 남자를 유혹해 파탄으로 이끄는 존재일 뿐이라고 남자들이 믿었음을, 남자가 생각할 수 있는 모든 나쁜 개념에 여(女) 자를 낙인으로 사용했음을 알아야 합니다.

불행히도 이러한 인식은 한자권 남자들만의 것이 아닌 듯 보입니다. 세상의 많은 남자들이 여전히 그런 인식을 품고 있습니다. 아니라고 남자들은 부정합니다. 여자는 남자와 동등하고 평등한 존재라고 부르짖고 있습니다. 허구입니다. 이러한 인식의 허구를 확인한 것이 이 책입니다.

이 책은 여(女)가 들어간 천여 개의 한자 중에서 창힐이 만들었다는 나쁜 글자, 좋은 글자는 물론 수천 년간 남녀를 세뇌시키는 데 영향을 주었을 것으로 생각되는 백여 개를 추렸습니다. 상용 여부는 염두에 두지 않았습니다. 오히려 사라진 글자, 벽자(僻字)들을 상당히 많이 다뤘습니다. 그것들이 모두 낙인의 증거였기에 어느 것 하나 빼놓을 수 없었습니다.

그림문자는 그 복잡성에도 불구하고 즉각적인 의사 전달이 가능하다는 장점 때문에 훌륭한 기록 수단으로 인정받고 있습니다. 현재 순수한 그림문자로 남아 있는 것은 동파문이 유일합니다.

동파문은 중국의 소수민족인 나시족이 7세기경부터 만들어 지금까지 사용하고 있는 순수 그림문자로 현대의 이모티콘과 놀랄 만치 흡사합니다. 아래에 몇 가지 개념을 동파문과 현대의 이모티콘으로 비교해봤습니다. 왼쪽은 〈플래티콘(flaticon)〉 사이트에서 가져온 이모티콘이고 오른쪽은 동파문입니다.

선을 디지털 작업으로 처리한 것과 손으로 그렸다는 차이를 제외하면 똑같다고 봐도 무방합니다. 어떤 것은 동파문이 훨씬 더 실감이 납니다.

서다 앉다 밀다

보다 노래하다 사랑하다

동파문의 '보다'에는 '시선'이, '노래하다'에는 '소리'가, '사랑하다'에는 '꽃'이 그려져 있습니다. 현대의 이모티콘보다 훨씬 직관적이고 그만큼 더 설득력이 있습니다.

이러한 동파문이 보다 널리 사용되지 못한 이유는 그림만으로 개념을 나타내는 데서 발생하는 한계를 극복하지 못했기 때문입니다. 이러한 그림문자의 한계를 극복한 것이 한자입니다.

한자는 그림문자가 아니라 회의문자로 불립니다. 시작은 그림이었지만 수만 자의 한자 중 사물의 모습을 본뜬 순수 그림문자는 불과 364개에 지나지 않습니다. 나머지는 모두 변형된 그림과 부호, 기호, 비슷한 발음을 가진 글자들을 조합해 만들었습니다. 그래서 그림문자가 아니라 뜻글자, 즉 회의문자라고 부릅니다. 이런 이유로 한자는 동파문과 달리 얼핏 원래 의도했던 바를 쉽게 깨닫기 어렵습니다. 그러나 잘 들여다보면 만든 사람들의 생각을 이해하는 데 도움을 주는 중요한 실마리들을 찾을 수 있습니다.

사람들이 의사소통의 수단으로 남자와 여자를 그린다면 어떤 모습일까요? 동파문부터 보겠습니다.

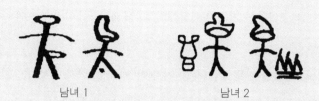

남녀 1   남녀 2

'남녀 1'은 남녀를 머리와 생식기의 모양으로 구별했고 '남녀 2'는 옆에 발음(남자 [ruò], 여자 [mi])을 나타내는 그림을 덧붙였습니다. 남녀를 구별함에 있어 오직 외향적인 차이만 고려했음을 알 수 있습니다. 오늘날이라면 어떻게 그릴까요? 흔히 볼 수 있는 것들을 골라봤습니다.

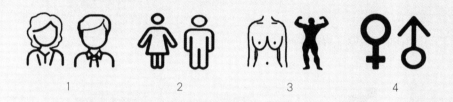

1   2   3   4

1번은 머리 모양, 2번은 옷차림, 3번은 신체적 특성을 바탕으로 남녀를 구별했고, 4번은 서양의 점성술에서 유래했습니다.

1번과 2번은 동파문과 마찬가지로 남녀의 본질과 관계가 없습니다. 외형만으로 구별했습니다. 3번은 좀 다릅니다. 여자는 신체의 외형적 특징을 그렸는데 남자는 '힘'이라는 무형적 개념을 강조하고 있습니다. 4번은 애초 서양 점성술에서 금성을 ♀로, 화성을 ♂로 표시한 데서 비롯했습니다. 이것이 ♀는 미의 여신 비너스(Venus 금성)가 손거울을 든 모습이고, ♂는 군신 마르스(Mars 화성)가 창과 방패를 든 모습이라는 그럴싸한 속설로 포장되어 널리 퍼져 있습니다. 비너스와 군신 마르스는 '강함'이란 측면에서 분명한 대비를 보이기 때문에 중세의 연금술사들이 이를 빌려와 약한 금속 구리를 ♀로, 강한 금속 철을 ♂로 표시했습니다. 식물학자 린네가 이를 식물의 암수를 구별하는 기호로 썼습니다. 암은 구리로, 수는 철로 표시했습니다. 이처럼 남녀, 암수를 구별하는 기준이 서양에서는 '힘'과 '강함'이었음을 알 수 있습니다.

한자를 만든 사람들은 달랐습니다. '여자 여(女)'라는 한자에 보이는 여자는 두 손을 앞으로 모으고 무릎을 꿇은 모습입니다. 간혹 머리에 비녀를 꼽은 모습이 금문에 보이지만 자세에는 변함이 없습니다.

여자   여(女)의 갑골문   여(女)의 금문

남자[男]는 어떻게 그렸을까요?

남자   남(男)의 갑골문   남(男)의 금문

남자는 밭에서 쟁기질하는 모습으로 그렸습니다. 이 두 그림이 한자를 만든 사람들의 남녀에 대한 인식을 대변하고 있습니다. 두 손을 모으고 무릎을 꿇고 있는 순종적인 사람과 밖에서 일하는 사람은 서양처럼 힘을 기준으로 구별한 것이 아닙니다. 총체적인 존재 가치로 구별했습니다.

남자는 능동적으로 무언가를 생산하는 존재로, 여자는 자신을 남자에게 의탁한 존재로 표시한 것입니다. 이러한 인식이 형상화된 것이 '여자 여(女)'입니다. 이러한 '여자 여(女)'가 긍정적인 의미로 쓰였을 리 없습니다. 온갖 부정적인 개념에 두루 사용되었습니다. 낙인이 되었습니다.

이 낙인들을 보면 여자들은 남자가 자신을 어떤 눈으로 보았는지 알 수 있습니다. 남자들은 스스로 여자를 어떤 눈으로 보았는지 깨달을 수 있습니다. 이러한 깨달음이 남녀가 서로를 이해하는 데 조금은 도움이 되지 않을까 하는 바람으로 이 책을 썼습니다.

안타깝게도 여자가 남자를 어떻게 보는지는 알 수 없습니다. 여자가 그린 남자 그림이 없기 때문입니다. 어쩔 수 없이 이 책은 인간 구성원의 반쪽만을 다뤘습니다. 이제 그 반쪽인 여자, 낙인으로서의 여자들을 만나보도록 하겠습니다.

여자

어머니와 딸

아내와 며느리

무녀

어머니와 딸

어머니는 여자가 아니다_

이제 본격적으로 여자들을 만나보겠습니다. 첫 번째 여자는? 두말할 것도 없이 어머니입니다. 어머니는 만물의 근원입니다. 그 어머니는 여자입니다. 그런데 남자들의 머릿속에 들어 있는 어머니는 여자가 아닙니다.

남자가 여자에게 갖는 일차적인 인식은 종족 번식을 위해 필요한 존재라는 것입니다. 그렇기에 모든 여자는 성적 대상이 됩니다. 여기에서 유일하게 제외되는 존재가 바로 어머니입니다. 그러나 여기에는 전제가 있습니다. 모든 여자는 어머니이거나 장차 누군가의 어머니가 될 존재지만 남자에게 어머니는 오로지 자신의 어머니만 어머니라는 것입니다. 남의 어머니는 어머니가 아닙니다. 여자일 뿐입니다. 남자는 인간을 남자와 여자 그리고 자신의 어머니로 구분합니다.

이렇게 남자들이 특별하게 생각하는 어머니는 어떤 존재일까요? 선악의 판단 대상이 아닙니다. 지고지순한 존재입니다. 신성불가침입니다. 이런 이야기가 있습니다.

의탁할 왕을 찾아 천하를 떠돌던 공자가 어느 날 지친 몸을 이끌고 산길을 돌자 마을이 나타났습니다. 마침 해마저 저물어 제자들이 그 마을에서 하룻밤 묵기를 원했으나 공자는 고개를 저었습니다. 그 마을의 이름이 승모(勝母)였기 때문입니다. '이길 승(勝)' '어미 모(母)'. 어머니를 이긴다는 뜻의 '승모'라는 이름을 가진 마을에서 머문다는 것은 생각할 수도 없는 일이었습니다.

또 이런 이야기도 있습니다.

2022년 6월 21일은 대한민국이 오래오래 자랑스러워할 날입니다. 누리호가 성공리에 우주로 날아갔기 때문입니다. 이 누리호 엔진 개발의 주역인 한영민 항공우주연구원 엔진개발부장의 인터뷰 글 중에 이런 대목이 있습니다. 몇 차례 실패를 겪은 그는 이번 누리호 발사를 앞두고 조립동을 탐돌하며 "하느님, 어머님, 부처님, 이번 발사는 무사하게 안전하게 꼭 성공하게 해주세요"라고 기도했답니다.*

어머니는 이런 존재입니다. 하느님, 부처님과 동격입니다.

남자들은 여자라는 존재를 좋게 보지 않았습니다. 그래서 어머니란 글자 모(母)를 여자를 가리키는 그림에 사용하지 않았습니다. 여자와 관련된 어떤 글자에도 '어미 모(母)'를 넣지 않았습니다. '유모 모(姆)'가 있지만 역시 어머니란 뜻이기에 예외로 볼 수 없습니다. 호(好)도 마찬가지입니다.

여자가 어머니가 될 수 있는 전제 조건이 아이입니다. 그래서 어머니를 그리며 여자 가슴에 젖을 그렸습니다.

모(母)의 갑골문　　　　　모(母)의 금문

이 엄마가 자식과 함께 있는 그림이 '좋을 호(好)'입니다.

호(好)의 갑골문　　　　　호(好)의 금문

* 《중앙일보》 2022년 7월 1일자.

호(好)에는 '사랑하다, 착하다, 즐겁다' 등등 좋은 뜻만 들어 있습니다. 나쁜 뜻이 전혀 없습니다. 호(好)에 보이는 여자가 어머니이기 때문입니다.

여기에 의문을 가질 수 있는 글자가 하나 있습니다. 독(毒)입니다. 독은 아주 나쁜 뜻입니다. 그런데 모(母)가 보입니다. 그래서 어머니를 언급하며 독(毒)을 지나칠 수가 없습니다. 자칫 어머니를 오해할 수 있기 때문입니다.

독 독(毒)

우선 네이버 한자 사전의 설명을 보겠습니다. 한자를 이해함에 있어 사람들의 잘못된 인식이 얼마나 고집스러운지 알 수 있는 중요한 예이기에 그대로 옮깁니다.

> 독(毒): 회의문자. 산모(母)에게 약초(屮, 풀을 나타내는 艸)를 너무 많이 먹이면 몸에 나쁘다는 데서 독(毒)을 뜻함.

말도 안 되는 이야기입니다. 아무리 약초라지만 과용해서 몸에 좋은 사람 없습니다. 그리고 왜 하필 산모입니까? 약초를 과용하는 사람이 산모가 되어야 할 필연적인 이유가 어디 있습니까? 무엇보다 신성하고 지고지순한 존재인 어머니를 '독'이라는 글자를 만드는 데 사용했다는 발상 자체가 있을 수 없습니다. 독(毒)에 이렇게 황당한 풀이가 붙은 것은《설문해자》때문입니다.

허신은 이 글자를 보고 위를 '풀 초(艹=草)', 아래를 '어미 모(母)'로 해석했습니다. 아래 그림이 너무나 분명히 '어미 모(母)'를 가리키고 있기 때문에 달리 생각할 마음을 못 먹었습니다. 그래서 '산모와 과용한 약초'로 풀었습니다. 이것이 2천 년이 지난 오늘날까지 이어지고 있습니다. 인간의 맹목이 이와 같습니다.

허신이 참고한
독(毒)의 전서

'독'하면 가장 먼저 떠오르는 것은 당연히 뱀입니다. 뱀 중에서도 독사입니다. 지금도 그렇지만 고대에는 독사만큼 두려운 동물이 없었습니다. 발견하기도 어렵고 울타리로도 막을 수 없는 데다 물리면 치명적이었기 때문입니다. 그렇다면 독이란 글자는 독사를 가지고 만드는 것이 당연하고 자연스럽습니다. 독사 대가리에서 뿜어져 나오는 독! 이것이 독(毒)의 본모습입니다. 이처럼 당연한 생각이 왜 왜곡되었을까요? 이를 이해하기 전에 알아야 할 것이 있습니다. 동물을 구분함에 있어 한자를 만든 사람들이 아주 독특한 시각을 가지고 있었다는 사실입니다.

한자를 만든 사람들은 생명체를 다음과 같이 나눴습니다. 사람, 짐승, 새, 물고기 그리고 벌레. 그런데 여기서 말하는 벌레가 우리가 일반적으로 알고 있는 개념과 좀 다릅니다.

벌레를 가리키는 그림은 '벌레 충(虫)'입니다. 그런데 이 충(虫)이 오만 군데 다 붙어 있습니다. 딱정벌레[蠱 갑], 바퀴벌레[蠦 장], 장구벌레[蜎 연], 노래기[蚿 현], 벼룩[蚤 조] 따위라면 당연합니다. 개미[蟻 의]나 모기[蚊 문], 지렁이[蚓 인], 잠자리[蛉 령], 메뚜기[蝗 황]까지도 그럴 수 있다 하겠습니다. 그러나 개구리[蛙 와], 두꺼비[蟾 섬], 대합조개[蛤 합]까지 벌레 무리에 들어 있는 것을 보면 좀 갸우뚱해집니다. 그러나 이 정도는 약과입니다. 뱀과 거대한 이무기[虺 훼], 용(龍)까지 들어 있습니다. 들어 있는 정도가 아니라 벌레의 얼굴마담이 뱀입니다.

벌레를 그린 그림, 충(虫)을 보겠습니다.

충(虫)의 갑골문   충(虫)의 금문   충(虫)의 전서

하나같이 뱀입니다. 실제로 고대에는 벌레와 뱀이 같은 글자였습니다.*

그래서 충(虫)은 '살모사 훼'라고도 읽습니다.

용(龍)에는 충(虫)이 안 보이지만 '무지개 홍(虹)'을 보면 용을 벌레로 보았다는 것을 확실히 알 수 있습니다.

홍(虹)의 갑골문

홍(虹)의 전서

옛사람들은 무지개를 용 두 마리가 하늘 양쪽에서 물을 빨아들이고 있는 모습으로 보았습니다. 그런 무지개에 용이 벌레 모습으로 들어 있습니다.

이처럼 갑골문을 그린 사람들은 사람, 짐승, 새, 물고기가 아닌 모든 생물은 모조리 벌레로 일괄 취급했고 그 대표는 뱀이었음을 기억하시기 바랍니다.

이제 독(毒)의 고문을 보겠습니다. 위는 '나아갈 출(出)'이고 아래는 뱀입니다. 독입니다. 그런데 불행히도 사람들이 아래 보이는 충(虫)의 금문 중 하나를 '어미 모(母)'로 착각합니다.

독(毒)의 고문

세월이 흐르며 독(毒)의 고문에 있던 충(虫)이 완전히 모(母)로 탈바꿈해 독(毒)이 되었습니다. 이러한 변천 과정을 통해 갑골문과 금문이 만들어졌으니 천여 년이 지나 태어난 허신이 알 리 없습니다. 그가 잘못된 해석을 내린 것도 어쩔 수 없습니다. 다만 아직도 그의 해석이 그대로 통용되고 있음이 어이없을 뿐입니다.

---

* "(충): 虺的古字[훼적고자: 충은 훼(살모사)의 옛글자다]", 〈한전 국어사전(漢典國語辭典)〉.

아쉽게도 독의 갑골문은 아직 발견되지 않았습니다. 발견된다면 아마 오른쪽 아래 그림과 비슷하지 않을까 생각합니다.

이제 독(毒)에 들어 있는 모(母)는 어머니가 아니라 뱀임을 알겠습니다. 어머니와 독이라는 개념을 결부시키다니! 있을 수 없습니다.

다시 한 번 강조합니다. 남자에게 어머니는 여자가 아닙니다. 어머니입니다. 그런데 이처럼 남자가 여자 무리에서 제외한 여자가 어머니 말고 하나 더 있습니다. 딸입니다.

충(虫)의 3번 금문　　모(母)의 금문

독의 갑골문(추정)

딸은 존재하지 않았다_

알려진 대로 한자는 "하나의 뜻은 하나의 글자에 담는다[一字一義(일자일의)*]"는 원칙 하에 만든 글자입니다. 따라서 한자는 모든 사물과 개념을 각각 하나의 글자 속에 담았습니다. 둘 이상의 글자로 표현한 것은 단어이며, 글자와 다릅니다. 이 한자 중에 딸을 가리키는 글자는 어떻게 생겼을까요?

한자에서 딸을 지칭하는 대표적인 말은 여아(女儿)입니다. 그밖에 딸을 가리킬 때 쓰는 단어들이 여럿 있지만 느낌이 조금씩 다릅니다. 여해(女孩)는 여자아이란 뜻이고 규녀(閨女)와 고랑(姑娘)은 처녀란 뜻이 앞섭니다. 우리가 흔히 쓰는 여식(女息)은

---

* 義는 '옳을 의'로 읽지만 '글자의 뜻'을 나타내기도 한다. 그 뜻이 '옳다'라는 것을 강조하고 있다.

남에게 자기 딸을 일컬을 때 쓰는 말입니다. 그런데 이상합니다. 한 글자로 된 딸이란 글자가 보이지 않습니다.

엄마의 뱃속에 아이가 생깁니다. 아이를 밴 엄마의 상태를 가리키는 글자가 잉(孕), '아이 밸 잉'입니다. 엄마 몸속에 '아들 자(子)'가 들어 있습니다. 그러나 초기 갑골문에는 아들이 아니라 배아(胚芽)가 그려져 있습니다. 배아는 수정란이 분열, 증식을 시작한 이후의 개체로 태아 이전의 사람 씨앗을 말합니다. 사람의 경우 7주가 지나면 태아라고 합니다. 오른쪽 그림은 잉(孕)의 초기 갑골문입니다.

잉(孕)의
초기 갑골문

보다시피 배아의 모습에는 남녀 구별이 없습니다. 그런데 언제부터인지 확실치 않지만 배아의 모습이 바뀐 그림이 나타납니다.

잉(孕)의 후기 갑골문

자(子)의 설문

엄마 뱃속의 배아 모양이 달라졌습니다. 배아가 '♀' 이런 모습이 되었습니다. 배아가 자란 모습일까요? 아닙니다. 외다리처럼 보이지만 이 그림은 아기를 강보에 싼 모습입니다. 그런데 이상합니다. 엄마 뱃속에 있는 아기를 왜 굳이 강보에 싼 모습으로 그렸을까요? 이 그림이 나중에 '아들 자(子)'가 되었기 때문입니다. 배아는 남자일 수도 여자일 수도 있지만 자식이 무조건 아들이기를 바라는 남자의 염원이 배아를 아들로 한정시켰습니다.

그러나 배아 모양을 바꿨다고 딸이 아들로 변할 리 만무합니다. 태어난 자식이 딸이면? 불길합니다. 이러한 인식이 갑골문에 선명하게 기록되어 있습니다. 지금으로

부터 3천2백여 년 전의 일입니다.

상(은)나라 중흥군주 무정(武丁, 재위 기원전 1250~1192)이 둘째 부인인 부호(婦好) 왕비의 출산이 다가오자 점을 쳤습니다.*

"부호 왕비가 아이를 낳으려 하는데 아들일까요?"
"신(申)일에 낳으면 길하여 아들일 것이다."
그러나 부호 왕비는 갑인(甲寅)일에 아기를 낳았다.
길하지 않다. 딸이었다.**
[갑인(甲寅)일은 신(申)일에서 3주와 하루가 지난 후였다.]

부호는 고대 중국 역사에서 독보적인 인물입니다. 지금까지 발견된 만여 개의 갑골문 가운데 약 70퍼센트 정도가 무정왕 시기에 만들어졌는데 그중 부호 왕비에 관련된 것만 200개가 넘습니다.

부호가 상나라 제후국의 공주로 태어나 10대의 나이에 무정의 아내가 된 것은 무정이 한창 주변국을 정벌하고 있던 시기였습니다. 정벌왕이라 불리던 무왕이 나이 들어 기력이 떨어지자 부호는 남편을 대신해 군대를 이끌고 주변국을 토벌해 나라의 토대를 굳건히 했습니다. 특히 상나라 역사상 가장 큰 전역이었던 강족과의 전투에서는 1만3천여 명의 군대를 이끌었는데, 이는 상나라 역사상 가장 큰 규모였습니다. 그 후에도 스스로 변경 요충지의 제후로 나아갔으며 국가적인 제사를 관장하는 사제 역할을 겸임하는 등 나라를 지키고 이끄는 데 전력을 다했습니다. 제사를 관장했다는 것은 사소한 일이 아닙니다. 갑골문에 기록되어 있습니다.

---

* 책머리에 참고 사진 수록.
** "婦好娩 嘉(부호만 가), 申娩吉 嘉(신만길 가), 甲寅娩(갑인만), 不吉 女(불길 녀)"

지위가 얼마나 높습니까?

남편이 할 제사를 대신 주관했습니다.*

《좌전(左傳)》에 "나라의 큰일은 제사와 전쟁이다"**라 했습니다. 말 그대로 부호는 남편을 대신해 나라를 이끌었습니다.

이런 여걸 부호도 길한 날에 낳은 자식은 아들이고 길하지 않은 날에 낳은 자식은 딸이라는 점괘에서 벗어나지 못한 채 격무의 와중에도 요절한 맏아들을 대신할 아들을 낳기 위해 출산을 거듭하다 서른셋의 한창 나이로 사망했습니다.

사람들의 인식이 이러했으니 길하지 않은 자식에게 어찌 명칭을 지어주었겠습니까? 그래서 딸에게는 별도의 이름을 주지 않고 여(女)에 포함시켰습니다. 여(女)는 '여자 여'입니다. 결코 딸만을 지칭하는 글자가 아닙니다. 딸은 여자를 가리키는 포괄적인 글자인 여(女)에 속한 채 끝내 이름을 갖지 못했습니다.

이처럼 엄마 뱃속의 아이는 태어나기 전부터 아들로 국한되었고 기대를 저버린 딸에게는 명칭조차 부여하지 않았습니다.

애초 모계사회로 출발한 인간 사회는 부족 간의 영역 다툼이 시작되면서 남자들의 역할이 절대적으로 중요해졌습니다. 힘쓰는 남자들이 모자라면 부족 전체가 무너졌습니다. 부족사회의 존립은 남자의 힘에 의해 좌우되었고 남자는 아들에서부터 출발했습니다. 이러한 아들이 어떤 존재였는지 '아들 자(仔)'를 보면 명확히 알 수 있습니다. 자(仔)는 '몸 신(身)'과 '나눌 분(分)'이 합쳐져 있습니다. 말 그대로 아들은 애비의 분신이었습니다.

---

* "地位有多高(지위유다고), 代替丈夫主持祭祀(대체장부주지제사)"
** "國之大事, 在祀与戎(국지대사 재사여융)", 《좌전》, 성공 13년.

여아(女儿)에 쓰는 아(儿=兒) 역시 숨골이 닫히지 않은 아기의 모습을 그렸지만 원 뜻은 역시 아들이었습니다. 여아(女儿)로 쓰고 딸이라 하는 것은 '아들이기를 바라고 낳았더니 여자'란 의미입니다.

때문에 딸을 가리키는 한자는 하나도 없고 아들을 뜻하는 글자만 수없이 만들었습니다. 아들은 위상에 따라 시시콜콜 세분해 이름을 붙였습니다.

맏아들은 주(伷), 막내아들은 자(厔), 아들 쌍둥이는 자(孖), 산(孿), 리(孷)입니다. '자손 주(胄)' '자손 윤(胤)' '이을 사(嗣)' '정실 적(嫡)' 등의 글자가 있는데 모두 '대를 잇다'라는 의미에서 아들이 주체입니다. 가통을 이어갈 존재라는 의미로 만들었으니 딸일 수가 없습니다. 심지어 사회적으로 매장되었던 첩의 자식들까지도 아들은 이름을 가졌습니다. '서자 얼(孽)'이 그것입니다. 첩의 딸을 가리키는 글자는? 적실의 딸도 이름이 없는데 있을 리 없습니다. 이처럼 아들과 딸은 같은 선상에 놓고 비교하는 대상이 아니었습니다.

그러나 아무리 딸의 위상이 아들에 비할 바 못 된다 해도 딸을 예뻐하는 애비의 마음은 예나 지금이나 다를 바 없을 텐데 딸이라는 글자를 만들지 않은 것은 점괘대로 불길해서만 그랬을까요? 그뿐일까요? 다른 이유는 없었을까요?

딸은 아무리 귀하게 키워봐야 열 살이 좀 넘으면 남이 데려갔습니다. 태어나 대소변 가리기까지의 2~3년을 빼면 고작 십 년 남짓 곁에 두면 끝입니다. 게다가 시집가면 평생 언제 다시 얼굴을 볼지 모릅니다. 고생한다는 소식을 들어도 도울 길이 없습니다. 남편이 죽으면 돌아오는 것이 아니라 시집 귀신이 됩니다. 사랑하기 때문에 차라리 미리 정을 떼는 것이 아픔을 덜 수 있는 유일한 방법임을 남자들은 알고 있었습니다. 그래서 남자들은 '딸'이라는 글자조차 만들지 않았습니다. 시집보내기까지 임시로 여자아이[女兒]란 단어로 딸을 대신한 채.

딸 바보는 아버지를 가리킵니다. 어머니라고 딸을 사랑하지 않겠습니까마는 딸 바보라 불리는 어머니는 없습니다. 어머니에게는 자식 바보, 딸 바보, 아들 바보란 말을 붙이지 않습니다. 어머니에게는 자식이 곧 자신이기 때문입니다. 자신의 몸 중 어디가 소중하고 어디는 아니라는 개념을 갖는다면 그 자체가 이상합니다. 어머니에게는 아들, 딸 구별이 애당초 없습니다. 남자는? 아닙니다.

아들은 가문을 이어야 할 재목이고 노년에 의지해야 할 보험입니다. 그러나 언젠가 애비의 힘이 떨어지면 필연적으로 집안의 주도권을 가져가 애비 위에 군림할 껄끄러운 존재입니다. 아들도 마찬가지입니다. 성장해가면서 어느 날 불현듯 깨닫습니다. 아버지는 자신의 앞길을 가로막고 있는 장애물이라는 것을. 때문에 아버지와 아들은 영원한 암묵적 라이벌입니다. 남자에게는 수사자의 디엔에이(DNA)가 숨어 있습니다. 필요하다면 애비 사자가 수컷 새끼를 잡아먹고 아들 사자가 늙은 애비 사자를 쫓아냅니다. 아들을 죽인 아버지, 아버지를 죽인 아들 이야기는 전혀 드물지도 낯설지도 않습니다. 그러나 제정신으로 자신을 위해 딸을 죽였다는 아버지 이야기는 들은 바 없습니다.

딸은 아버지에게 전혀 다른 개념의 자식입니다. 전혀 위협적이지 않습니다. 예쁘기만 합니다. 그래서 어머니가 아들, 딸에 공평하게 갖는 애정이 아버지는 딸에게 기웁니다. 하나같이 딸 바보가 됩니다. 그런데 그런 딸을 몇 해 곁에 두지도 못하고 남의 식구로 보냅니다. 그렇게 남의 식구가 된 딸이 어떤 인생을 살아야 하는지 애비는 너무나 잘 압니다. 그래서 남자들은 딸을 엄마와 함께 여자 무리에서 제외했습니다. 엄마는 신성해서, 딸은 생각할수록 가슴 아파서!

그렇다면 시집을 와 내 식구가 된 남의 집 딸은 어떤 존재였을까요? 아내와 며느리는 남자들 눈에 어떻게 보였을까요?

아내와 며느리

처(妻), **가**(嫁), **부**(娼), **부**(婦), **사**(姐), **식**(媳), **시**(媤)

아내_

남자에게 있어 가장 소중한 여자는 아내입니다. 어머니는 가치를 논하거나 관계의 변화를 가늠할 수 있는 범주를 벗어나기에 논외입니다. 딸은 애비의 마음속에서만 사는 여자로 실생활에 관련된 여자가 아니기에 역시 열외입니다. 그렇다면 아내입니다. 아내는 실생활에서 남자와 떼려야 뗄 수 없는 첫 번째 여자입니다.

이 아내를 가리키는 그림이 여럿입니다만 대표적인 것이 처(妻)입니다.

아내 처(妻)

아내를 그림으로 표현하려면 어떻게 그려야 할까요? 쉬워 보이지만 막상 그리려면 만만치가 않습니다. 아이콘 전문 사이트에서 찾아봐도 딱히 꼽을 만한 것이 안 보입니다. 대개 가족이나 커플을 그렸을 뿐입니다.

어느 것을 봐도 '아내'라고 특정 지을 만한 것이 없습니다. 모두 '와이프(wife, 아내)'라는 제목으로 찾았는데 1번은 일반 여자, 2번은 여자와 아기, 3번은 부부로 보입니다. 아예 '와이프'란 아이콘이 없는 곳도 많습니다.

반면에 중국의 나시족은 1300년 전에 아주 멋진 글자를 만들었습니다. 아래는 나시족이 만든 '아내'라는 동파문과 현대의 아이콘으로 바꾼 모습입니다.

동파문의 왼쪽은 여자고 오른쪽 하단에 있는 것은 여성을 나타내는 발음 기호, 가운데는 꽃입니다. 꽃도 그냥 꽃이 아닙니다. 향기를 마구 내뿜고 있습니다. 나시족의 아내는 향기 나는 꽃을 든 여자, 혹은 향기 나는 꽃을 선물 받은 여자였습니다.

동파문   현대 아이콘

한자를 만든 사람들은 어떻게 그렸을까요? 그들은 아내를 뜻하는 처(妻)라는 글자를 만들며 꿇어앉은 여자의 머리에 비녀를 꽂았습니다. 아래는 여자 머리에 비녀를 꽂는 손을 그려 아내를 나타낸 갑골문과 금문입니다. 금문의 두 번째 그림은 젖을 그려 아이 낳았음을 표시했습니다.

처(妻)의 갑골문

처(妻)의 금문

아내를 비녀와 연관 지은 것은 의미가 있습니다. 비녀는 남근을 상징했기 때문에 기혼녀만이 꽂았습니다. 따라서 여자가 머리에 비녀를 꼽는 것은 곧 누군가의 아내가 됨을 의미했습니다.

비녀 꽂은 여자, 누군가의 아내입니다. '꽃을 든 여자'와 '비녀를 꽂은 여자'. 동파문은 아내를 마음[情 정]으로 보았고 한자는 아내를 머리[禮 예]로 봤습니다.

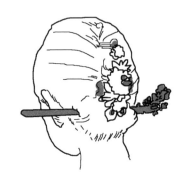

비녀를 여자에 국한한 것에 반론이 있을 수 있습니다. 남편을 가리키는 '지아비 부(夫)'란 글자 때문입니다. 부(夫)는 남자의 당당한 모습을 그린 '클 대(大)' 자에 가로획을 더해 만들었습니다. 이 가로획을 《설문해자》는 성년이 된 남자가 머리에 꽂는 동곳으로 설명하고 있습니다.* 동곳은 상투가 풀어지지 않게 꽂는 물건으로 비녀와 같은 구실을 했습니다. 그렇다면 비녀를 남근으로 보는 시각에 문제가 생깁니다. 그러나 부(夫)에 보이는 가로획은 동곳이 아니라 관(冠)입니다.

고대 중국에서는 남자가 스무 살이 되면 머리를 틀어 묶고 그 위에 관을 썼습니다. 이를 관례(冠禮)라 했습니다. 부(夫)는 여기서 비롯된 글자입니다. 허신이 잘못 본 것입니다.

그 외에 아내를 가리키는 다른 글자로 '아내 빈(嬪)' '아내 비(嬖)' '아내 부(婦)' 등이 있으나, 빈(嬪)과 비(嬖)는 2장의 〈왕의 여자〉 편에, 부(婦)는 바로 다음 항목인 〈며느리〉 편에 넣었습니다. 아내 이외의 여자를 지칭하는 용도로 더 많이 쓰이기 때문입니다.

이외에 네이버 사전에는 빈(姘)이란 한자가 "제거하다"란 뜻 외에 '아내'를 가리키는 글자로 올라 있는데 중국어 사전에는 오직 "남녀가 사통하다"란 뜻밖에 없고 한전에도 '아내'란 뜻이 없어 제외했습니다. 비(嬶)도 있습니다. 일본에서 만든 한자로 '카카아(かかあ)'라고 발음합니다. 중국어 사전에는 없고 우리는 '여편네 비'로 읽습니다.

---

* "說文, 丈夫也. 从大-以象簪也[설문, 장부야. 종대-이상잠(簪, 비녀 잠)야]"

아내를 가리키는 글자는 실상 처(妻) 외에 없다고 봐도 무방합니다. 그러나 처는 남자 부모의 눈으로 보면 며느리입니다. 아내가 며느리가 되면 상황이 하늘과 땅만큼이나 달라집니다.

며느리_

내 딸은 남의 집 며느리가 되어 사라지고 그 빈자리를 남의 집 딸이 들어와 채웁니다. 며느리입니다. 말로는 며느리도 내 딸입네 하지만 살붙이와 같을 리 없습니다. 그림이 증명하고 있습니다. 며느리의 인생은 혼례를 거쳐 시집에 오며 시작됩니다. 우선 시집을 뜻하는 가(嫁)부터 보겠습니다.

시집갈 가(嫁)

여자가 시집가는 것을 그린 글자가 가(嫁)입니다. 여자[女]와 '집 가(家)'를 합쳐 만들었습니다. 가(嫁)는 갑골문과 금문에는 보이지 않습니다. 초기 모습은 전서로만 남아 있습니다.

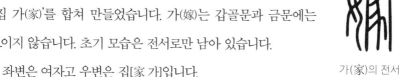

가(家)의 전서

　좌변은 여자고 우변은 집[家 가]입니다.

　여러분이 위와 같은 그림을 대했다면 어떤 생각이 떠오르시나요?

- 여자가 지은 집: 확대하여 여성스러운 느낌의 집, 예쁜 집
- 여자만 사는 집: 예를 들면 정업원(淨業院)*
- 여자 소유의 집

그런데 가(嫁)를 사전에서 찾아보면 집의 주체가 여자인 풀이가 없습니다. "시집가다, 시집보내다"가 대표적인 풀이이고 특이하게 "떠넘기다"란 뜻도 있습니다.

생각해보면 옛날에는 여자가 자신의 집을 갖는다는 것 자체가 말이 안 되는 소리였습니다. 자랄 때는 아버지, 시집가서는 남편, 늙어서는 자식의 보살핌 아래 살아야 하는 여자가 언제, 무슨 재주로 자기 집을 가진단 말입니까? 누만금 재산가 아버지의 무남독녀로 태어난다 해도 부모가 죽으면 문중이 집안 재산을 관리했으니 여자에게 무슨 개인 재산이 있었겠습니까? 그런 터에 자기 집이 있을 리 없습니다.

옛날에만 그랬을까요? 20세기 초 독일의 빌헬름 2세는 국외적으로는 제1차 세계대전에서 패퇴하며 초라하게 물러난 실패한 통치자로 인식되고 있으나 내치에서는 상당한 업적을 쌓은 지도자로 인정받고 있습니다. 당시로서는 획기적인 법들을 많이 만들었습니다. 사회보장제도를 확충하고 어린이의 노동 제한 연령을 제정했는가 하면 청소년과 여성의 근로시간에 관한 규제도 마련했습니다. 그러나 그가 내놓은 법령의 결혼 조항에 이런 규정이 들어 있었습니다. "여성의 재산은 결혼과 동시에 남편 소유가 된다. 남편은 여성의 재산을 여성의 동의 없이 마음대로 사용할 수 있다."

이러한 인식은 당시 유럽 국가가 모두 비슷했습니다. 영국의 관습법에 커버추어(Coverture)라는 리걸 독트린(legal doctrine)이 있었습니다. 리걸 독트린은 법조문은 아니나 판례집의 일종으로 법적 구속력을 갖고 있었는데 이중 커버추어는 여성의

---

* 정업원은 고려시대부터 조선조 인조 때까지 있었던 비구니 절로, 과부가 된 후 출가한 여자나 여승들이 모여 살았다.

법적 지위를 규정한 조항이었습니다. 이에 따르면 결혼한 여성은 존재 자체가 법적으로 남편에게 속했습니다. 당연히 여성의 개인 재산이 있을 수 없었습니다. 1867년에 있었던 밀리센트 개럿 포셋 사건*처럼 소매치기가 기혼 여성의 지갑을 훔치다 붙잡히면 여자의 돈이 아니라 그 여자의 남편 돈을 훔친 죄로 처벌받았습니다.

커버츄어는 본래 덮개나 엄폐물을 가리키는 단어인데 남편이 아내의 보호자라는 뜻으로 사용되었습니다. 여자는 남편이라는 덮개에 가려 보이지도 않았습니다. 이러한 남성 중심적 사고에 변화를 가져오고자 진보적인 여성들이 목숨을 걸고 투쟁했지만 오랫동안 요지부동이었습니다. 아직도 이슬람 사회에서는 여성이 남성의 소유물이라는 인식이 여전하고 밀리센트 개럿 포셋의 동상이 세워진 것이 불과 수년 전인 2018년입니다. 그러니 예전에야 말해 무엇하겠습니까? 이런 여성이 무슨 집을 가졌겠습니까?

그럼 가(嫁)라는 글자에 보이는 여자는 어떤 존재였을까요?

지금은 핵가족이 대세고 남편도 집안일을 돕고 있지만 옛날에는 집안의 온갖 허드렛일은 모두 여자의 몫이었고, 그 여자 중에서 가장 만만한 것이 며느리였습니다. 금지옥엽은 친부모 슬하에 있을 때 이야기고 일단 시집가면 그 집의 일꾼이나 다름없었습니다. 가(嫁)에 보이는 여자, 며느리가 그런 여자입니다.

그런데 이 글자가 별나게도 쓰입니다. 출가외인(出嫁外人)이나 전가(轉嫁) 등이 그 예입니다. 시집을 가서 시집 사람이 됐으니 이제 남이라는 출가외인은 이해가 되는데, 어째서 가(嫁)가 '허물이나 책임 따위를 남에게 넘겨씌우다'는 뜻의 '전가'에 쓰

---

* 밀리센트 개럿 포셋(Millicent Garrett Fawcett, 1847~1929)은 영국의 여성 참정권과 교육 운동에 앞장섰던 여성 운동가다. 1867년 밀리센트 포셋은 지갑을 소매치기 당한다. 그런데 소매치기는 남편 헨리 포셋의 재산이 들어 있는 밀리센트의 지갑을 훔쳤다는 혐의로 판결을 받는다. 여성의 재산권이 인정받지 못한다는 사실에 충격을 받아 여성운동가가 된 그녀의 동상이 영국 의회광장에 서 있다. 여기에 세워진 10여 개의 동상들을 보면 처칠, 만델라, 링컨 등 모두 세계사에 한 획을 그은 인물들이다. 밀리센트 개럿 포셋은 그중 유일한 여성이다.

일까요? 네이버 사전은 왜 가(嫁)의 세 번째 풀이에 "떠넘기다"를 실었을까요? '며느리 부(婦)'에서 그 이유를 찾을 수 있습니다.

며느리 부(婦)

여자 옆에 負(부)가 붙어 있습니다. 이 글자가 시집보내는 여자 쪽 입장을 대변하고 있습니다.

負(부)는 '짐을 지다, 떠맡다, 빚지다'라는 뜻을 가진 글자입니다. '어떤 일이나 의무를 떠맡다'는 뜻으로 쓰이는 부담(負擔)이 대표적인 단어입니다. 즉, '며느리 부(婦)'는 시집보내는 딸은 신랑 집에 떠맡기는 짐이니 딸 보내는 집으로서는 신랑 집에 빚을 지는 일임을 시사한 것입니다. 왜 이런 글자가 만들어졌을까요? 입에 풀칠하는 것이 매일매일의 과제였던 시절, 남의 집 여자가 식구(食口, 밥 먹는 입)로 들어와 양식을 축내니 신랑 집에서 보면 짐이요, 딸 집에서 보면 빚지는 일이 아닐 수 없었던 것입니다.

이를 뒷받침하는 또 다른 글자가 시(娴)입니다. 이 글자는 시(媤)와 같은 자로 역시 '시집 시'라고 읽습니다. 하지만 이 글자에는 다른 의미가 있으니 여(女) 자 옆에 붙은 사(司)의 가장 대표되는 뜻이 '맡다'라는 것입니다. 즉 남자 집에서 며느리를 들인다는 것은 남의 집 여자를 맡아 보살핀다는 의미였던 것입니다. 당연히 여자 집 입장에서는 자신의 딸을 의탁하는 모양새였습니다. 딸 가진 죄인이란 말이 괜히 나온 것이 아닙니다.

며느리는 이렇게 남의 집에 의탁된 여자였으니 얻어먹는 대신 시댁 일을 죽자고 안 할 도리가 없었습니다. 이런 배경을 가지고 만들어진 그림들이 '며느리 부(婦)' '며느리 사(姒)' '며느리 식(媳)'입니다.

며느리 부(婦)

며느리를 가리키는 대표적인 그림이 '며느리 부(婦)'입니다. 여자 오른쪽의 글자는 '빗자루 추(帚)'입니다. 주부를 표현한 현대의 이모티콘에는 빗자루 든 여자가 없습니다. 그런 이모티콘을 만들었다가는 뭇매를 맞을 것입니다. 굳

이 빗자루를 들고 있는 주부의 모습을 만들면 위와 같을까요? 아무리 웃고 있어도 빗자루 든 모습을 좋아하는 여자는 거의 없을 테니 이런 이모티콘은 아마 만들어지지 않을 것입니다.

옛날 사람은 어떻게 그렸을까요?

 부(婦)의 갑골문　　　 부(婦)의 금문

어떻습니까? 3천 년 전의 화가는 선만 사용했지만, 지금 제가 만든 이모티콘과 세월이 무색할 만치 똑같지 않습니까? 그런데 제가 만든 이모티콘의 여자는 웃고 있고 3천 년 전의 여자는 꿇어 앉아 있습니다. 〈플래티콘〉에서 아래와 같은 이모티콘을 발견하고 무척 반가웠습니다.

대걸레를 든 남자, 청소기를 든 남자, 식기를 닦는 남자입니다. 이런 그림과 제가 만든 웃는 여자가 등장하기까지 3천 년 이상이 걸렸습니다.

며느리를 대표하는 글자가 빗자루를 든 여자의 모습이라는 것은 여자가 시집오면 우선 집 안 청소부터 했다는 것을 암시합니다. 일본의 한자학자 시라카와 시즈카는 부(婦)를 사당 청소하는 여인으로 봤습니다. 어찌됐건 여자는 시집가면 그 집의 청소부터 한 모양입니다. 인고의 시작이었습니다.

집안 청소 외에 며느리는 또 어떤 일을 했을까요?

며느리 사(姒)

'며느리 사(姒)'는 여자[女]와 '써 이(㠯)'를 결합해 만들었습니다. 사(姒)를 이해하기 위해서는 이(㠯)를 알아야 하는데, 이 글자를 네이버 사전에서 찾아보면 "~써, ~로, ~를 가지고, ~를 근거로" 등으로 나와 있습니다.

그런데 이 풀이를 가지고는 이(㠯)라는 글자가 어떻게 만들어졌는지, 왜 이 글자가 여자와 결합해 며느리가 되었는지 알 길이 없습니다.

허신이 이(㠯)의
근거로 삼은 전서

허신은 이(㠯)를 십이지에 쓰이는 '뱀 사(巳)'로 봤고, '써 이(以)'와 같은 글자라고 풀었습니다.

이 글자의 갑골문이나 금문은 아직 발견되지 않았습니다. 오늘날에도 한전은 같은 풀이를 싣고 있습니다. 그러나 이 같은 허신과 한전의 풀이에는 설명이 없습니다. 글자를 그림으로 보지 않았으니 설명을 할 수가 없었을 것입니다.

이 글자의 뜻은 다음과 같은 글자들에서 찾아야 합니다. 耜(보습 사), 梠(쟁기 사), 鉧(대패 사). 어떤가요? 좌변은 재질이고 우변은 모양입니다. 이(昌)는 연장입니다. 보습은 땅을 고르는 삽 모양의 연장으로 위의 사진과 같이 생겼습니다. 이것이 이(昌)의 본모습입니다.

그렇다면 '며느리 사(姐)'는 농기구를 들고 있는 여자로 시댁의 농사일을 하는 여자를 가리키는 글자임을 알 수 있습니다. 며느리는 청소하고 남정네들과 함께 농사일을 했습니다. 며느리에게 일이 그것밖에 없었을까요? 새벽같이 일어나 밥 짓고 시부모가 기침하면 요강을 비웠습니다. 농사짓는 남정네들 새참과 끼니 준비 사이사이에 집 안 청소하고 빨래하고 아이를 돌봤습니다. 그런 틈틈이 밭일하고 물 긷고 길쌈을 했습니다. 해도 해도 일이 끊임이 없었습니다. 그런 일들이 쉬웠을 리 없습니다. 며느리가 얼마나 힘들었는지 생생히 증거하는 글자가 있습니다. '며느리 식(媳)'입니다

며느리 식(媳)

'여자 여(女)'와 '숨 쉴 식(息)'을 합쳐 며느리란 글자를 만들었습니다.

식(媳)은 갑골문, 금문, 전문 어디에도 보이지 않습니다. 나중에 만들어진 글자입니다. 그런데 왜 며느리를 가리키는 데 '숨 쉴 식(息)'을 썼을까요? 여기에 며느리의 아픈 모습이 담겨 있습니다.

'식(息)'을 네이버 사전에서 찾아보면 "(숨을) 쉬다, 생존하다, 번식하다, 자라다, 그치다, 망하다, 멸하다" 등으로 나와 있습니다.

참 헷갈립니다. '생존하다'와 '망하다, 멸하다'가 함께 있으니 이를 어찌 받아들여야 할까요? 삶이 곧 죽음이라는 철학을 담았는지는 몰라도 쉽게 와닿지가 않습니다.

《대한한사전》(박문사)에는 "쉬다, 그치다, 처하다, 숨 쉬다" 순으로 풀이가 나오고 《한한최신대옥편》(학일사)에는 "쉬다"와 "그치다"만 나옵니다. 이런 풀이들이 맞는지 확인해보겠습니다.

이 글자의 윗부분은 코, 아래는 심장입니다. 코와 심장의 옛 글자를 보면 확실합니다.

그럼, 코와 심장을 함께 그려 무슨 뜻을 나타내려 했을까요?

식(息)의 금문

'식(息)' 자를 이렇게 푼 글들이 보입니다. "코는 숨을 쉬는 기관이다. 때문에 코와 심장을 묶어 '숨 쉬다, 살아 있다'라는 글자를 만들었다."

코 비(鼻)의 갑골문   심장 심(心)의 갑골문

얼핏 그럴듯해 보이지만 석연치 않습니다. 숨을 코와 심장으로 쉬나요? "코와 심장 사이를 드나들며 숨을 쉬는 통로가 이어져 있기 때문에 숨을 쉴 수가 있는 것이다"라는 해석도 있는데 이는 옛날 사람들이 폐와 심장도 구분 못 했을 것이라는 잘못된 생각에서 비롯한 오류입니다. 옛날 사람들도 인체 구조에 대해 현대인 못지않은 지식을 갖고 있었습니다. 숨 쉬는 통로라면 코와 폐를 연결해 그림을 그리지 왜 코와 심장을 연결하겠습니까? 어림없는 소리입니다.

그럼 식(息)은 뭘까요? 숨 쉬는 것은 숨 쉬는 것이되 '헐떡이며 쉬는 것'입니다. 숨이 차 헐떡거리면 심장이 빨리 뛰기 때문에 허파가 아니라 심장을 그린 것입니다. 그래서 한전에는 식(息)을 천야(喘也)라고 풀고 있습니다. 천(喘)은 '숨찰 천'입니다. 기관지에 병이 생겨 숨쉬기가 힘들어지는 병이 천식(喘息)입니다.

중국인들은 숨 쉬는 것을 가리킬 때 호흡(呼吸)을 쓰지, 식(息)을 쓰지 않습니다.

'숨 쉬다'를 나타내는 단어, 호흡을 보면 호(呼)는 날숨으로 내쉬는 숨소리고 흡(吸)은 들숨으로 들이마시는 소리를 본뜬 의성어입니다. 뜨거운 것을 먹을 때 호호 불다가 숨을 들여 마시면 자연히 '흡!' 하는 소리가 납니다.

따라서 우리가 '쉬다, 멈추다'의 뜻으로 '쉴 휴(休)'와 함께 쓰는 휴식(休息)은 헐떡거리지 말고 좀 쉬라는 것입니다.

그렇다면 이제 본론으로 돌아가 며느리 식(媳)을 다시 보겠습니다.

헐떡이는 여자가 보이는지요?

별 보고 일어나 시부모 요강 비우고 아침밥 짓고 밭일 좀 하고 청소하고 새참 만들고 땔나무 좀 줍고 나물 캐고 점심 준비하고 또 밭일 좀 하고 또 새참 만들고 빨래 좀 하고 저녁 차리고 바느질 좀 하고 불 때고…. 별거 없어요. 남편이 치근대면 잠자리가 좀 불편하지만, 호호. 참 제사 준비도 있지만 별거 아니고 애는 놔두면 절로 커요. 별거 없어요. 호호.

'며느리 식(媳)'은 일에 치여 헐떡이는 여인 식(媳)으로 이해해야 합니다.

'시집갈 가(嫁)'부터 '며느리 부(婦), 사(姒), 식(媳), 부(媍)'까지, 어느 것 하나 아프지 않은 글자가 없습니다. 그러했기에 딸 가진 부모들은 아예 딸이란 글자조차 만들지 않았습니다. 시집가면 차라리 죽은 셈 치고 그 집 귀신이 되라고 딸에게 신신당부 했습니다.

"시집가면 오직 시집만 생각해라. 친정은 잊어라. 그래야 그나마 귀염 받고 덜 고생한다." 이런 딸 부모의 마음이 만든 글자가 앞에 잠깐 나온 시(媤)입니다.

시집 시(媤)

시(媤)는 시(媟)와 같이 쓰입니다. '시집'을 뜻합니다. 시(媟)는 앞서 설명한 바와 같이 시집에 딸을 맡긴다는 의미로 만든 글자입니다만 시(媤)는 조금 다릅니다. 시집가면 오직 시집만 생각하라고 딸에게 세뇌시킨 글자입니다.

시(媤)는 여자와 '생각 사(思)'를 합쳐 만들었습니다. 이 사(思)가 의미심장합니다. 혹 "남자가 밭에 나가 무엇을 심을까 생각하는 모습"이라고 푼 글들이 있는데 오해입니다. 사(思)의 윗부분을 '밭 전(田)'으로 잘못 보았기에 그런 우스운 해석이 나온 것입니다. 남자가 생각할 것이 없어서 밭에 심을 작물 걱정을 최우선으로 했겠습니까?

《설문해자》가 정확히 설명하고 있습니다. 사(思)는 "용야, 종심신서(容也, 从心囟聲)", 즉 생각(思)은 뇌[머리]와 심장[마음]의 소리를 따르는 것이라고 밝히고 있습니다. 신(囟)은 '정수리 신'으로 뇌를 가리킵니다.

윗부분이 '정수리 신(囟)'이고 아래가 '마음 심(心)'입니다. 뇌와 심장을 그려 생각은 머리와 마음에서 나온다는 것을 명쾌하게 표현했습니다. 이런 그림을 그린 옛사람들이 경이롭기만 합니다. 머리에서 나온 생각은 이성적이고 마음에서 나오는 생각은 감상적이라는 따위의 생각을 하는 사람들은 한번 되돌아볼 일입니다.

허신이 참고한 사(思)의 전서

그러니 딸에게 시집가면 몸과 마음을 다해 '오로지 시댁만 생각하라'고, 친정은 잊으라고, 그래야 그나마 귀염 받고 덜 고생한다고 신신당부한 글자가 시(媤)입니다.

딸 바보가 천지고 아내, 며느리의 위상이 하늘을 찌르는 요즘이라면 며느리라는 글자는 당연히 아래처럼 그렸을 것입니다.

어머니와 딸, 아내 그리고 며느리는 여자 중에서도 특별한 존재입니다. 어머니와 딸은 핏줄이니 말할 것도 없고 아내, 며느리도 내 가족입니다.

이 넷은 남자가 보는 일반적인 여자의 기준에
서 열외입니다. 이 넷을 제외한 나머지 여자가 진
짜 여자입니다. 그런데 진짜 여자보다 먼저 만나
야 할 여자가 있습니다. 무녀입니다.

무녀(巫女)

무(巫), **무**(無), **외**(畏), **귀**(鬼), **외**(媛), **태**(娧), **호**(嫭, 婞), **비**(婔, 婓), **여**(如), **시**(始), **참**(嫸, 媥), **함**(娍), **닉**(孋), **약**(若), **무**(妩, 嫵, 斌), **서**(恕, 忞)

고대국가에서 가장 중요한 일은 제사였고, 이 제사에서 신과 인간을 잇는 중계자 역할을 한 것이 무당이었습니다. 중국 역사 최초의 왕조로 인정받는 상나라 때도 마찬가지였습니다. 상나라에서는 영험한 무녀를 얻기 위해 따로 교육기관까지 두었습니다. 이런 과정을 통해 능력을 인정받은 무녀는 국사에 관한 모든 일을 신에게 물었고, 왕은 무녀의 입을 통해 전달된 신의 뜻에 따라 나라를 통치했습니다.

　제사가 위정자의 중요한 통치 수단의 하나로 자리 잡으며 무녀의 위상도 더불어 올라갔습니다. 무녀는 어느덧 남자들의 머릿속에 신계와 인간계를 잇는 존재로 각인되었습니다. 이 무녀를 사람들은 어떻게 그렸을까요?

무당 무(巫)

처음에는 춤추기 위해 양손에 무언가를 들고 있는 모습을 그렸습니다. 이 그림이 전서로 오면서 토템에 기도하는 모습으로 바뀝니다.

무(巫)의 초기 갑골문

무(巫)의 전서

전서에 보이는 무당은 남자입니다. 무당은 애초 남자와 여자가 모두 있었습니다. 그러다가 여자 무당이 대세가 되면서 '무당 무(巫)'는 무녀를 가리키는 말로 정착했습니다. 아무래도 신과 접촉하는 데는 여자가 남자보다 더 영험하다고 여긴 모양입니다. 사람들이 신을 대개 남성으로 생각했기 때문에 더욱 그러했을 것입니다. 남자 무당은 박수(博數, 몽골어 baksi에서 유래)라는 이름으로 따로 살림을 차려 나갔습니다. 박수는 원래 죽은 사람의 영혼을 의미했으나 나중에 귀신의 힘을 빌려 점치는 사람이란 뜻으로 바뀌었습니다.

이 무녀가 왕명을 받고 점을 칩니다. 거북 껍질을 태워 갈라지는 모양을 보고 신의 뜻을 해석합니다. 그리고 그 뜻을 거북의 배 껍질이나 소의 어깨뼈에 새깁니다. 갑골문이 탄생하는 순간입니다. 이 모습을 그린 것이 '그림 화(畵)'입니다.

윗부분은 날카로운 도구를 움켜쥔 손이고 아래쪽은 거북의 배 껍질입니다. 이처럼 '그림'은 원래 신의 뜻을 새기는 작업이었습니다. 많은 화가들이 삶에 쪼들리면서도 손에서 붓을 놓지 않는 것은 그들이 신과 소통하고 있어서인 모양입니다.

여기서 '없을 무(無)'라는 글자가 등장합니다. 얼핏 무녀와 관계가 없어 보입니다. 과연 그러한지 보겠습니다.

화(畵)의 금문

없을 무(無)

춤추기 위해 양손에 무언가를 들고 있는 무당의 모습이 한층 구체화되었습니다. 그런데 이 그림이 왜 '없다'라는 개념을 갖게 되었을까요? 그것을 알려면 춤추는 무녀를 보아야 합니다. '춤출 무(舞)'를 보겠습니다.

무(無)의 갑골문

 무(無)의 금문

 무(舞)의 갑골문

 무(舞)의 금문

얼핏 무(舞)와 무(無)가 별 차이가 없습니다. 애초부터 무녀는 춤을 추었기에 무녀는 곧 '춤추는 무녀'였습니다. 무(舞)는 무(無)에 춤추는 두 발을 추가한 것입니다. 그런데 무녀가 춤을 추기 시작하면서 단순히 무당을 가리키던 무(無)에 특별한 개념이 생겨납니다.

무녀가 춤을 춥니다. 장단에 맞춰 몸놀림이 점점 빨라지고 신을 부르는 소리가 가팔라집니다. 이윽고 접신을 합니다. 신이 내렸다고 합니다. 무녀가 무아지경에 빠집니다. 무녀에 신이 내리면 좌중이 함께 미칩니다. 광란의 무대가 펼쳐집니다. 모두가 황홀경에 빠집니다. 황홀경에 빠진 모두의 의식이 신의 세계를 향해 달려갑니다. 이윽고 의식이 신계에 '미치면' 문득 현실 세계가 사라지고 무(無)의 세계가 펼쳐집니다. 이러한 상태, 곧 무의 세계에 들어선 것이 '미친' 것입니다. 이처럼 자아가 사라지고 신을 맞이할 준비가 된 상태가 무(無)였습니다. 공허한 세계가 아니었습니다. 무(無)를 단순히 '없다'라는 개념으로 보면 안 됩니다.

사람들을 이러한 세계로 이끌고 가는 무녀는 한마디로 경외(敬畏)로운 존재였습니다. 경외는 존경과 두려움이라는 뜻입니다. 여기서 말하는 두려움은 단순한 무서움과는 차원이 다릅니다. 신에 대한 두려움입니다. 그것을 알 수 있는 그림이 '두려울 외(畏)'에 들어 있는 귀신 얼굴입니다. 외(畏)와 귀(鬼)를 보십시오.

두려울 외(畏), 귀신 귀(鬼)

외(畏)의 갑골문   귀(鬼)의 갑골문

'두려울 외(畏)'와 귀신의 얼굴이 똑같습니다. 이 얼굴을 '밭 전(田)'으로 보면 안 됩니다. 전(田)은 귀신의 얼굴을 형상화한 가면입니다. 이 가면 때문에 '없을 무(無)'를 '가면에 가려 없어진 얼굴'로 해석하는 사람들이 있습니다. 하나만 알고 둘을 모르면 그런 해석이 나옵니다. 귀(鬼)의 두 번째 그림은 자세로 보아 여자입니다.

사람들은 남자 귀신보다 여자 귀신이 더 귀신답다고 느낍니다. 남자 귀신 이야기는 드뭅니다. 귀신은 죄다 머리 풀어 내린 처녀 귀신이었고 또 그래야 흥미롭고 서늘했습니다. 옛날 사람들도 마찬가지였습니다. 무당도 여자가 더 무당스러웠습니다.

외(畏)의 갑골문은 귀신 가면을 쓴 무녀가 몽둥이를 들고 귀신을 쫓는 그림입니다. 그런데 이 무시무시한 여자에 '아리땁다'란 수식어가 붙습니다.

예쁠 외(媿)

'무서운 존재니 두려워하라'는 '두려울 외(畏)'가 붙은 여자가 외(媿)입니다. 그런데 남자들은 이 여자에게 '예쁘다'라는 수식어를 붙였습니다. 어째서일까요?

무녀를 아름답다고 한 글자들이 한참 더 있습니다. 이들을 만나보면 알 수 있습니다.

아름다울 태(娧)

태(娧)의 여자 옆에 있는 태(兌)는 '바꿀 태, 기쁠 열, 예리할 예' 등 여러 가지로 쓰입니다. 전국시대의 각 나라가 입맛대로 사용했습니다. 음이 셋이라 불편하니 일단 '태'로 부르겠습니다. 이 그림이 붙은 여자가 왜 아름다운지 보겠습니다.

태(兌)의 갑골문

태(兌)의 아랫부분은 '맏형 형(兄)'입니다. 이 글자를 '입 구(口)'와 사람인(人)의 합자로 보거나 큰 머리와 사람인(人)의 합자로 보는 견해들이 많습니다. '입 구(口)'로 보는 사람들은 제문을 읽는 맏형의 입을 그렸다고 하고, 큰 머리로 보는 사람들은 맏형이니 머리가 제일 커서 그렇다고 합니다. 하지만 형(兄)의 갑골문을 보면 둘 다 수긍할 수 없습니다.

왼쪽은 축문을 든 사람이고 오른쪽은 축문을 든 여자, 곧 무녀입니다. 둘 다 신께 기도하는 모습을 그렸습니다. 태의 갑골문 위에 보이는 '여덟 팔(八)' 자는 '기도하는 손' 혹은 '신의 응답'을 그린 것으로 보입니다. 그 이유는 이 글

형(兄)의 갑골문

자가 들어간 많은 그림들이 신과 교류함을 나타내고 있기 때문입니다. '벗을 탈(脫)' 은 몸에서 영혼이 빠져나감을 가리킵니다. 그래서 유체이탈(遺體離脫)과 같은 말이 생겼습니다. '기뻐할 열(說)'은 무아지경에서 신께 올리는 기도 말을 표현하고 있습니다. 이처럼 태(兌)는 신께 기도하는 자가 무아지경에 빠진 모습을 그린 그림입니다.

무녀처럼 남자를 무아지경에 빠뜨리는 여자, 태(娧)! 아름다운 여자라는 이름이 부끄럽지 않습니다.

아름다울 호(媞, 嫭)

호(媞)에는 '기우제 우(雩)'가 들어 있고, 호(嫭)에는 '호랑이 호(虍)'와 '부를 호(乎)'가 들어 있습니다. 여기 있는 여자도 다 무녀입니다. 호(媞)는 기우제를 드리는 무녀고 호(嫭)는 산신령을 부르는 무녀입니다. 농경 사회가 시작된 이후 인간이 가장 두려워한 것은 가뭄이었습니다. 하늘이 노해 비가 내리지 않으면 개인과 부락과 나라의 목숨이 위태로웠습니다. 왕은 가마니에 꿇어 엎드려 신에게 노여움 풀기를 간청했고 가장 소중한 제물을 마련해 기우제를 올렸습니다. 땅에서 가장 두려운 것은 호랑이였습니다. 한국에서도 근세까지 호환(虎患, 호랑이에게 잡혀가는 재앙)이 끊이지 않았습니다. 호환을 당하면 사람들이 밀림 입구나 산기슭에 모여 굿을 했습니다. 호랑이는 산신령의 변신이었습니다.

호(媞)나 호(嫭) 모두 인간의 안녕을 기원하는 무녀였습니다. 그런데 이 무녀를 '아름답다'고 했습니다. 무녀를 아름답다고 한 글자들은 이외에도 많습니다. 모두 마지막의 '아리따울 무(妩, 嫵, 斌)' 항목에 넣었습니다. 참고로 호(媞)와 호(嫭), 두 글자에는 '아름답다' 외에 '자랑하다, 시기하다'란 뜻이 함께 들어 있습니다. 무녀를 가까이하려면 각오를 단단히 해야 했음을 알 수 있습니다.

방황하는 모양 비(婔, 斐)

여자와 '아닐 비(非)'가 같이 있습니다. 뭔지는 모르겠지만 '아닐 비(非)'가 붙었으니 필경 비행을 저지른 여자로 볼지 모릅니다. 아닙니다.

비(非)는 두 사람이 등을 지고 있는 모습입니다. 무언가 틀어진

비(非)

사이입니다. 그래서 '아니다, 그릇되다, 비방하다'란 뜻이 생겼습니다. 《설문해자》는 비(非)를 "어긋나다. 새의 두 날개가 좌우에 등지고 있는 모양을 취했다"*고 했는데 갑골문을 보지 못해 해석을 잘못한 대표적인 예입니다. 비(非)가 오랜 세월을 두고 변해가는 모습을 보면 잘못 해석한 것이 충분히 이해가 갑니다.

비(非)의 금문   비(非)의 초계간백   비(非)의 전서

여러분이 비(非)의 전서만으로 '다르다'라는 뜻을 유추한다고 생각해보십시오. 갑골문이나 금문의 존재를 모르는 상태에서 원뜻을 캔다고 생각해보십시오. 사람이 등지고 선 모습을 새의 양 날개로 볼 수밖에 없었을 허신을 생각하면 안타까운 마음이 듭니다.

비(非)가 여자에 붙었습니다. 비(婔). 여자가 아니니 남자인가요? 아닙니다. 무녀입니다. 신이 내리면 겉으로 보기에 헤매는 것 같습니다. 방황하는 것 같습니다. 실제로 신계와 인간계 사이에서 방황하고 있는지는 모르겠으나 비(非)가 '아니다'라고 한 것은 무녀가 "나는 인간세계에서 노는 사람이 아니다"라고 한 것입니다. 그 '아니다'를 등을 지고 있는 두 사람으로 형상화한 것입니다. 그러면서 한편으로 인간들에게 그릇됐다고 비방합니다.

무녀를 찾았다는 자체가 인간이 어떤 잘못을 저질렀음을 전제하는 경우가 많았기 때문에 무녀는 찾아온 손님에게 호령부터 했습니다. 불호령이 뜨거울수록 무녀는 영험하다는 소리를 들었습니다. 어쩌면 인간을 위로하기 위해 인간을 괴롭히는 귀신을 나무라는 것이었을까요?

---

* "違也 從飛下翅 取其相背也(위야 종비하시 취기상배야)"

아무튼 비(非)에는 '아니다'와 '방황하는 모양, 신녀의 이름'이라는 뜻이 함께 들어 있습니다. 무녀이기에 그렇습니다. 이 무녀가 입을 엽니다. 여(如)입니다.

같을 여(如)

여(如)는 여자와 '입 구(口)'의 합자입니다. 단순합니다. 뜻이 '같다'라 했으니 남자 의견과 뜻을 같이하는 여자로 보입니다. 실제로 남자 말과 같은 말을 하는 여자, 자기 의견 없이 남자에 순종하는 여자로 해석하는 글들이 무수합니다. 네이버 한자 사전도 이같이 설명하고 있습니다. 이 여자 귀에 들어가면 저주받을 소리입니다. 이 여자 역시 무녀입니다.

축문을 든 무녀, 축문을 들고 춤추는 무녀를 그렸습니다. 이 여(如)가 뜻하는 의미를 보면 더욱 확실합니다. "~에 따르다, ~과 같다, ~에 미치다, 만약" 등등.

전부 신과 관련이 있습니다. 신이 내린 무녀의 입에

여(如)의 갑골문

서 나오는 말은 신의 뜻입니다. 무녀의 말은 신령의 뜻과 '같으니' '따라야' 한다는 말입니다. 신령의 손길이 구석구석까지 '미치니', '만약' 안 보실 줄 알고 어기면 천벌을 받을 것이라는 위협도 빼놓지 않습니다. 이 만약을 강조한 것이 '같을 약(若)'입니다. 만약(萬若)으로 익숙한 글자인데 이 약(若) 역시 무녀입니다. 이 약(若)에 대한 설명은 '닉, 익(匿)'으로 미룹니다.

이런 무녀에게 농사짓는 사람들이 축복을 빌었습니다.

비로소 시(始)

여자 옆에 있는 '태(台)'는 '별 태, 태풍 태, 나 이, 대 대, 이을 사' 등 여러 이름으로 불립니다. 중국에서는 무언가를 놓는 '대(臺)'로 가장 많이 쓰입니다.

태(台)의 금문

　1번을 쟁기, 가래 따위에 부착하는 '쇠 날'인 보습과 축문 그릇으로 볼 수 있습니다. 나무로 만든 쟁기인 '枱(쟁기 이)'를 보면 맞는 해석으로 보입니다. 또 이 그림을 달리 코와 입으로 보면 '나'를 가리킨다고 볼 수도 있습니다. 2번의 금문을 보면 이 해석도 맞는 것처럼 보입니다.

　두 가지 해석이 모두 맞습니다. 전국시대에 이 글자를 도입한 나라들이 각자 입맛대로 쓴 결과입니다. 밤하늘의 별 모양으로 본 나라에서는 '별'이라 썼습니다. '비로소 시(始)'는 1번 해석을 따랐습니다.

　한 해가 시작되고 농사를 시작할 때가 되면 사람들은 무녀를 불러 굿을 하며 풍년을 기원했습니다. 이를 통해 무녀가 보습에 축복을 내리면 비로소 사람들은 농사를 시작했습니다. 제주도에서 행해졌던 '춘경(春耕)*'이 그런 굿이었습니다. 시(始)가 '비로소 시'가 된 연유입니다.

　이처럼 무녀는 무서우면서도 예쁘고, 또 신과 자연으로부터 인간을 지켜주는 존재였습니다. 그러나 무녀도 여자였습니다. 그것도 남자 세계에 발을 딛고 사는 여자였습니다. 인간 세상의 남자들과 어울리다보니 다음과 같은 글자들이 생겨났습니다.

---

* 제주도에서 입춘에 베풀어지던 굿 놀이. 입춘굿을 '춘경(春耕)' 또는 '입춘춘경(立春春耕)'이라고 하며, 이 굿을 노는 것을 "춘경(春耕)친다"고 한다. 《한국민속대백과사전》.

탐할 참(嬈, 嫸)

'참(嬈)'과 '참(嫸)'은 모두 무녀입니다. 참(嫸)의
갑골문과 금문은 발견되지 않았습니다. 나중
에 만들어졌다는 이야기입니다. 먼저 참(嬈)부
터 보겠습니다.

참(嬈)의 갑골문   조(喿)의 금문

여자가 무언가를 들고 있습니다. 오른쪽에 보이는 조(喿)입니다. 방울을 단 나뭇가
지입니다. 무슨 용도로 쓰였는지 나중에 만들어진 참(嫸)을 보면 알 수 있습니다. 참
(嫸)의 정체를 밝히고 있는 것이 여자 옆에 있는 참(參)입니다.

참(參)의 금문

첫 번째 그림은 잎이 달린 나뭇가지로 요란하게 장식한 무녀의 머리를 강조했습
니다. 두 번째와 세 번째 그림에는 빗살무늬로 표현한 요란한 소리가 더해져 있습니
다. 특히 세 번째 그림에는 양손에 무언가를 들고 뛰고 있습니다. 소리 내는 도구를
들고 춤추는 모습입니다. 이 도구가 나중에 바라가 되었습니다.

조(喿)는 '울 조, 울 소'입니다. '울부짖다. 떠들썩하다, 소란스럽다'란 의미를 갖고
있습니다. 참(嬈)과 참(嫸)을 보면 무녀가 춤을 추면 얼마나 떠들썩했는지 상상이 갑
니다.

그런데 참(嫸)에 '탐할 참, 음란할 삼'이란 뜻이 붙었습니다. 지금까지 보아온 무
녀의 이미지와는 사뭇 다른 모습입니다. 어째서 이런 뜻이 생겼을까요? 참(嫸)보다
먼저 쓰인 참(嬈)에는 '탐하다'라는 한 가지 뜻밖에 없었습니다. 그러던 것이 참(嬈)

대신 나중에 만들어진 참(嬺)에 '탐하다' 외에 '음란하다'란 뜻이 덧붙었습니다. 참(參)에 그 이유가 숨어 있습니다.

참(參)은 '참여하다, 간여하다, 섞이다'라는 의미로 만들어진 글자입니다. 그러니 참(嬺)은 남자들 세계에 간여해 남자들과 섞인 여자란 뜻입니다. 무녀란 직업의 피할 수 없는 운명이었습니다.

다만 탐한다는 것이 남자가 무녀를 탐하는 것인지 무녀가 남자를 탐하는 것인지는 잘 모르겠습니다. 서로가 탐했는지도 모릅니다.

행실 깨끗하지 못할 함(娍)

함(娍)은 네이버 사전에 "행실이 깨끗하지 못할 함"이라고 실려 있습니다. 거의 사라진 글자입니다. 중국어 사전에는 없고 《강희자전(康熙字典)》에 단 한 줄, "부정한 여자"로 나옵니다.

함(娍)은 여자에 함(咸)을 더해 만들었습니다. 이렇게 만들어진 글자가 왜 부정한 여자가 되었는지 한눈에 잘 들어오지 않습니다. 함(咸)을 어떻게 읽느냐에 뜻이 달라지기 때문에 더 그렇습니다.

함(咸)은 '다 함, 짤 함, 덜 감'으로 읽습니다. 서로 뜻이 너무 달라 공통점을 찾기 힘듭니다. 일단 함(咸)의 초기 글자 모양부터 살펴보겠습니다.

구(口)의 본래 모습인 'ㅂ'는 무녀가 주술을 행한 후 기원하는 글, 즉 축문을 담는 그릇입니다. 축문 그릇은 주술의 효과가 사라지지 않도록 밀봉한 후 그 위에 왕권을 상징

함(咸)의 갑골문　　함(咸)의 금문

하는 도끼를 올려놓았습니다. 봉인의 효과를 극대화하기 위함이었습니다. ㅂ 옆에 보이는 것이 그 도끼입니다. 이렇게 만들어진 함(咸)은 (주술 효과가 모든 것에) '다' '두

루 미치다'란 의미를 갖게 됩니다.

함(咸)이 '짜다'라는 뜻을 가지는 것도 이 '두루 미치다'와 상관이 있습니다. 음식을 만들 때 가장 요긴한 것이 소금입니다. 소금은 조금만 넣어도 음식의 맛에 두루 영향을 미칩니다. '땅 로(鹵)'와 '두루 함(咸)'의 합자인 '짤 함(鹹)'이 암염이 두루 널려 있는 땅을 가리키는 것도 이 때문입니다.

감(緘)이 '덜다'란 뜻을 갖는 것은 축문을 그릇에 넣고 봉했다는 데서 비롯했습니다. 무언가를 봉하거나 막았다는 데서 '줄다'라는 의미가 파생되었습니다. 물을 막은 것이 '덜 감(減)'입니다.

이제 함(咸)의 본뜻이 '두루 미치다'임을 알았습니다. 그래서 '마음 심(忄)'이 붙으면 '느낄 감(感)'이 됩니다. 그런데 '여자 여(女)'가 붙으면 '행실이 깨끗하지 못할 함'이 되는 것은 어째서일까요?

함(娍)이 존재가 두루 알려진 여자이기 때문입니다. 이 여자도 무녀였습니다.

남자들은 내 여자가 남에게 알려지는 것을 극도로 싫어합니다. 내 여자는 오로지 나만 쳐다보고 살기 원합니다. 다른 남자들은 모르기를 바랍니다. 행여 다른 남자가 알면 빼앗아갈까 봐 두렵습니다. 내가 맘에 드는 여자일수록 더합니다. 여자가 나를 좋아하면 그런 걱정은 할 필요가 없습니다. 다른 남자들이 유혹을 하든 말든 눈길 줄 리 만무하기 때문입니다. 그래서 자신 있는 남자들은 여자를 구속하지 않습니다. 그렇지 못한 남자들이 여자를 가두어 놓습니다. 다른 남자들에게 내 여자의 존재를 극구 감춥니다. 그러니 자신의 존재를 '두루' 알리는 여자 '함(娍)'이 좋게 보일 리 없습니다. 부정한 여자라고 꾸짖습니다.

이제 참(嫪), 조(嫨), 함(娍)이 모두 같은 개념에서 만들어진 글자임을 알 수 있습니다. 모두 무녀에서 비롯했습니다. 무녀처럼 남자들과 어울리는 여자, 남자들에게 존재가 알려진 여자는 탐욕의 대상이 된다는 것입니다. 음란한 여자가 되는 것입니다. 그런 글자가 또 있습니다.

친압할 닉(嬲)

닉(嬲)은 '친압할 닉'입니다. 친압이란 "버릇없이 너무 친하게 군다"라는 뜻입니다. 좋게는 손녀가 할아버지 수염을 잡아당기는 것처럼 허허할 수도 있지만 진아교처럼 신세를 망칠 수도 있습니다.

진아교는 한무제(기원전 141~87)의 총애를 받아 황후가 된 여인입니다. 애교가 철철 넘치는 그녀를 처음 본 한무제는 "만약 진아교를 얻게 되면 금으로 만든 집에 가두어두겠다"라며 감탄합니다. 여인이 거처하는 화려한 방을 가리키는 금옥(金屋)이란 말이 여기서 비롯했습니다. 그러나 황후가 된 진아교는 오만하고 질투가 심한 데다 아늘까지 없어 장문궁에 유폐되었다가 폐위되었습니다. 애교나 아양도 심성이 예뻐야 빛을 봅니다.

그런데 '지나치게 애교를 부린다'는 의미를 내포한 닉(嬲)에 '음탕하다'라는 뜻이 함께 들어 있습니다. 중국어 사전을 보면 음닉(淫嬲)이 '음탕하다'로 나옵니다. 음(淫)과 닉(嬲)이 같이 쓰임을 알 수 있습니다.

닉(嬲)을 해석하려면 여자 옆의 혜(匸) 속에 들어 있는 약(若)부터 알아야 합니다. 여(如)에서 잠깐 언급한 것처럼 약(若) 역시 무녀입니다. 자세한 설명은 다음에 이어집니다. 혜(匸)는 '감출 혜'입니다. 무녀(若)가 은밀한 곳에 있음을 그렸습니다.

남이 알아도 괜찮은 내용이라면 무녀가 은밀한 곳에 있을 이유가 없습니다. 기우제나 전쟁의 승리를 기원하는 자리라면 모든 사람이 볼 수 있는 곳에서 행해야 합

---

* "若得阿嬌 當以金屋貯之(약득가교 당이금옥저지)"

니다. 닉(匿)은 '숨길 닉'입니다. 이로 미루어 무녀가 무언가 남이 알아서는 안 되는 일을 꾸미고 있음을 나타내고 있습니다. 그래서 자연스럽게 이 글자는 사악하다는 뜻을 가집니다. 이 '숨길 닉(匿)'이 여자에 붙으니 닉(嫟), '무언가를 감추는 여자. 사악한 여자, 요사스럽고 사특한 여자'가 되더니 마침내 '음탕한 여자, 음란한 여자'가 됩니다.

남이 안 보는 은밀한 곳에서 무녀가 무슨 짓을 하기에 '음탕한 여자, 음란한 여자'라는 손가락질을 받았을까요?

닉(嫟)은 닉(嬺)으로도 씁니다. 같은 글자입니다. 닉(嬺)에 보이는 '마음 심(心)'이 남자들의 속셈입니다. 이런 것을 보면 남자들은 참 순진합니다. 숨길 줄을 모릅니다. 다만 여자들이 모를 뿐입니다. 모른 척하는 것인가요? 모르겠습니다. 여자의 속마음은 알 길이 없습니다.

닉(嫟)에 들어 있는 약(若)을 다시 보겠습니다.

같을 약(若)

무녀가 머리에 요란한 장식을 하고 양손에 나뭇가지를 들고 있습니다. 금문에는 무녀 앞에 놓인 축문 그릇도 보입니다.

약(若)의 갑골문   약(若)의 금문

무녀가 왕께 말합니다. "내가 하는 말은 신령의 말씀과 같다." 또 말합니다. "'만약' 신령님의 말씀에 따르지 않으면 벌이 있을 것이다." 겁을 줍니다. 여기서 약(若)에

'같다'와 '만약'이란 뜻이 생겼습니다. 무녀의 말은 곧 신령의 뜻이니 자연스럽게 '따르다'란 의미도 생겼습니다. 여(如)와 똑같습니다. 약(若)과 여(如)는 본시 하나의 뜻으로 쓰였습니다.

아리따울 무(妸, 嫵, 斌)

마지막으로 세 여자가 한자리에 모였습니다. 세 글자가 모두 같이 쓰입니다. 같은 뜻으로 이렇게 다른 모양의 글자들이 사용된 것은 전국시대에 군웅할거를 하던 각 나라가 저마다 마음에 드는 글자를 골라 쓴 탓입니다. 《시경》에 보면 시(詩)마다 같은 뜻인데도 다른 글자를 쓴 예가 무수합니다. 진시황이 분서갱유를 한 이유가 이 때문입니다. 글자를 통일하지 않고는 통일 중국을 다스릴 수가 없었습니다.

아무튼 무(妸)에 보이는 무(无)는 '없을 무'로 무(無)와 같은 뜻이고 무(斌)에 보이는 무(武)는 부(無)의 발음을 차용한 것입니다. 모두 '없을 무(無)'와 통합니다. 따라서 '아리따울 무(妸, 嫵, 斌)'에 보이는 여자는 모두 무녀입니다.

이제 무녀가 가면을 벗습니다. 여인으로 돌아옵니다. 아리땁습니다. 무서웠기에 더욱 아름답습니다.

이러한 무녀가 남자들의 세계에서 당당히 활동했습니다. 남자들의 호기심이 욕심으로 변합니다. 적당히 두렵기에 더욱 매력적이었던 신전의 여사제가 인류 최초 창녀가 된 것은 다 이유가 있었습니다.*

지금까지 살펴본 바처럼 무녀는 일반 여자가 아니었습니다. 어머니와 딸, 아내와 며느리를 제외한, 일반 여자를 만나러 가는 길에 꼭 만나야 하는 신과 인간의 중간

---

* 2장 〈봄을 파는 여자〉 참조.

계에 있는 여자였습니다. 이 무녀가 마지막으로 한마디 합니다. 서(恕)입니다.

용서할 서(恕, 忞)

'같을 여(如)'. 무녀의 입을 통한 말은 신령의 뜻과 '같음'이라 하였습니다. 같음[如]에 마음[心]이 함께하니 용서[恕]가 되었습니다.

자공은 공자의 10대 제자 중 하나입니다. 그가 스승께 물었습니다. "평생 행해야 할 것을 한마디로 알려주실 수 있으신지요?" 공자가 답했습니다. "용서니라."

《대학》은 공자의 이 말을 '배려'라 풀었습니다.

처한 환경에 따라 무녀는 갖가지 모습으로 인간에게 다가왔습니다. 그녀를 대하는 사람들의 느낌도 가지각색이었습니다. 그러나 신이 무녀의 입을 통해 전한 마음은 결국 '용서'와 '배려'였습니다. 더불어 '어질다' '동정하다'라는 뜻이 함께 들었습니다.

이러한 恕(서)의 원래 모습은 '여자 여(女)'와 '마음 심(心)'으로 이루어진 忞(서)였습니다.

공자가 평생 남자가 추구해야 할 도리로 설파한 것의 정체가 결국 여자의 마음이었습니다. 단 그 여자는 무녀였습니다.

무녀가 무녀 옷을 벗으면 일반 여자가 됩니다. 드디어 남자들의 눈에 '여자'로만 보인 일반 여자들을 만나보겠습니다.

용서할 서(忞).
전국시대 후기 금문

여자의 위상

어머니와 딸, 아내와 며느리, 그리고 무녀까지 만나보았습니다. 드디어 남자에게 여자로 보이는 여자들 세상에 발을 디뎠습니다. 사회적 신분이 가장 높은 자리부터 차례로 만나보겠습니다.

왕의 여자

후(后), **비**(妃), **희**(姬), **비**(嬖), **부인**(婦人), **빈**(嬪), **세부**(世婦), **어처**(御妻), **폐**(嬖)

옛날에 남자가 왕위에 오르면 "천하를 얻는다"고 했습니다. 즉 천하의 모든 것이 왕의 소유란 이야기입니다. 그 모든 것에 여자도 포함되었습니다.

영웅호색이란 말도 있듯이 고대에 권력을 쥔 남자가 여러 여자를 취하는 것은 낯선 일이 아니었지만 사회가 어느 정도 안정된 후에는 왕도 무턱대고 여자를 데려올 수 없었습니다. 그래서 논리가 만들어졌습니다.

음양론은 전국시대에 두각을 나타내기 시작하여 한대(漢代)에 확립된 중국의 우주론인데 이를 믿는 사람들은 세상의 모든 현상을 음과 양으로 설명했습니다. 양기가 발산되지 못하면 음기에 눌려서 지진이 발생한다고 주장한 주나라 태사 백양보 같은 사람이 그런 예입니다. 이 음양론의 영향을 받아 남자가 취할 수 있는 여자의 수를 규정했는데 주나라 때 각국의 도를 기록한 《주례(周禮)》에 이런 대목이 있습니다.

양(陽)인 남자는 홀수이고 음(陰)인 여자는 짝수이기에 남자 하나에 여자 둘이
함께 살아야 기(氣)를 얻어 집안이 평안하고 법치국가가 된다.

이러한 논리가 남자 하나에 여자 여럿으로 바뀝니다. 이를 바탕으로 "천자는 왕후 1명, 부인 3명, 빈 9명, 세부 27명, 어첩 81명 등 121명을 두고, 제후는 아홉, 경대부는 셋, 선비는 둘을 취하는 것이 법도다"* 라고 했습니다. 왕의 구미에 딱 맞는 이론이었기에 정론으로 굳어졌습니다.

왕이 어떤 인간인가에 따라 이 숫자가 무의미해진 경우도 비일비재했지만 어쨌든 왕이 되면 공식적으로 취할 수 있는 여자가 121명이었습니다. 그 여자들에게는 각각 계급이 있고 부르는 이름이 있었습니다.

후(后)

첫째가 후(后)입니다. 후는 천자나 황제의 부인을 가리킵니다. 황제의 부인은 황후(皇后), 황제의 살아 있는 어머니는 황태후(皇太后)라 했습니다. 후(后)에 여(女) 자가 들어 있지 않은 것이 이상합니다. 여(女) 자가 들어간 후(后)에 '만날 구(姤)'가 있는데 얼핏 왕의 여자처럼 보이지만 아닙니다. 이 글자는 5장의 〈아름다운 여자〉 편에 수록했습니다.

후는 원래 땅을 다스리는 통치자로 남자였습니다. 그런데 왕이 하늘을 다스리는 자, 즉 천자(天子)로 불리자 졸지에 후토(后土)로 바뀌며 여성화되었습니다. 그렇다면 왕이 천자니 부인은 천후(天后)가 되어야 하겠으나 천후(天后)가 이미 민간신앙에서 항해 안전의 수호신으로 모시는 여신의 이름으로 쓰이고 있었기에 천자의 또 다른 이름인 황제와 연결해 황후라고 부르게 된 것입니다. 천자는 신의 성별까지도 바꿀 수 있었습니다.

---

* "帝王天子只能立后一人, 夫人三位, 世婦二十七位, 女御八十一位(제왕천자지능립후일인, 부인삼위, 세부이십 칠위, 여어팔십일위)", 《주례》.

우리나라의 왕비를 가리키는 명칭을 살펴보겠습니다. 고구려나 백제, 가야, 발해에서는 왕비를 가리키는 특별 명칭이 따로 없었습니다. 그냥 왕비라 부르고 사후에 주로 부인(婦人)이라는 시호(諡號, 왕이나 사대부들이 죽은 뒤에 그 공덕을 찬양하여 추증하는 호)를 내렸다고 《삼국사기》에 기록되어 있습니다. 《삼국유사》에는 22대 지증왕이 아내를 맞으며 황후(봉위황후)로 삼았다고 했는데 정사인 《삼국사기》에는 연제부인이라고만 기록되어 있습니다. 제(帝)가 황제를 가리키는 말이니 그럴 수도 있겠지만 확실치는 않습니다. 다만 통일신라 이후에는 많은 왕후(王后)가 등장합니다. 김유신의 둘째 누이이며 후에 29대 무열왕 김춘추의 정식 부인이 된 문희의 시호는 훈제부인, 문명왕후였고, 뒤를 이은 문무왕의 부인은 자의왕후였습니다. 이외에도 신목왕후, 성정왕후 등 신라 말기까지 후란 명칭이 여럿 보입니다.

이후 고려 중기까지 왕비의 이름으로 후를 사용했으나 원나라의 입김이 세지면서 고려 말 이후부터 쓰지 못하고 비(妃)라 했습니다. 비는 후의 한 계급 아래 등급으로 본래 중국에서 제후의 부인을 뜻하다가 나중에 후궁을 가리키는 말로 쓰인 글자입니다. 양귀비가 후가 아니라 비인 이유입니다. 국력이 약해지면 이런 수모를 당합니다. 후와 관련된 고려 여인들을 지나칠 수 없으나 흐름상 말미에 실었습니다. 아무튼 우리나라에서는 고려 말기 이후 비가 왕의 여자로 굳어졌습니다. 여(女) 자가 들어간 최고 신분의 여자입니다.

비(妃)

비(妃)에는 품계가 없습니다. 왕의 정식 부인으로 계급을 붙일 수 없는 존재기 때문입니다. 그런데 이 비(妃)라는 글자의 해석이 만만치 않습니다. 우선 갑골문부터 보겠습니다.

일반적인 해석은 이 두 글자를 모두 '여자 여(女)'와 '몸 기(己)'의 합자로 보는데 석

비(妃)의 갑골문

기(己)의 갑골문

연치 않습니다. 1번과 2번을 보면 여(女) 자뿐 아니라 오른쪽의 그림도 같지가 않습니다. 우선 두 갑골문의 오른쪽부터 살펴겠습니다. 이 그림은 '몸 기(己)'가 아닙니다. 기(己)의 갑골문과 너무나 다릅니다.

이 그림을 1, 2번 갑골문의 오른쪽 그림으로 볼 수는 없습니다. 게다가 이 글자를 '몸 기(己)'로 본 풀이들이 대부분 요령부득입니다.

허신은 '몸 기(己)'를 "만물이 오그라들어 구부러진 모습"이라 했는데 이는 갑골문을 못 본 상태에서 내린 잘못된 해석입니다. 이를 근거로 오늘날까지도 '무엇인가가 막 일어나려는, 혹은 굽은 것이 펴지려는 모습'으로 보고 "여럿이 있는 중에 나요, 나! 하고 몸을 일으킨다" 등의 풀이들이 넘치고 있는데 억지스럽습니다. 후에 갑골문을 본 학자들이 끈을 묶어 사용하는 화살인 주살이라 하거나, 구부러진 끈, 실을 뽑는 도구 등으로 설명하고 있지만 그래도 이것이 어떻게 '나'를 가리키는 '몸 기(己)'가 되었는지 모호하기는 마찬가지입니다.

기(己)가 몸을 가리키게 된 연유는 아직 미스터리입니다. 그러나 왕비를 '오그라들어 구부러진 모습'으로 그렸다는 해석은 받아드릴 수 없습니다. 비(妃)의 오른쪽에 있는 그림은 기(己)가 아닙니다. 인(人)이나 시(尸)로 보아야 합니다.

1번 갑골문에 있는 오른쪽 그림 ⅓은 인(人)입니다. 인(人)이 들어간 다른 글자들, 예를 들어 눈[目]과 사람[人]의 합자인 '볼 견(見)'을 보면 확실히 알 수 있습니다.

그런데 인(人)은 남자입니다. 사람인(亻)이 들어가는 글자는 모두 남자고 여자는 꼭 여(女)를 붙여 구별했습니다. 따라서 비(妃)는 여자와 남자가 함께 있는 글자로 보아야 합니다. 그런데 1, 2번 갑골문에 보이는 여자가 심상치 않습니다. 여(女)의 갑골

견(見)의 갑골문

견(見)의 갑골문

문인 &와 다릅니다. 머리에 무언가가 덧붙여 있습니다. 머리 장식입니다. 즉 혼례를 위한 머리 장식인 것입니다.

청나라 마지막(12대) 황제 선통제 푸이의 후비 원슈(文绣, 1909~1953) (출처: 바이두, 위키백과)

비(妃)는 남자와 혼례를 치르는 여자를 가리키는 일반적인 글자였습니다. 그렇기에 비(妃)는 원래 귀천을 가리지 않았습니다. 단지 '좋은 짝'으로 쓰였을 뿐입니다. 그러다 왕의 여인에만 국한된 것은 왕과 결혼하는 여자의 머리 장식이 유난히 화려했기 때문입니다. 근세사에 남아 있는 비(妃)의 사진에서 머리 장식의 화려함을 어렴풋이 짐작할 수 있습니다.

또 비(妃)의 갑골문에서 주목해야 할 부분이 2번의 오른쪽 그림입니다. 1번 갑골문 ♥의 오른쪽 그림은 좀 다르게 생겼습니다. 사람인(人)이 아니라 '주검 시(尸)'로 보입니다. 둘의 갑골문을 비교해보겠습니다.

인(人)의 갑골문

시(尸)의 갑골문

시(尸)의 금문

2번 갑골문의 오른쪽 부분은 '주검 시(尸)'입니다. 이를 뒷받침하는 것이 2번 갑골

여자 1　　여자 2

매울 신(辛)의 갑골문

문에 등장하는 여자의 모습입니다. 1번 여자와 어떻게 다른지 보겠습니다.

차이가 보이시나요? 1번 여자의 윗부분은 장식을 한 머리 모양입니다 그러나 2번 여자의 머리 부분에 보이는 그림은 '매울 신(辛)'입니다. 신(辛)은 포로의 얼굴에 문신을 하는 데 쓰인 형벌 도구입니다. 장식이 아닌 것입니다.

이제 알 수 있습니다. 2번 여자는 왕이 잡아온 포로 중에서 부인으로 삼은 여자였습니다.* 이 여자는 왕이 죽으면 함께 죽었습니다. 이 여자가 '주검 시(尸)'와 나란히 하고 있는 이유입니다.

비(妃)는 1번이나 2번 모두 왕의 부인을 그린 것임에는 틀림이 없지만 1번은 왕의 부인이라는 호화로운 겉모습을 그렸고, 2번은 왕과 함께 죽을 여인의 운명을 새겼습니다. 왕비는 여자가 신분 상승을 할 수 있는 맨 윗자리였지만 동시에 왕이 죽으면 함께 죽어야 하는 자리였습니다.

비(嬶)

비(嬶)는 '왕비 비'입니다. 네이버 사전과 한전에는 있지만 중국어 사전에는 없습니다. '왕비 비(妃)'와 같은 글자라고 하나 전서에서부터 나타나는 것으로 미루어 비(妃)보다 나중에 만들어진 것으로 보입니다. 그런데 비(嬶)에는 '살찔 비(肥)'가 붙어 있습니다. 왜일까요? 비(肥)의 오른쪽에 있는 파(巴)는 '꼬리' 혹은 '뱀'으로 알고 있는 사

---

* 당시에는 붙잡아온 여자 포로는 얼굴에 문신을 새겼다. [2장 〈첩〉 참조.]

람들이 많으나 이는 갑골문을 보지 못한 허신의 해석을 따른 것이고, 실상은 무언가를 집는 자세를 그린 것입니다.

파(巴) 갑골문　　　　파(巴) 설문(전서)　　　　파(巴) 해서

갑골문을 보면 무언가를 집기 위해 '손가락을 편 손'(1번)과 '손과 물건'(2번)까지 강조되어 있습니다. 이것이 전서를 거쳐 해서로 변하는 과정에서 사람 모습을 잃었습니다. 꼬리나 뱀으로 오인 받은 이유입니다. 어떻게 꿇어앉은 사람 모습이 파(巴)로 변해갔는지 '고을 읍(邑)'을 보면 알 수 있습니다.

갑골문　　　금문　　　초계간백　　　설문　　　진계간백　　　해서

비(肥)를 보면 파(巴) 왼쪽에 '고기 육(月)'이 있습니다. 즉 비(肥)는 고기를 쥐고 있는 모습이고 비(婓)는 고기를 먹는 여자였습니다. 그런 여자가 왕비였습니다. 사람들이 '왕비'하면 떠올린 것이 '아, 잘 먹겠지? 고기도 많이 먹을 거야'라는 생각이었습니다. 먹고사는 것이 힘들던 시절, 고기를 먹는다는 것은 높은 신분의 상징이었습니다.

왕비는 고기를 잘 먹으니 살찐 여자입니다. 희(姬)와 같은 시각입니다. 젖이 큰 여자가 '희(姬)'고 살이 빵빵하게 찐 여자가 '비(婓)'입니다. 둘 다 자식 생산을 많이 기대할 수 있는 건강한 여자입니다. 아름답고 날씬한 여자는 따로 얼마든지 있으니 왕비는 오직 후계자만 잘 생산하면 그만이라는 의식이 깔려 있습니다. 희(姬)와 비(婓)가 같은 글자라는 것이 이해가 됩니다.

희, 이(姬)

희(姬)는 여자를 가리킬 때는 '희', 왕비를 가리킬 때는 '이'로 읽습니다. 희(姬)는 정식 직제가 아니라 원래는 성씨였습니다. 주왕조의 전설적 시조인 후직이 살던 땅의 이름이 희수(姬水)였기 때문에 순임금이 그에게 희씨(姬氏) 성을 내리면서 비롯됐습니다. 따라서 주왕조의 여인들은 모두 성이 희씨였는데 이들이 정략결혼을 통해 각지에 흩어지며 곳곳에 희씨(姬氏) 왕비가 생겼습니다. 이로써 희(姬)가 왕의 여자, 나아가 신분이 높은 여성을 뜻하는 일반명사로 쓰이게 되나 후(后)가 등장하며 공주, 후궁을 가리키는 말로 격하되었습니다.

희(姬)는 희(姬)와 통합니다. 희(姬)는 여(女) 옆에 '신하 신(臣)' 자가 붙어 있습니다. 신하되는 여자라고 하면 그럴듯합니다. 그러나 희(姬)는 다릅니다. 희(姬)와 희(姬)는 얼핏 같아 보이지만 여자 오른쪽에 전혀 다른 글자가 붙어 있습니다. 자세히 보아야만 차이를 알 수 있습니다. '신하 신(臣)'과 달리 '𦣝'는 단독으로는 쓰이지 않습니다. 이 그림이 무엇을 그린 것인지는 姬(아름다울 이, 즐거워할 희)나 熙(빛날 희)를 보면 알 수 있습니다. '아름다울 이(姬)'의 본래 모습은 아래 1번의 금문처럼 생겼습니다.

1 이(姬)의 금문

2

왼쪽은 젖이고 오른쪽은 어린 아기입니다. 아기가 엄마 젖을 먹고 있으니 얼마나 아름다운 광경입니까? 얼마나 즐겁겠습니까? '아름다울 이, 즐거워할 희'라는 뜻이 생긴 이유입니다.

유방을 세워 그린 것은 대나무에 쓰기 편하고 다른 글자와 합칠 때 자리를 작게 차지하게 하려 함이었습니다. 따라서 이 글자를 여자 옆에 붙여 희(姬)라는 글자를 만든 사람들의 머릿속에는 2번 그림과 같은 여자가 들어 있었습니다.

희(姬)는 유방이 도드라진 여자였습니다. 왕의 눈에 뜨일 만합니다. 그런데 여기에는 다른 측면도 있습니다. 고대에는 다산이 절실했는데 곧 국력과 직결되었기 때문입니다. 동서양을 막론하고 여자가 유방이 크면 아이를 잘 낳는다는 속설이 있었습니다. 이 믿음 때문에 병자호란 때 조선의 여자들이 큰 변을 당했습니다. 즉 청나라가 항복한 조선에서 50만 명의 포로를 끌고 가면서 따로 젖 큰 여자 3천 명을 요구한 것이죠. 청나라는 이 여인들을 인구 번성을 목적으로 청 태조 고향에 보냈습니다. 참 여자의 기구한 운명도 가지가지입니다.

여자들 이름에 희(姬)가 많이 쓰이고 있습니다. 좋은 글자인지 아닌지 아리송합니다.

부인(婦人)

원래는 제후의 정식 처를 일컫는 말인데 때로 황후나 왕후를 가리키기도 합니다. 오늘날에는 의미가 많이 바뀌었습니다. 부(婦)의 대표 훈이 중국에서는 '결혼한 여성, 아내'지만 우리나라에서는 '며느리'가 첫 번째 사전적 의미입니다. 그럼에도 이 말이 우리나라에서도 아내를 가리키는 말로 흔히 쓰이자 며느리는 '아들의 아내'라는 의미의 아식(儿媳), 자부(子婦)로 구별해 부르고 있습니다.

부(婦)는 1장의 〈며느리〉 항목에서 살폈듯이 빗자루를 든 여인입니다. 부인(婦人)이 빗자루 든 여인이 되는지 왕의 여자가 되는지는 전적으로 남편에게 달렸습니다. 여자들의 사회적 지위가 예전과는 비할 수 없는 요즘도 남자에게는 자기가 누구의 남편으로 불리는 것 보다는 여자가 누구의 아내로 불리는 것을 당연하게 느끼는 디엔에이(DNA)가 숨어 있습니다. 그런 의식에서 만들어진 것이 부인(夫人)입니다.

부인(夫人)은 왕으로부터 봉작을 받은 부인(婦人)을 가리킵니다. 부(夫)는 '지아비 부'니 곧 남편의 여자란 말이지요. 부인(夫人)은 남편의 짝을 가리키는 말로 우리의 일상어가 되었습니다.

빈(嬪)

비(妃)와 부인(婦人, 夫人)은 왕의 아내로서 확고한 지위를 보장 받은 여자들이었지만 그 아래로는 품계를 받았습니다. 그중 가장 높은 직위가 빈(嬪)으로 조선시대에는 정1품이었습니다. 그래서 빈(嬪)은 '궁녀 벼슬 빈'으로 읽습니다.

여자와 '손님 빈(賓)'을 합쳐 만든 빈(嬪)은 원래 죽은 아내를 가리켰는데 죽은 아내를 대신하여 다른 집안에서 온 여자, 손님을 접대하는 여자, 궁녀 등으로 그 의미가 확대되었습니다.

빈이 되는 길은 두 가지가 있었습니다. 하나는 왕비나 세자의 부인으로 간택되는 경우입니다. 이때는 전국에 금혼령을 내렸는데 대개 9세부터 20세 미만인 처녀들을 대상으로 빈이 결정될 때까지 혼인을 못 하게 했습니다. 전국의 처녀는 모두 왕이나 왕자의 소유라는 인식이 당연시되었기에 가능했습니다. 이 과정을 통해 간택되는 처녀들의 나이는 대개 15세 전후였습니다. 이들 중 상당수가 계비(繼妃)라 하여 임금이 새장가를 가며 맞아들인 왕비들이었습니다. 이렇게 어린 계비를 맞는 남편들, 즉 왕들의 나이는 얼마였을까요? 15세의 장렬왕후 조씨를 맞은 인조는 44세였고, 16세의 인원왕후 김씨를 맞은 숙종은 42세였습니다. 이 정도는 약과입니다. 15세의 정순왕후 김씨를 맞은 영조는 62세였습니다. 14세에 18세인 헌종의 아내가 된 효정왕후 홍씨 같은 경우는 그야말로 하늘의 복이었습니다.

이런 형편이니 딸을 이용해 권력을 잡으려는 욕심을 가진 부모들은 예외였겠지만 언제 죽을지 모르는 왕의 부인이 되었다가 남은 평생을 궁에 갇혀 홀로 지내야 하는 왕비의 처지를 생각하면 딸 가진 부모들이 금혼령을 반겼을 리 없습니다. 금혼령이 내렸다는 소식을 듣자마자 서둘러 딸을 출가시켰다가 파직당하는 관리들(선조 34년 충후부도사 김호수, 상서원직장 송지호 등)이 속출했습니다. 왕비 후보자가 나서지 않자 화가 나 5년간 한성의 처녀들을 혼인 못 하게 한 왕도 있었습니다. 영조였습니다. 영조가 금혼령을 내릴 당시의 나이가 환갑에 가까웠으니 어느 부모가 제 딸을 기꺼이 후보로 올렸겠습니까? 영조는 조선 후기의 중흥기를 이끈 명군으로 평가받는 왕입니다. 그런 사람도 여자 앞에서는 한낱 남자였을 뿐이었습니다.

빈이 되는 두 번째 길은 궁녀로 있다가 왕의 눈에 들어 잠자리 시중을 드는 기회를 잡은 경우입니다. 왕과 잠자리를 가지면 종1품 귀인이 되고 그러다가 남자아이, 즉 왕자라도 낳으면 일약 정1품 빈으로 신분이 수직 상승했습니다. 말 그대로 궁에서 일하는 하녀이던 궁녀가 졸지에 정1품에 오르는 것입니다. 신분 상승도 이런 신분 상승이 없습니다.

조선 역사상 가장 유명한 빈을 들라면 아마 조선 제19대 왕 숙종의 후궁이며 제20대 경종의 생모인 장희빈일 것입니다. 그러나 그의 묘를 보면 빈의 일생이 영화롭지만은 않았던 것 같습니다. 은평구 서오릉에 장희빈의 묘가 있습니다. 명성에 비해 너무도 초라합니다.

세부(世婦)

세부는 빈의 아래 단계로 천자의 경우 27명이 있었습니다. 왕궁에는 왕의 여자들을 위한 공간으로 6궁이 있었습니다. 하나는 왕비 전용이고 나머지는 왕비 이하의 여인들이 사용했습니다. 세부는 왕후의 비서 역할을 하며 이 6궁을 관리했습니다.

6궁에 관한 업무뿐 아니라 제사와 관련된 모든 일이 세부의 책임이었습니다. 특히 고대에는 숙계(宿戒)라 하여 제사 준비로 이틀을 재계하고 준비하는 과정이 있었는데 이를 행하는 것도 세부의 몫이었습니다. 병이 들면 불길하다 하여 재계를 할 수 없었으니 마음대로 아프지도 못했습니다. 물론 왕의 눈에 들면 잠자리 수청도 필수였습니다.

어처(御妻)

어처는 세부 아래로 천자(天子)를 모시던 여관(女官) 중 가장 낮은 직급으로 정원이 81명이었습니다.

어처 중 왕후의 부관 격으로 내정을 보필하는 여자가 여사(女史)로 총 8명이 정원이었고 그들을 보필하는 시녀인 해(奚)가 16명이었습니다. 그밖에 중요한 임무를 가진 궁중 여자들이 있었는데 그 첫째가 왕후의 내제사(內祭祀, 궁궐 안의 부엌, 문, 창 등에 지내는 제사)와 내도사(內禱詞, 기원이나 축원하는 일)를 담당하는 여축(女祝)으로 4명이 정원이고 그들을 시중드는 해(奚)가 2명씩 딸렸습니다.

여사(女史)란 말은 요즘도 여자의 높임말로 널리 쓰이고 있습니다. 여사는 위에서 말한 바와 같이 후궁의 비서 역할을 한 여관의 직책 이름이었습니다. 나중에는 궁중에서 일하는 종으로 글을 읽을 줄 아는 여자를 지칭했습니다. 그래서 언제부터인가 여사(女史) 대신 여사(女士)를 쓴다고도 하는데 이 말 자체가 좋게 쓸 말인지 아닌지 잘 모르겠습니다.

그밖에도 궁중에는 수천, 수만 명의 여자들이 있었는데 그럴 수밖에 없는 것이 비, 부인, 빈, 세부, 어처마다 질제(姪娣)라 하여 친정에서 여자들을 데려왔고 후궁을 모시는 여자인 여어(女御)가 한둘이 아닌 데다 허드레 궁중 일을 하는 여자까지 합하면 그 수가 가히 부지기수였습니다. 하나라 걸왕의 궁전에는 여악(女樂, 가무 담당 궁녀)만 3만 명이 있었다고 합니다.

허드레 궁중 일을 하는 여자를 통칭 궁녀라 했는데 처음에는 이들에게 뚜렷한 직책이 없다가 한나라에 들어서며 소의(昭儀), 미인(美人), 양인(良人), 팔자(八子), 칠자(七子), 장사(長使), 소사(小使) 등의 호칭이 생겨나고, 황후로부터 내명부 최하위까지 14등급으로 구분했습니다. 이후 여(妤 여관), 와(媒 시녀), 익(妘 여자 벼슬 이름), 장(嬙 궁녀), 첩(婕 궁녀) 등 궁녀를 가리키는 여러 이름들이 생겼습니다.

이러한 궁녀를 뽑는 유일한 기준은 미모였습니다. 그러니 궁녀를 둔 목적이 무엇이었는지는 물어볼 필요도 없습니다. 왕은 저녁이 되면 궁녀를 골랐습니다.

왕이 여인을 고르면 태감(궁녀를 관리하는 내시)은 그 여자 방 앞에 붉은 등을 걸어놓았습니다. 여인에게 준비하라는 표시였습니다. 이것이 나중에 몸 파는 여자들이 있는 곳을 홍등가라고 부르게 된 연유입니다. 남자가 찾기를 기다리며 사는 인생은 왕의 여자나 홍등가 여인이나 마찬가지였습니다.

여자와의 육체적 관계를 지나치게 좇는 것을 '어색(漁色)하다'라고 합니다. 암컷 물고기가 낳은 수많은 알 위에 수컷이 정액을 뿌리는 행동을 빗댄 말입니다. 얼핏 어색(語塞)해 보이지만 왕들의 여성 편력에 딱 어울리는 말입니다.

궁중의 여인들

궁이라는 한 울타리 안에 이렇게 여자들이 많으니 이들을 통제하는 것 또한 보통일이 아니었습니다.

춘추시대에 지어진 《관자(管子)》에 궁중 여인들을 관리, 통제하는 원칙이 실려 있습니다.

- 남녀의 생활공간을 철저히 구분한다.
- 궁중의 안팎이 서로 통하지 않게 하며 참소하고 헐뜯는 일이 없도록 한다.
- 비빈들의 말이 조정의 정사에 미치지 않도록 한다.
- 신하들의 자제가 궁녀들과 사귀는 일이 없도록 한다.

그러니 왕의 여자들은 오로지 왕만 쳐다보고 살아야 했습니다. 혹시라도 다른 남자의 씨를 뱄다가는 바로 참수형을 당했습니다.

일반적으로 여자는 죽을죄를 지었더라도 아이를 가지면 아이를 날 때까지, 아이를 낳고 나면 출산 후 100일까지는 형을 유예하는 것이 법도였지만 궁녀는 간통이 발각되면 임신, 출산에 관계없이 바로 목을 쳤습니다. 여기서 생긴 글자가 폐(嬖)입니다.

폐(嬖)

폐(嬖)는 임금의 손을 탄 여자입니다. 이런 여자를 건드렸다가는 멸문지화를 당할 테니 아예 얼씬거리지 않는 것이 신상에 이롭습니다. 그래서 여자에 '피할 피(辟)'가 붙었습니다.

임금의 사랑을 받은 궁녀를 내폐(內嬖)라 했고 감사나 수령의 총애를 받는 기녀를 방폐(房嬖)라 했습니다. 둘 다 일반 백성이 피하기는 마찬가지였습니다.

세조 때 덕중(德中; 성은 박씨, ?~1465)이란 궁녀가 있었습니다. 왕위에 오르기 전, 세조가 그녀를 가까이 하여 아이를 낳았습니다. 세조가 왕이 되자 덕중은 졸지에 후궁이 되어 정3품 소용(昭容)의 벼슬을 받았습니다. 하루아침에 팔자를 고쳤지요. 그러나 타고난 복이 거기까지였는지 그만 아이는 죽고 세조는 꽃밭에서 노니느라 눈길 한 번 안 줍니다. 먹고 사는 것이야 걱정이 없었지만 독수공방을 견디기 힘들었던 덕중은 환관을 유혹하다 들통이 나 다시 잔심부름이나 하는 나인으로 쫓겨났습니다. 팔자려니 하고 그쯤에서 조용히 살면 아무 문제없었을 텐데 덕중은 얼마 후 간도 크게 환관을 통해 귀성군 이준에게 연애편지를 전합니다. 귀성군은 세종대왕의 손주로 당시 뭇 여인들의 심장을 뛰게 했던 꽃미남이었습니다. 덕중의 연애편지를 받고 기겁을 한 귀성군은 아비 임영대군 이구에게 편지를 보이며 도움을 청했습니다. 임영대군도 눈앞이 캄캄해지기는 마찬가지였습니다. 비록 내쳐지기는 했지만 덕중은 세조의 아이까지 낳았던 내폐였고, 그런 여인으로부터 연서를 받았으니 이 사실이 알려지면 무슨 화를 당할지 모릅니다. 세조가 어떤 사람입니까? 왕위를 찬탈하고 정적들을 무자비하게 죽여 궁궐을 피로 물들인 인물입니다. 밤새 고민하던 부자는 다음날 세조 앞에 나아가 이실직고를 했습니다. 이 추문을 두고 궁중에서 주고받은 내용은 《조선왕조실록》에 자세히 실려 있지만 줄이고, 결론은 다음과 같습니다. "편지를 받은 이준은 죄가 없다. 편지를 전한 환관 둘은 때려죽인다. 내녀 덕중을 내치어 밖에서 교형(絞刑)에 처하였다."*

폐행(嬖幸), 폐첩(嬖妾), 폐인(嬖人)이 다 같은 여자였습니다.

못 다한 이야기

앞에서 밝힌 것처럼 후(后)는 여자가 받을 수 있는 가장 높은 사회적 칭호였습니다.

---

*《세조실록》37권, 세조 11년 9월 4일.

그런데 우리나라에 이와 얽힌 가슴 아픈 역사가 있습니다.

고려 고종 18년(1231년), 몽골이 고려에 쳐들어옵니다. 당시 세계 최강의 군대였던 몽골군을 상대로 고려는 무려 30여 년(1231~1259)을 처절히 싸웁니다. 몽골군을 상대로 30여 년을 저항하고 살아남은 나라는 고려가 유일합니다. 그보다 길게 항쟁한 나라로 44년을 버틴 중국의 남송이 있지만 남송은 결국 멸망했습니다.

귀주성 전투를 시작으로 처인성 전투, 충주성 전투 등 수많은 전투에서 고려는 몽골에 큰 피해를 입혔습니다. 몽골은 30년 동안 물러갔다 다시 쳐들어오기를 여섯 차례나 반복했지만 끝내 고려를 정복하지 못했습니다. 그러나 오랜 병란 끝에 더 이상 버틸 힘이 떨어진 고려는 결국 몽골에 태자를 보내 화해를 청합니다. 지겹게 버티던 고려가 먼저 손을 내밀자 쿠빌라이 황제는 얼른 받아들였습니다.

몽골에 정복당해 사라진 나라들과 달리 고려는 국호를 인정받습니다. 그러나 이때부터 원(元, 몽골이 중국을 정복하고 세운 나라)의 내정간섭이 시작됩니다. 고려의 여자들이 원나라로 끌려갔습니다. 이른바 공녀(貢女)입니다. 그 끌려가는 과정이 어떠했는지 《고려사》에 실려 있습니다.

딸을 낳으면 바로 숨기고 오직 드러날까 걱정하며, 비록 이웃이라도 볼 수 없게 합니다. 중국에서 사신이 오면 관리들이 사방으로 나가 집집을 수색하는데 만약 딸을 숨기기라도 하면 그 이웃을 잡아 가두고 그 친족을 구속해 채찍질을 하는데 딸이 모습을 드러낸 뒤에야 멈췄습니다.

일단 공녀에 선발되면 부모와 친척들이 모여 우는데 밤낮으로 소리가 끊이지 않습니다. 도성의 문에서 보낼 때에는 옷자락을 붙잡고 넘어지기도 하고 길을 막고 울부짖으며 슬프고 원통해 괴로워합니다. 그중에는 우물에 몸을 던져 죽는 자도 있고, 스스로 목을 매는 자도 있으며, 근심 걱정으로 기절하는 자도 있고, 피눈물을 쏟다가 눈이 머는 자도 있습니다.

고려에서 태어난 이곡(1298~1351)은 과거에 급제해 예문관 검열로 일하다가 원나라로 건너가 향시에 수석 급제합니다. 이로 인해 관리가 된 이곡은 원순제(元順帝, 1320~1370)에게 고려 여인의 징발을 중지해달라고 건의합니다. 위의 글이 이곡이 올린 글의 일부입니다. 가슴 저미는 이 글을 보고 원순제는 고려 여인의 공출을 중지하겠다고 약속합니다. [1356년 공민왕 5년] 마침내 고려 여인의 공출이 중단되었습니다.

공녀제가 폐지되자 우리나라에서는 혼례 시 이곡에게 상을 차려 감사하는 풍속이 생겼습니다. 이 상을 곡자상(穀字床)이라 합니다. 지금도 전통혼례에서는 곡자상을 차리고 있습니다.

공녀 차출이 두려워 남장을 하고 숨어 살았던 고려의 처녀들을 '가ᅀ나히'라 했습니다. '여자' 또는 '아내'를 가리키는 중세국어 '갓'과 아이를 가리키는 '아히'가 합쳐진 이 '가ᅀ나히'는 '가시나'라는 말로 지금도 남아 있습니다.

그런가 하면 끌려간 공녀 중에는 황후의 자리까지 오른 여인이 있었습니다. 드라마로도 만들어진 기황후입니다. 원순제를 마지막으로 원나라가 주원장의 명나라로 넘어가는 역사의 소용돌이 속에서 온갖 파란을 겪던 기황후는 1368년 주원장의 포로가 되어 이듬해 눈을 감았습니다. 경기도 연천군 상리에 기황후의 묘로 알려진 고분이 있으나 실제 기황후의 묘인지는 확인되지 않았습니다. 1656년 반계 유형원이 편찬한 《동국여지지(東國輿地志)》에 "속전원순제기황후묘(俗傳元順帝奇皇后墓)"라는 기록이 남아 있음으로 미루어 조선 후기 이전부터 그녀에 관한 이야기가 전해지고 있음을 알 수 있습니다.

첩(妾)

첩(妾), 휘(媈), 첩, 녕(佞), 삽, 첩, 접(唼), 삽(霎), 현(弦), 찬(粲), 내(奶), 년(姩, 胩)

첩은 본처 외의 아내 역할을 하는 여자를 가리키는 말입니다. 현대사회에서는 사라진 것처럼 보입니다. 법적인 권리는 전혀 없는 데다 본처의 그늘에 가려 살아야 하는 자리니 당연하겠지요. 그러나 첩이 완전히 사라졌는지는 의문이 남습니다.

남자가 첩을 들이는 첫 번째 이유는 본처에게서 후사를 보지 못해 자식을 얻고자 함이었습니다. 아들을 낳아 가통을 잇는 것은 모든 집안의 불문율이었습니다. 동양에서만 그런 것이 아닙니다. 인류가 만든 최초의 성문법으로 알려진 함무라비 법전에 취첩에 대한 조항들이 있습니다. 대표적인 것이 다음 두 조문입니다.

> 144조: 아내가 자기를 대신하여 자녀를 낳도록 첩을 얻어 주었는데 첩이 남편의 아이를 낳았는데도 남자가 새로운 아내를 얻고자 할 경우 이는 절대로 허용될 수 없다. 그 사람은 두 번째 아내를 얻을 수 없다.
> 145조: 아내가 자녀를 낳지 못하면서도 남편에게 첩을 얻어 주지 않으면, 남편은 스스로 첩을 둘 수 있으나 첩은 아내와 같은 지위에 처할 수 없다.

이러한 인식은 이제 보시겠지만 한자권에서도 똑같았습니다.

첩을 들이는 이유의 두 번째는 남자의 호색 본능입니다만 굳이 설명이 필요해보이지 않습니다.

세 번째는 남자의 신분 과시욕입니다. 첩은 남자의 신분과 재력의 상징일 뿐 아니라 남자의 결점까지 메꾸어준다고 믿었습니다. 마르크스가 이를 부르짖었습니다. 움베르토 에코는 그의 책 《추의 역사》의 서문에 마르크스가 쓴 《경제학-철학 수고》의 다음과 같은 구절을 인용했습니다.

> 돈은 무엇이든 살 수 있고, 모든 것을 소유할 수 있는 속성을 지니기 때문에, 소유할 가치가 있는 확실한 대상이다. 그러므로 내가 어떤 사람이며 무엇을 할 수 있는가 하는 것은 조금도 나의 인격에 의해 결정되는 것이 아니다. 나는 추하다. 하지만 나는 가장 아름다운 여인을 살 수 있다. 그리하여 나는 추하지 않은 사람이 되는데, 추의 절망스러운 힘이 돈에 의해 제거되기 때문이다. 개인으로서 나는 절름발이이지만 돈은 나에게 24개의 다리를 준다. 따라서 나는 절름발이가 아니다.

아름다운 여자가 얼마나 대단한지 알겠습니다. 비록 돈으로 샀더라도 말입니다. 그러나 이러한 첩은 애초에 여자가 스스로 원해서 된 것이 아니었습니다.

첩(妾)은 자발적으로 생기지 않았다

첩(妾)을 보면 여자 위에 '립(立)'이 보입니다. 이는 2장의 〈왕의 여자〉 편, '비(妃)' 항목에서 살펴본 '매울 신(辛)'입니다. 이것을 '설 립(立)'으로 보고 첩(妾)을 "남편이 밖에서 돌아오면 '일어서서' 맞이하는 여자"라고 풀이한 글들이 보입니다. 아내에게서 어떤 대접을 받았기에 이런 소망을 가지는지 가련한 생각이 듭니다.

첩은 여자와 '매울 신(辛)'을 합친 그림입니다. 신(辛)과 립(立)의 갑골문을 비교해보면 첩을 일어서서 맞이하는 여자라는 발상이 얼마나 엉터리인지 알 수 있습니다.

첩(妾)의 갑골문

신(辛)의 갑골문

립(立)의 갑골문

립(立)의 금문

신(辛)은 모양만 봐도 알 수 있듯이 형벌 도구였습니다. 주로 문신을 하는 데 사용했습니다. '맵다'라는 훈이 왜 붙었는지 알겠습니다.

민(民)의 갑골문

민(民)의 금문

고대에는 전쟁에서 포로를 잡으면 가혹한 형을 가했습니다. 남자는 한쪽 눈을 멀게 했고 여자는 얼굴에 문신을 새겼습니다. 남자는 노동력을 살리면서 전투력을 뺏는 수단으로 한쪽 눈을 멀게 했습니다. 다른 이야기지만 이렇게 한쪽 눈이 찔려 애꾸가 된 남자 포로가 '백성 민(民)'입니다. 알고 보면 민(民)은 권력자의 폭력으로 만들어진 글자입니다. 결코 자랑스러운 글자가 아닙니다.

여자는 얼굴에 문신을 하는 것으로 형을 대신했습니다. 무언가 형은 가해야겠는데 가장 무난하다고 생각한 것이 문신이었습니다. 여자는 신체를 훼손하면 값어치가 떨어져 그랬을 것입니다.

이처럼 신(辛)은 노예로 끌고 온 패전국의 백성들에게 악형을 가하는 도구였습니다.

첩(妾)에 신(辛)이 들어 있습니다. 시라카와 시즈카는 첩을 신에 바치는 희생 제물로 보고 문신을 일종의 성스러운 기호로 추측했습니다. 그 희생물은 선발된 자국인이거나 죄인인 경우도 있지만 대개는 포로였습니다. 고대에 포로를 희생으로 사용한 것은 동서양이 따로 없었습니다.

첩이 문신한 여자임을 보다 확실히 한 글자가 첩(敹)입니다. 문신 도구인 신(辛)

이 적나라하게 보입니다. 네이버 한자 사전에 "정식 아내 외에 데리고 사는 여자"라고 풀이되어 있습니다. 1번과 2번은 같은 글자입니다.

이러한 첩이 어떻게 생겼는가를 증거하는 글자가 휘(婳)입니다.

敊 ₁ 婳 ₂

휘(婳)

휘(婳)는 다음 사이트의 한자 사전에는 없고 네이버 한자 사전에 단 한마디 "여자의 자"로 올라 있습니다. 그러나《대한한사전》과《한한최신대옥편》에는 모두 "첩 휘, 작은 집 휘"로 명기되어 있습니다. 여자 옆에 붙은 글자는 '군사 군(軍)'으로 '군사' '진을 치다'라는 뜻입니다. 군사와 여자, 그리고 첩. 짐작이 갑니다. 휘(婳)는 잡아온 여자의 총칭이었고 첩은 그 중 하나였습니다.

휘(婳)

휘(婳)를 네이버 사전의 "여자의 자" 혹은 한전의 "옛날 이름에 쓰인 글자"라는 풀이만 보고 이름자로 쓰는 일은 절대 없어야 할 것입니다.

첩은 아내가 될 수 없다

이처럼 첩은 시작부터 기구한 운명을 타고난 여자였습니다. 이들은 세월이 흐르며 둘째 부인의 지위에까지 오를 수 있었으나 정식 처는 될 수 없었습니다. 첩은 처가 될 수 없다고《예기》에 못을 박았습니다. "처는 예로 맞지만 첩은 예로 맞지 아니한다"라고 했습니다. 첩은 절차고 예의고 필요 없다는 이야기입니다. 맘에 들면 데리고 살고 맘에 안 들면 마음대로 처분해도 좋다는 말입니다. 시작이 포로로 잡아 온 여자였으니 당연했을 것입니다. "첩은 처가 될 수 없다." 앞서 인용한 함무라비 법전의 "남편은 스스로 첩을 둘 수 있으나 첩은 아내와 같은 지위에 처할 수 없다"와 어쩌면 이처럼 똑같은지 모르겠습니다. 남자의 심리에 동서양의 차이가 없다는 말입니다.

《예기》가 경전이라면 《당률소의(唐律疏議)》는 법입니다. 조선시대 통치의 기준이었던 최고 법전 《경국대전》의 모법(母法)에 해당합니다. 여기에 "무릇 처를 첩으로 삼거나 여자 종[婢 비]을 처로 삼은 자는 도형 2년에 처한다. 첩을 처로 삼거나, 여자 종을 첩으로 삼은 자는 도형 1년 반에 처한다. 각각 본래의 신분으로 회복시킨다"라고 명시되어 있습니다.

도형은 매질을 뜻하는 장형에 노역까지 더한 중형이었습니다. 그만큼 첩을 처로 삼는 것을 엄하게 규제했습니다. 전통적 혼인을 통한 가족 형성이라는 사회조직의 근간에 금이 갈 것을 염려한 때문으로 보입니다.

첩은 법도, 사회도 동등한 사회구성원으로 취급하지 않았습니다. 기댈 곳이 없었습니다. 그나마 믿을 사람은 오로지 남편뿐이었는데 그도 마냥 의지할 수 있는 것이 아니었습니다. 《세조실록》에 이런 대목이 보입니다.

청평군 곽연성이 졸(卒)하였다. [중략] 두 첩(妾)이 있었는데, 죽으려 할 때 앞에 불러다가 재산을 나누어주었다. 그 작은 첩은 곧 관기였는데, 그녀의 손을 붙잡고 말하기를, "내 죽은 뒤에 너는 반드시 남에게 시집갈 것이다" 하고, 베개 곁에 칼을 두었다가 이를 잡고, 그 눈을 찌르고자 하니, 작은 첩이 얼른 피하여 칼이 그 이마를 닿아 상하였다.*

곽연성은 성질이 난폭해 생전에 몹쓸 짓을 많이 했으나 공신이었던 탓에 천명을 누렸는데 결국 죽는 마당에까지 이런 짓을 했습니다. 첩을 인간이 아니라 소유물로 여겼기에 그러했을 것입니다.

예전에는 부인들이 자신을 낮추어 소첩(小妾)이라 했습니다. 절대 사용할 말이 아닙니다.

첩, 녕(佞)

사전에 첩(佞)은 "여자의 겸칭"이라고 나와 있습니다. 겸칭은 자신을 낮춰 부르는 말입니다. 겸손한 것은 나무랄 수 없으나 첩(妾)이란 말이 본시 얼굴에 문신을 한 노예인데 무엇을 어디까지 더 낮추겠다는 것인지 모르겠습니다.

아무튼 첩(妾)이 노예 중에 뽑혀 둘째 부인이 된 여자의 총칭이라면, 첩(佞)은 거기에 사람인(亻)을 붙여 첩이 어떤 성정을 지닌 인간인지를 표시한 글자입니다. 즉 첩(佞)에는 첩(妾)에 대한 남자들의 고정관념이 들어있습니다. 어떤 고정관념이었을까요? 뜻을 보면 알 수 있습니다.

'佞'을 '첩'으로 읽으면 첩(妾)과 같습니다. 그러나 '佞'을 '녕'으로 읽으면 그 뜻이 '아첨하다, 간사하다, 말을 잘하다' 등으로 바뀝니다. 첩(妾)에 대한 남자들의 인식이 보입니다.

첩에 대한 인식을 보여주는 또 다른 글자가 삽(唼)입니다.

---

*《세조실록》34권, 세조 10년 12월 25일.

삽, 첩, 접(啑)

'啑'은 '쪼아 먹을 삽, 헐뜯을 첩, 말 많을 잡'으로 읽습니다. 네이버 한자 사전에 보면 이 글자를 음식을 소리 내며 먹을 때 나는 소리로 보고 의성어라고 풀이했습니다. '쩝쩝'거리며 먹는 소리에서 비롯했다는 견해입니다. 그럴듯해 보입니다. 그런데 그렇다면 왜 하고 많은 접, '나비 접(蝶)' '경망할 접(沾)' '물결 모양 접(渫)' '접을 접(摺)' 등을 놔두고 첩(妾)을 갖다 붙였을까요? '경망할 접(沾)'이 더 어울리지 않나요?

이 글자는 의성어가 아닙니다. 첩의 잔소리가 지겨워 만든 글자입니다. 남자들은 말 많은 여자가 누구라고 생각했겠습니까? 헐뜯는 말이 누구 입에서 많이 나온다고 생각했겠습니까? 첩의 입을 강조한 글자를 만들고 '쪼아 먹을 삽, 헐뜯을 첩, 말 많을 잡'이라 했습니다.

삽(霎)

'가랑비 삽'입니다. 가랑비는 가늘게 계속 이어져 내리는 비를 말합니다. 이런 비에 왜 첩이 들어갔을까요? 가랑비하면 '잠깐 내리다 그치겠지'와 함께 '금방 안 그치겠네' 하는 생각이 동시에 드는 것이 보통입니다. 얼핏 상반되어 보이는 이 두 이미지에 첩의 모습이 요약되어 있습니다. '잠깐' '얼마 되지 않는 매우 짧은 동안'. 사람들이 생각하는 첩의 수명은 이 정도였습니다. 그럼에도 불구하고 가늘게 계속 이어지는 삶, 이 또한 첩의 생이었습니다.

오는 듯 안 오는 듯 하는 것이 가랑비입니다. 일부러 주의를 기울이지 않으면 의식하지 못하는 것이 가랑비입니다. 그쳤나 해도 여전히 내리고 있는 것이 가랑비입니다. 그런 가랑비에 누군가 첩을 새겼습니다. 가끔 가랑비를 삽우(霎雨)라고 표현한 시어가 보입니다. 우아한 줄만 알았는데 알고 나니 뒷맛이 씁쓸합니다.

현(弶)

첩의 생명력이 어떠했는지 알 수 있는 글자가 또 있습니다. '강한 활 현(弶)' '활 궁(弓)' 옆에 첩(妾)을 붙였습니다.

전투가 벌어지면 강한 활을 가진 쪽이 살아남을 확률이, 이길 확률이 높습니다. 강한 활은 모든 병사들의 소망이었습니다. 병사들은 그 활에 첩을 빙의시켜 자신의 승리를 기원하고 목숨을 의지했습니다. 첩의 질긴 생명력을 어떻게 평가했는지 생생하게 증언하고 있습니다.

찬(姿)

찬(姿)은 '아름다울 찬, 여자 셋 둘 찬'입니다. 직접적으로 첩을 가리키는 글자가 아닙니다. '여자 셋 둘 찬'. 무슨 뜻으로 한 말인지 아리송합니다. 속 시원한 풀이도 안 보입니다.

그런데도 이 글자를 첩 항목에 넣은 것은 《강희자전》에 찬(姿)을 "삼녀위찬, 일처이첩야(三女爲姿, 一妻二妾也)" 즉 "여자 셋이 모인 것이 찬(姿)인데 처 하나에 첩 둘을 말한다"라고 했기 때문입니다. 《설문해자》도 "잡(雥)은 세 마리 이상의 새가 떼 지어 모여 있는 모습을 본뜬 글자다. 짐승이 세 마리 모이면 '군(羣)', 사람이 세 명 이상 모이면 '중(衆)', 여자가 셋이면 '찬(姦)'이 된다"고 했습니다. 꽁지 짧은 새를 추(隹)라 했으니 '새 떼 지어 모일 잡(雥)'이나 '무리 군(羣)' '무리 중(衆)'은 그러려니 하겠는데 여자가 셋이면 왜 간(姦)이 아니고 찬(姦)인지, 그것도 어찌해서 처 하나에 첩 둘인지 참 머리가 아픕니다. 일단 글자를 하나하나 분해해보겠습니다.

찬(粲)에는 '歺(살 바른 뼈 알)'과 '又(또 우)' 그리고 '女(여자 여)'가 모여 있습니다. 알(歺)은 살이 썩어 뼈만 남은 시체입니다. 알(歹)의 이체자(異體字, 뜻은 같고 모양만 다른 글자)입니다. 그래서 이 글자가 들어가면 모두 죽음과 관계가 있습니다. '죽을 사(死)'가 대표적입니다.

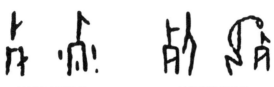

알(歺)의 갑골문   사(死)의 갑골문

알(歺)은 흩어진 뼈를 그렸고 사(死)는 그 옆에 시체를 그렸습니다. 찬(粲)의 윗부분을 보면 알(歺)과 우(又)가 있습니다. 우(又)는 오른손입니다. 알(歺)과 우(又)를 합쳐 어떤 뜻을 나타내려 했을까요?

중국어로 어떤 일을 하기 전에 미리 준비하는 것을 "병마미동, 양초선행(兵馬未動, 糧草先行)"이라고 합니다. 군대가 움직이기 전에 미리 식량과 꼴을 먼저 보낸다는 뜻입니다. 예전에 전쟁이 일어나면 무엇보다 중요한 것이 식량이었습니다. 그러나 지금처럼 발달된 운송수단도 길도 없는 데다 이 양초기지는 항상 적들의 공격 목표 1순위였습니다.《삼국지》만 봐도 적의 양초기지를 습격하는 장면이 수없이 등장합니다. 전쟁이 길어지면 군사들의 식량을 조달하는 일이 얼마나 힘들었을지 상상하기 어렵지 않습니다. 병사들은 수시로 굶주림에 시달릴 수밖에 없었는데 찬(粲)은 바로 이런 상황과 연관이 있습니다.

중국 역사를 보면 사람을 음식 재료로 썼다는 글들이 많습니다. 그 처음은《사기: 본기》의 〈은본기〉 편에 보이는데 다음과 같은 구절이 있습니다.

삼공의 하나인 구후가 아름다운 자기 딸을 왕에게 바쳤는데 이 여인이 음탕함을 좋아하지 않는다고 주왕이 그녀를 죽여 젓갈을 담았다. 이에 역시 삼공 중하나인 악후가 항의하자 악호도 죽여 육포로 만들었다.

그 외에도 사람을 포나 젓갈로 만들고 혹은 삶아서 그 국물을 나눠먹었다는 기록들이 많으나 이는 정황상 사람을 음식 재료로 썼다기보다 일종의 형벌로 보아야 할 것 같습니다. 그런데 가뭄이 들거나 전투 중 식량이 떨어지면 사람을 진짜 먹거리로 삼았다는 기록이 중국 역사에 무수히 등장합니다.

조조와 여포가 싸우는 동안 메뚜기 떼와 전염병이 창궐해 백성들이 무수히 굶어죽었다. 4월에 비가 내리지 않아 가을과 7월에 곡식 한 말의 가치가 50만 전이고 장안 사람들이 서로 잡아먹었다.*

후주의 장군 곽종의가 장안성을 포위하고 수개월이 지나자 성안에 식량이 떨어졌다. 이에 성을 지키고 있던 절도사 조사완이 다음과 같이 명령했다. "부녀자와 아이들을 군량으로 삼아라. 양과 돼지와 같은 방법으로 도살하라."**

장헌충은 명나라에서 청나라로 넘어가는 시기에 굶주린 농민들을 이끌고 각지를 점거, 나중에 사천성의 성도에서 제위에 오르며 대서(大西)를 세웠으나 결국 청나라 군사에게 패하여 살해된 반란군 지도자다. 이 장헌충의 대서군이 패하여 달아나며 사람들을 잡아먹었는데 병사들이 했다는 말이다. "여인의 부드러

---

* 사마광,《자치통감(資治通鑒)》.
** 원굉,《후한기(後漢紀)》.

운 발을 묶은 요리가 최고다. 족발 맛이 난다."*

원제가 즉위하였을 때, 천하에 큰 홍수가 났는데, 관동의 군 11곳이 더욱 심하였다. 이듬해 제 지방에 기근이 들어 곡물 값이 3백을 넘으니 굶어죽는 백성이 많았다. 낭야군에서는 사람이 서로 잡아먹었다.**

심지어 사람들이 자기 자식은 차마 잡아먹지 못해 바꿔 먹는 일이 빈번하자 왕이 자식을 팔 수 있도록 허락한 글도 같은 책에 보입니다.

한이 일어나려 할 때, 진의 폐단이 아직 해소되지 않았는데 제후들이 앞다투어 복종치 아니하니, 백성들이 생업을 잃어 큰 기근을 초래했다. 무릇 쌀이 5천 전이나 하니, 사람들이 서로 잡아먹어, 죽은 자가 과반수였다. 고조가 이에 영을 내려 백성들이 자식을 팔 수 있도록 하고, 촉한으로 가서 생계를 도모하게 하였다.

이러한 시대적 배경 때문에 사람 고기에 맛을 들여서인지 중국인들은 인육을 상육(想肉)이라 불렀습니다. 한번 먹어보면 자꾸 생각나는 고기라는 뜻입니다. 식인 관습이 얼마나 뿌리 깊었는지 짐작케 합니다. 원나라 때는 인육요리법에 대한 글까지 등장합니다.

혹은 (사람을) 항아리 사이에 앉힌 후 밖에서 불을 피워 그을리거나 석쇠에 올리고 산 채로 굽는다. 혹은 손발에 끓는 물을 붓고 피부를 대나무 빗으로 긁어

___

* 계륙기,《명계남략(明季南略)》.
** 《진서(晉書)》〈식화지 상(食貨志 上)〉.

낸다. 혹은 부대에 담은 후 큰 솥에 넣고 끓인다. 혹은 칼로 찌른 후 익사시킨다. 혹은 남자는 양다리를 자르고 여자는 특별히 가슴을 도려낸다. 혹독하기이루 말할 수 없다.*

〈용문객잔〉에 등장하는 흑점. (출처: 바이두)

《수호전》의 양산박 108 두령 중에 손이랑이라는 여장부가 있습니다. 본래 손님이오면 독주를 먹여 죽인 다음 만두소로 만들어 팔던 흑점 주인이었습니다. 중국 무협영화의 위세가 한창이던 1992년에 〈신용문객잔〉이라는 홍콩 영화가 히트를 친 적이있습니다. 1967년에 만들어진 〈용문객잔〉의 후속작입니다. 이 영화에서 도망가는주인공 일행이 사막 한가운데 있는 객잔(모텔)에 머무는 장면이 나옵니다. 바로 흑점입니다. 이런 흑점들은 문화대혁명이 일어나기까지 영업을 계속하다 마오쩌둥의 지

---

* 도종의, 《남촌철경록(南村輟耕录)》.

시로 비로소 자취를 감추었다고 합니다.

이처럼 전쟁에 나간 군사들은 식량이 부족하면 당연하다는 듯이 그 지역의 주민들을 징발해 잡아먹었습니다.

이런 병사들이 정벌한 땅에서 잡은 여자들을 잘 먹였을 리 없습니다. 그런 여자들의 몰골이 산 사람 같았을 리 없습니다. 병사들이 먹고 남긴 음식을 얻어먹는 여자, 언젠가는 병사들의 식량이 될지도 모르는 여자. 손아귀[又]에 든 시체나 진 배 없는 '살 바른 뼈[歺]' 같은 여자[女], 이것이 찬(姿)의 정체였습니다.

이 찬(姿)이 '아름다울 찬, 여자 셋 둘 찬'이 되었습니다. 여자 포로가 잡아먹기에는 그 자태가 아까웠던 모양입니다. 잡아먹기에는 배가 불렀던 모양입니다. 그런 여자들이 '아름다운 여자'가 되고 '첩'이 되었습니다.

한자에서 셋[三]은 3이 아닙니다. '많다'입니다. 나무는 목(木)인데 나무가 많으면 '수풀 림(林)'이 되고 더 많으면 '수풀 삼(森)'이 됩니다. 글자 세 개면 무조건 '많다'로 보아야 합니다. 그러니 '아름다울 찬, 여자 셋 둘 찬'은 본처 하나와 포로로 잡은 여자 둘이 아니라 수없이 많은 여자를 뜻합니다. 마음에 들어 골랐으니 '아름답다'라는 뜻을 추가했습니다. 남자가 배부른 동안만 아름다운 여자가 찬(姿)이었습니다. 그런데 애꿎게 본처까지 묻어 들어가 있습니다. 찬(姿)의 '죽을 사(死)'에 쓰이는 알(歹)이 혹 "차라리 내가 죽는 게 낫겠다"라는 본처의 울분을 나타낸 것인지도 모르겠습니다.

양수마(養瘦馬)

첩의 역사를 살필 때 지나칠 수 없는 것이 양수마(養瘦馬)입니다. '기를 양(養)' 마를 수(瘦)' '말 마(馬)'. 말 그대로 풀면, 마른 말을 기른다는 의미입니다. 그런데 여기서 가리키는 수척한 말[馬]이 여자였습니다. 양수마는 명과 청나라 때 성행한 첩 장사였습니다.

예부터 양주는 육로와 수로의 요충지로 상업이 크게 번성했는데 이곳의 소금 상인들이 전국의 소금 운송을 독점하여 떼돈을 벌었습니다. 대부분 타지에서 온 이들은 돈을 벌자 첩이라는 이름으로 현지처를 두기 시작했는데 이 과정에서 양수마 장사라는 기형적인 인신매매 사업이 형성되었습니다.

상인들이 원하는 첩은 아름답고 금기서화에 능할 뿐 아니라 셈도 할 줄 알고 집안일까지 능숙한 여자였습니다. 그런 여자가 있으면 돈을 아끼지 않았습니다. 그러나 가난한 집 아이들이 이런 교육을 받았을 리 없고 부유한 집 아이들이 첩이 될리 없었습니다. 당연히 첩 값이 천정부지로 솟았습니다. 여기서 아파(牙婆)가 등장합니다.

아파는 사전에 '방물장수'로 나오나 원래 인신매매를 업으로 하는 여자를 가리킵니다. 이들 아파가 가난한 집을 돌아다니며 예쁜 여자아이를 사서 부유한 집에 입양시킨 다음 재능 교육을 시켰습니다. 가난한 집의 여자아이들은 대개 말랐기 때문에 수마(瘦馬)라 했는데 이들을 훈련시킨 데서 양수마(養瘦馬)란 말이 생겼습니다.

입양된 아이들은 당시 사람들이 악마 훈련이라 부른 혹독한 교육을 받았는데 금기서화는 기본이고 부기법과 장부 정리법, 바느질과 요리 외에 본처를 잘 모시는 법까지 배웠습니다. 그뿐 아니라 상인들이 마른 여자를 선호했기 때문에 수시로 굶겼습니다. 이렇게 훈련을 받은 양수마들이 14~15세가 되면 첩 시장에 나왔습니다. 양주에는 항상 첩을 구하는 귀족과 상인들이 넘쳤는데 아파는 이들에게 양수마를 연결해주며 폭리를 취했습니다.

양수마는 3등급으로 나뉘었는데 1등급은 귀족들이, 2등급은 상인들이, 3등급은 술집이나 유곽에서 사갔습니다. 그 값이 천 냥에서 이천 냥 사이였는데 명나라 초기의 은 1냥은 지금 돈 900위안 정도였다고 합니다. 지금 환율로 계산해보면 천 냥은 대략 1억7천만 원, 2천 냥이면 3억5천만 원에 해당합니다. 지금 가치로 봐도 어마어마하니 당시에는 얼마나 큰돈이었겠습니까? 이 돈을 아파와 위탁교육 가정에서 나눠가졌습니다.

판로 걱정은 할 필요도 없고 아이들의 부모에게는 겨우 일이십 냥을 주면 끝이라 양수마 사업처럼 수지가 맞는 장사가 없었습니다. 한창 때는 양주에 양수마를 거래하는 집만 수백 곳이 넘었다고 합니다.

이런 거금을 주고 양수마를 첩으로 맞은 상인들은 취주악대를 앞세워 떠들썩하게 여자를 데려갔습니다. 그냥 여자를 데려가면 되지 남자들은 어째서 이렇게 큰돈을 지불하며 떠들썩한 과정을 치렀을까요? 신분 과시욕 때문이었습니다. 여자 값으로 큰 금액을 지불할수록, 취주악대가 거창할수록 명성이 올라가고 뭇 남자들의 부러움을 샀습니다.*

이렇게 남자의 욕구 충족과 사회적 위상을 높이는 도구로 이용된 첩은 결국 수마(瘦馬), 즉 남자를 위한 가축이었습니다.**

첩은 이런 존재였습니다. 그런데 세월이 흐르며 첩이 변신을 합니다. 중국에 현대판 양수마 얼나이[二奶, 이내]와 샤오산[小三, 소삼]이 나타납니다.

---

* '베블런 효과'라는 말이 있다. 경제학자 소스타인 베블런(Thorstein Veblen, 1857~1929)이 쓴 《유한계급론(The Theory of the Leisure Class)》에서 유래했다. 비싸지 않은 아름다운 물건은 아름답지 않다. 또한 호사스러움을 위해 많은 돈을 지불했다는 사실을 자신만 알아서는 안 된다. 남들이 알아줘야 한다. 이러한 과시적 소비(conspicuous consumption)의 속성을 가리켜 '베블런 효과'라고 한다. 양수마를 첩으로 데려가며 부를 과시한 남자들은 이미 당시에 베블런 효과를 몸으로 체득하고 있었다.
** 지금도 양주시가 있는 강소성(江蘇省)을 비롯한 안휘성(安徽省) 일대에서는 처를 맞는 것을 취마(娶馬) 혹은 취마마(娶馬馬)라고 한다, 양수마의 뿌리가 얼마나 깊은지 알 수 있다.

내(奶)

내(奶)의 뜻은 첫째가 유방, 그 다음이 젖입니다. 상품에 이 글자가 들어 있으면 모두 유제품을 가리킵니다. 그런데 젖이 둘이 되어 얼나이[二奶]가 되면 뜻이 전혀 달라집니다.

현대사회에서 고전적인 의미의 첩은 사라진 지 오랩니다. 대신 내연녀라는 여자가 그 자리를 대신하고 있는 듯 보입니다. 내연(內緣)의 본래 뜻은 '은밀한 관계'로 실질적인 부부 생활을 하고 있으나 법적인 혼인신고를 하지 않은 사이를 말합니다. 법적인 절차 없이 배우자가 있는 남자와 부부 관계를 맺고 있는 여자를 내연녀라고 하는데 특히 중국에서는 미모의 젊은 내연녀를 얼나이라고 부릅니다. 유방을 무기로 남자를 유혹한다는 약간의 경멸 섞인 시선이 느껴집니다.

얼나이에 이어 샤오산[小三, 소삼]이란 말도 있습니다. 샤오산[小三]의 삼(三)은 셋째 마누라를 뜻하지만 제3자(第三者)라는 말과도 무관하지 않은 듯싶습니다.

중국에서는 내연 관계에 있는 남녀를 감정 교류가 있으면 정인(情人), 금전만으로 맺어진 관계라면 제3자로 분류합니다. 중국 법률상 제3자의 정의는 '다른 사람의 결혼생활에 개입한 기혼, 또는 미혼자'입니다. 이들의 행위는 학문적으로 간음에 해당하나 법에는 저촉되지 않는다고 합니다.

예전의 중국에서는 첩이나 내연녀를 이러한 제3자로 보고 본부인이 어느 정도 용인해주는 것이 관습이었습니다. 피치 못할 사정이 있거니 눈감아준 것이지요. 그러나 얼나이나 샤오산은 오로지 돈이 목적이라는 인식이 퍼지면서 이러한 생각에 부정적인 변화가 일고 있습니다.

죽의 장막시대가 끝나고 중국에 자본주의 개념이 도입되자 황금만능주의가 초원의 불길처럼 퍼져나갑니다. 신흥 재벌들이 속출하고 뇌물로 부를 쌓은 고위 관료들이 수없이 나타납니다. 이들이 하나같이 본처 이외의 여자를 탐하기 시작합니다. 그러자 "사랑하는 남자의 자전거 뒤에 앉아 우느니 스폰서의 아우디 뒷좌석에 앉아 웃겠다"라는 여성들이 등장합니다. 바로 얼나이와 샤오산입니다. 옛날 소금 상인과 양수마의 관계와 하나도 다르지 않습니다. 양수마는 재능 훈련을 받은 점에서 다르다고요? 과연 그럴까요?

현재 북경과 상해에는 샤오산과 얼나이를 양성하는 기관들이 성업을 이루고 있습니다. 다음은 이들 훈련 학원에 직접 잠입한 위챗 사용자가 바이두에 올린 글입니다. 오래된 이야기가 아닙니다. 2021년 8월에 작성되었습니다. 너무 길어 발췌, 요약했습니다.

> 베이징과 상하이에서 '샤오산, 얼나이 양성반' 비즈니스가 급성장하고 있다. 수업료는 서민이라면 까무러칠 정도의 29,800위안(약 580만 원)이나 문전성시를 이루고 있다. 이곳의 구호는 "깨지지 않는 결혼은 없고, 변하지 않는 자기만이 있을 뿐!"이다.
> 짙은 화장에 명품을 걸친 수십 명의 아리따운 여성들이 강사의 말에 집중하고 있다. 이들이 받는 첫 번째 과정은 외모에 관한 것인데 올바른 자세, 매혹적인 눈매 등을 가르친다. 그다음 단계로 다도, 꽃꽂이, 골프 및 승마 등의 훈련을 받는다.

여기까지라면 건전하게 볼 수 있습니다. 규수 수업이라 해도 이상할 것 없습니다. 그런데 이런 훈련의 목적이 바람직한 여성이 아니라 전주(錢主)를 유혹하는 여성을 만드는 것이라는 점이 다릅니다. 전주는 돈을 내고 여자를 사는 남자를 가리킵니다. 소위 스폰서입니다. 그렇기에 '남자를 유혹하는 화술'과 '남성 심리학'도 과목에 들어 있습니다. 여타 전문 자격증 공부에 못지않습니다. 그러나 이러한 과정도 기초에 불과합니다. 그 다음에는 고급 과정이 기다리고 있는데 여기서는 주로 세 가지를 가르칩니다.

- 신뢰할 수 있는 스폰서를 알아보고 매료시키는 방법
- 스폰서와 잘 지내고 아울러 경제적, 법적 위험을 합리적으로 피하는 방법
- 스폰서를 세뇌하여 계속 당신을 사고 또 사게 하는 방법

강사 외에 수시로 경험자들, 즉 샤오산 선배들이 강사로 등장해 학생들을 가르칩니다. 이러한 과정을 모두 이수한 여성들은 최종 시험을 치릅니다. 글쓴이가 본 바에 의하면 졸업반 여성들 앞에 성공한 기혼남 열 명을 데려와 유혹하도록 했는데 유혹을 물리친 남자가 단 한 명도 없었다고 합니다.

이러한 교육은 인터넷으로도 행해지고 있는데 지난해 초 이들의 인터넷 교육 내용이 누출되어 대중을 경악케 했습니다. 신문에 실린 채팅 기록을 보면 그럴 만합니다.

- 자기가 낚고자 하는 스폰서는 '개'로 취급하세요.
- 배고파하면 먹이고, 틈나면 어린애 데리고 논다 생각하고 같이 노세요.
- 하지만 그에게 에너지를 쏟지 마세요.
- 적당히 부드럽게 대하되 항상 신비감을 유지하세요!

이런 여자들이 자신의 남편을 유혹하니 본처가 샤오산을 어떤 눈으로 보겠습니까? 게다가 샤오산에게는 옛날 첩이 가졌던 본처에 대한 예우도 없습니다. 그렇게 배워서인지는 알 수 없으나 샤오산들은 자신이 금전 거래 이전에 감정적으로 남자와 맺어진 사이라고 대놓고 말한다고 합니다. 본처들이 뒤집힐 만합니다. 광분한 본처

와 그녀의 친척들이 길거리에서 샤오산을 무차별 구타하는 폭력 사건이 하루에도 수없이 일어나고 이렇게 얻어맞는 샤오산 사진이 인터넷에 넘칩니다.

얼나이나 샤오산이 길거리에서 맞고 있어도 경찰은 적극적인 개입을 꺼립니다. 첩이 본처에게 학대받는 일이 어디 어제 오늘 일입니까? 집안일이라는 것이죠. 그래서 얻어맞은 샤오산은 개인적으로 고소할 수도 있겠지만 대개는 그냥 맞고 떠난다고 합니다. 남편이 어떤 곤욕을 치르는지는 잘 모르겠습니다.

현대사회라고 과연 첩이 사라졌나요? 양수마가 사라졌나요? 타의냐 자의냐의 차이가 있다 할지 모르나 별반 달라 보이지 않습니다.

다음에 언급하는 글자는 직접적으로 첩을 가리키는 글자가 아닙니다. 그러나 첩과 연관이 있어 싣습니다.

년(姩, 胓)

둘 다 '년'으로 읽습니다. '년' 하면 무엇이 떠오르십니까? 혹 여자를 비하해 부르는 욕이 떠오르지 않습니까? 그렇습니다. 년(姩, 胓)이 바로 그 '년'입니다. 그러나 원래 욕으로 만든 글자가 아닙니다. 중국에서 년(姩)은 지역마다 그 뜻이 조금씩 다릅니다. 하이난성에서는 나이든 부녀자에 대한 존칭으로, 후베이성 양양 일대 사투리에서는 부모를 모시는 자매를 가리키는 말로 쓰이고, 푸첸성 북부 방언인 건와어에서는 자녀를 총칭하는데 여자를 비하하는 뜻도 들어 있다고 합니다.

바이두는 년(姩)을 푸첸성 북부에서 '자매'로 쓰이는 말이라 하고 년(胓)은 뜻을 알 수 없다며 광둥어로 '젖꼭지'를 의미한다고 풀이하고 있습니다. 한마디로 현대 중국인들은 년(姩, 胓)의 본뜻을 모르고 있습니다. 간체자를 보고 자랐으니 알 리가 없습니다.

년(姩)

'년(姩)'은 '예쁜 여자 년, 성숙한 여자 년'으로 읽습니다. 여자와 '해 년(年)'이 합쳐졌는데 왜 이런 뜻이 붙었을까요. 년(年)에 답이 있습니다.

년(年)은 우리에게 한 해, 두 해 하는 시간의 개념으로 익숙한 글자입니다. 그러나 년의 애초의 뜻은 '수확'이었습니다. 년(年)의 갑골문을 보면 위는 벼, 아래는 사람입니다.

년(年)의 갑골문   '벼 화(禾)'의 갑골문

즉 년(年)은 농사지은 벼를 사람이 등에 지고 가는 그림입니다.

이것이 왜 한 해를 가리키는 글자가 되었을까요? 이 글자를 만든 지방에서 일 년에 한 번 벼를 수확했기 때문입니다. 즉 수확할 시기로 한 해가 갔음을 표시한 것입니다. 이는 《이아(爾雅)》*에 다음과 같이 명기되어 있습니다.

주나라에서 '년'은 벼가 한 번 익는 것이다.

여기서 년(年)이 '익었다'라는 뜻으로 쓰였음을 알 수 있습니다. 그런데 여자가 익었다면? 그렇습니다. '성숙했다'라는 말이 됩니다. 아울러 여자 티가 나니 '예쁘다'라고 했습니다. 년(姩)이 '예쁜 여자 년, 성숙한 년'이 된 연유입니다.

---

* 소학서의 한 종류로 중국의 가장 오래된 대표적인 훈고서이며, 세계 최초의 백과사전으로 불린다.

년(胖)

여자가 성숙하면 무엇이 달라지나요? 확연히 달라지는 것이 유방입니다. 유방이 커집니다. 그래서 성숙해 유방이 커진 여자를 따로 년(胖)이라 하고 '유방 년'이라 했습니다. 지금은 거의 사라진 글자입니다. 인터넷 중국어 사전에서는 볼 수 없고 한전에는 원래 중국 최대의 소수민족인 장족(壯族)이 옛날에 만든 글자로 달[月 월]을 뜻했으나 지금은 광둥어 방언으로 젖꼭지를 가리킨다고만 간략히 설명되어 있습니다.

이 글자가 우리나라에 전해지며 욕으로 변합니다. 애초에 욕으로 만든 글자임을 밝혔다고 해야 할지도 모르겠습니다.

년(年)의 왼쪽에 보이는 글자는 '고기 육(肉)'입니다. '살'을 뜻하지만 원래는 짐승의 고기를 가리키는 글자였습니다. 본처의 눈에는 첩의 유방이 짐승의 살덩이로 보였습니다. 나이 들어 늘어진 자신의 젖과 비교하니 참을 수 없습니다. 속에서 "이런 젖퉁이만 큰 년" 하고 열불이 솟습니다. 그러다 보니 '년'은 자연스럽게 여성을 비하하는 욕의 대표가 되었습니다. '姅'과 '胖'은 둘 다 '년'이지만 우리나라에서 욕이 된 것은 바로 년(胖) 때문입니다. 년(胖)이 우리나라에서 본모습을 되찾았습니다.

오늘날 한국에서 '년'이 여성을 비하하는 대표적인 욕으로 대중화(?)된 것을 알면 첩 때문에 속앓이를 했던 과거의 본처들이 혹 위안을 받는지 모르겠습니다.

박유는 고려 충렬왕 때 대부경을 지낸 문신이었는데 축첩제도에 대해 다음과 같은 논리를 펼치며 왕에게 상소문을 올렸습니다.

동방은 목(木)에 속하는데 목의 생수(生數)는 3이고 그 성수(成數)는 8입니다. 그런데 홀수는 양이고 짝수는 음이니, 우리나라 사람들 가운데 남자가 적고 여자가 많은 것은 그 때문입니다. 그러니 청컨대 여러 신하들에게 첩을 두게 하되 품계에 따라 그 수를 줄여서 일반인은 1처 1첩을 둘 수 있도록 하고, 첩에게서 낳은 아들도 역시 본처가 낳은 아들들처럼 벼슬살이를 할 수 있게 하십시오. 이렇게 한다면 홀아비와 홀어미가 줄어들고 따라서 인구도 증가될 것입니다.

박유는 이로 인해 큰 곤욕을 치렀는데 그 기록이 《고려사》에 있어 옮깁니다.

이 소식을 들은 부녀자들은 누구라 할 것 없이 박유를 원망하였는데 때마침 연등회 저녁에 박유가 왕의 행차를 호위하고 따라 가는 것을 보고 어떤 노파가 그를 손가락질하면서 "첩을 두자고 청한 자가 바로 저 빌어먹을 늙은이다"라고 소리쳤다. 이 소리를 들은 사람들이 연이어 손가락질하니 길거리에 붉은 손가락들이 두릅을 엮어놓은 것 같았다. 당시 재상들 가운데 처를 무서워하는 자가 있어 그 논의를 하지 못하게 했고 결국 시행되지 못하였다.*

이를 보면 고려시대에는 축첩이 자유롭지 않았고 또 여성들의 자기 목소리가 예사롭지 않았음을 알 수 있습니다.

그런데 박유를 위해 한마디 덧붙일 수밖에 없는 것이 박유는 실상 고려의 처녀들이 원나라 상인들의 첩이 되는 것을 막고자 그런 주장을 했다는 사실입니다. 그의 이러한 본심이 왕께 올린 상소문에 그대로 나타나 있습니다.

우리나라는 본래 남자가 적고 여자가 많은데도 지금 신분의 고하를 물론하고

---

* 《고려사》 106권, 〈열전〉 19권, 제신 '박유'.

처를 하나만 두고 있으며 자식이 없는 자들까지도 감히 첩을 두지 못합니다. 그런데 외국인이 와서 인원에 제한 없이 처를 두니, 이대로 두었다가는 인물이 모조리 그들이 있는 북쪽으로 흘러가게 될까 우려됩니다.

될 수 있으면 여자들을 빨리 결혼시켜서라도 원나라에 팔려가는 여자들의 수를 줄이자는 것이 그의 속내였는데 세간의 오해를 산 것입니다. 우리나라에서 조혼의 풍습이 생긴 것이 이때부터였으니 얼마나 많은 여자들이 팔려갔기에 이런 주장까지 해야 했겠습니까?

첩이 어디까지 그 모습을 변해갈지 모르겠으나 남자라는 존재가 사라지지 않는 한 첩이 없어지는 날은 오지 않을 것이고 첩과 본처 간의 갈등도 영원할 것입니다. 청나라 시인 장조가 지은《유몽영(幽夢影)》이란 책에 아래와 이런 글이 있습니다.

"첩의 아름다움은 처의 현명함만 같지 않다. [妾美 不如賢妻(첩미 불여현처)]"

옛날 사람들도 본처의 아픔이 안쓰러웠나 봅니다.

첩을 가리키는 우리말 고어는 '고마'입니다. 지금 어린아이를 가리키는 '꼬마'가 여기서 비롯했습니다. 얼마나 어린 나이에 첩이 되었으면 이런 말이 생겼겠습니까! 이런 '고마'에게는 어떤 말을 해야 할까요?

노예, 첫 번째 이야기

노(奴, 仗), **비**(婢), **노**(拏, 帑), **나**(孥), **노**(怒, 認, 呶, 恢, 笯)

고대국가가 추구한 최고의 가치는 전쟁의 승리였습니다. 전쟁에서 승리하면 땅과 노예가 생기고 그것은 바로 식량 증대로 연결되었습니다. 식량 생산의 증대는 인구수의 증가로, 인구수의 증가는 병력의 증대로, 병력의 증대는 전쟁의 승리로 이어졌습니다. 전쟁에서 이긴 쪽은 진 쪽의 백성들을 노예로 끌고 갔습니다. 여자는 노(奴)가되고 남자는 민(民)이 되었습니다.

'종 노(奴)'는 여자를 손으로 움켜쥔 모습입니다.

노(奴)의 갑골문　　　노(奴)의 금문

여(女) 자 옆에 붙은 글자는 '또 우(又)'입니다. 원래 오른손을 그린 것인데 자주 사용하기 때문에 '또'라는 의미로 변했습니다.

우(又)의 갑골문　　　우(又)의 금문

오른손이 움켜쥔 여자가 '노예 노(奴)'입니다. 노예를 가리키는 글자를 만들면서 여자를 내세운 데는 이유가 있습니다. 노예로서 여자는 남자보다 훨씬 가치가 있었습니다. 순종적인 데다가 웬만한 일을 하는 데는 남자와 별 차이가 없습니다. 필요하면 성 노리개로 이용할 수 있고 자식을 낳으면 그 자식까지 노예로 삼을 수 있으니 그야말로 황금알을 낳는 거위였습니다. 반면에 남자 노예들은 위험한 존재였습니다. 언제 반항할지 모릅니다. 그래서 남자를 잡으면 일단 한쪽 눈을 찔러 애꾸로 만들었습니다. 노동력의 손실 없이 반항 의지를 꺾어놓으려는 의도에서였습니다 그렇게 만들어진 남자 노예가 앞서 언급한 민(民)입니다.[*]

그런데 이 남자 노예들은 여자 노예와 다른 길을 걷습니다. 전쟁에서 패한 고국이 멸망해 사라지면 포로들에게는 돌아갈 곳이 없습니다. 어쩔 수 없이 정복자의 사회에 동화될 수밖에 없습니다. 정복자들도 새로운 땅과 늘어나는 인민들을 통치하기 위해서는 배운 자들과 병사들이 필요했기 때문에 남자 노예들은 세월이 지나며 점차 정복자의 백성으로 편입되었습니다. 자연히 애꾸를 만드는 악습도 사라졌습니다.

그러나 여자 노예들의 신분은 바뀌지 않았습니다. 여자는 국정에 써먹을 능력도 없었을 뿐더러 병사로도 쓸 수 없었습니다. 소용되는 곳이라고는 노동과 성적 대상으로서 뿐이었습니다. 굳이 노예의 신분을 벗길 필요가 없었습니다. 그래서 노예를 가리키는 글자에는 남녀를 가리지 않고 모두 '여자 여(女)' 자가 들어갔습니다. 남자 노예에도 여자를 갖다 붙였습니다.

노예는 전쟁 포로에 국한하지 않았습니다. 죄를 짓거나 빚을 못 갚아도 노예가 되었습니다. 우리나라에서도 고조선 때 이미 남의 물건을 훔친 자는 그 집의 노비로 삼았습니다.

---

[*] 2장 〈첩〉, '첩은 자발적으로 생기지 않았다' 참조.

종 노(奴)

노(奴)는 애초 여자 노예를 가리키는 글자였으나 곧 남녀 구별 없이 종을 뜻하는 말로 변합니다. 그러다 여자 노예를 구분해 비(婢)라는 글자를 만들면서 노(奴)는 남자 종을 가리키게 됩니다. 여(女) 자가 붙은 유일한 남자가 아닌가 합니다. 하기야 남에게 잡혀와 굽실거리며 하찮은 일을 하는 남자가 뭐라 불린들 무슨 상관이었겠습니까?

종 노, 업신여길 모(㚱)

노(奴)의 처음 모습은 노(㚱)였습니다. 노(㚱)는 사람인(人)과 '여자 여(女)'로 이루어져 있습니다. 그림만 보면 사람 중에 여자를 가리키는 것으로 보입니다. 다른 뜻을 나타내는 어떠한 표지도 없습니다. 그런데 그림 제목이 노예입니다. 노예가 되기에 여자면 충분했다는 말입니다. 여자는 태생적으로 노예임을 만천하에 공지하고 있는 대표적인 낙인 중 하나입니다.

　노(㚱)가 어떤 대우를 받았는지는 이 그림의 제목이 '종 노' 외에 '업신여길 모'라고 붙어 있는 것만 보아도 알 수 있습니다.

　노(㚱)는 애초 남녀 노예를 모두 가리켰으나 나중에 여자 종만을 따로 구분해 비(婢)라 했습니다.

계집종 비(婢)

여자 옆에 있는 글자 비(卑)는 손에 부채를 들고 있는 모습으로 '(신분이) 낮다'는 뜻입니다. '지체가 낮고 천하다'는 뜻의 비천(卑賤)에 쓰이는 글자입니다.

비(卑)의 금문

는 왼손이고 들고 있는 것은 부채입니다. 종은 주인이 행차하면 햇볕 가리개용 큰 부채를 들고 뒤를 따랐고 주인이 낮잠을 자면 머리맡에 무릎 꿇고 앉아 부채질을 했습니다. 이러한 일을 하는 사람을 비천하다 했습니다.

여자가 이 비천한 존재, 비(卑)에 붙어 종이 되었습니다. 남자들의 시각으로 보아 별로 놀랍지도 않습니다. 그런데 이런 노예 중에 뜻밖의 사람들이 들어 있습니다.

자식 노(孥)

노(孥)는 원래 고대에 유죄 판결을 받고 궁중에서 노예처럼 일하는 죄인이었습니다.* 이것이 엽기적인 뜻으로 변합니다.

노(孥)는 '노예 노(奴)'와 '아들 자(子)'를 합쳐 만들었습니다. 얼핏 봐도 노예의 자식인 줄 알겠습니다. 그런데 노(孥)의 전서를 보면 노(奴) 밑에 '아들 자(子)'가 아니라 '수건 건(巾)'이 달려 있습니다. 이 건(巾)이 해서체로 오며 슬그머니 자(子)로 바뀝니다.

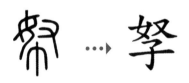

노(孥)의 전서   노(孥)의 해서

건(巾)은 베를 가리키는데 옛날에 화폐 대신으로 쓰인 물건입니다. 그래서《설문해자》는 노(孥)를 "금폐소장야(金幣所藏也)" 즉 재물을 가진 것이라고 했습니다. 오늘날

---

* "古代获罪入官供役使的人, 后泛指奴仆(고대획죄입관공역사적인, 후범지노복)"

화폐라는 단어에 쓰이는 폐(幣)는 옛날에 예물을 통칭하는 말이었습니다. 즉 노(帑)는 한마디로 재물이었습니다.

재물은 시간이 가면 줄어들지만 노예의 자식은 커갈수록 값이 나갑니다. 그 자식에게 아이가 생기면 재산이 재산을 낳습니다. 베(巾)보다 훨씬 낫습니다. 남자들이 건(巾)을 슬그머니 자(子)로 바꾼 이유입니다. 그러면서 노(帑)의 첫 번째 훈을 '자식', 그 다음은 '종', 세 번째는 '처자'라고 했습니다. 즉 아내와 자식은 모두 노예며 재물이라는 것입니다. 그래서 옛날 중국에서는 처와 자식을 처노(妻帑)라 불렀습니다. 애당초 아내라는 존재가 붙잡아온 포로, 힘으로 탈취해온 여자였기에 전혀 거리낌 없이 그런 글자가 사용되었습니다. '포로 로(虜)'와 '처자 노(帑)'의 '노'는 뜻과 음이 서로 통해 가차된 것입니다.

지금도 처자 위에 군림하려는 남자, 처자를 학대하는 남자들이 있습니다. 자신이 고대의 전사인 줄, 아내를 무슨 이웃나라에서 잡아온 포로로 착각하는 모양입니다. 이런 글자를 보며 자랐으니 무리가 아닙니다.

이 노(帑)의 원래 모습이 탕(帑)입니다.

금고 탕, 처자 노(帑)

이 글자를 재산의 의미로 쓰면 탕(帑)이라 합니다. 탕(帑)을 보면 위는 '노예 노(奴)', 아래는 '헝겊 건(巾)'입니다. 건(巾)은 앞에 설명한 대로 '베 포(布)'를 말하는데 화폐였습니다. 따라서 탕(帑)은 노예와 돈을 보관한 금고라는 의미로 만든 글자입니다. 그래서 임금이 사사로이 쓰는 재물을 보관한 곳은 내탕고(內帑庫), 임금이 사사로이 쓰는 돈은 내탕금(內帑金) 또는 내탕전(內帑錢)이라 했습니다.

《신당서(新唐書)》〈신라〉 편에 "신라의 재상집에는 노동(奴童)이 3천 명이었다"라는 기록이 있습니다. 권문세가들이 얼마나 많은 노비들을 거느렸는지 짐작할 수 있습니다. 이 노비들은 곧 재산이었습니다. 조선시대에도 노비는 여전히 화폐였음을 알 수 있는 기록이 있습니다.

조선에 사역원이란 기관이 있었습니다. 외국어 통역과 번역 일 외에 사대교린(외교)에 필요한 인재를 양성하는 기능까지 더한 매우 중요한 국가기관이었습니다. 이 사역원이 설치되고 50여 년이 지난 세종 때 일입니다. 당시 사역원의 도제조(지금으로 치면 총장)로 있던 신개가 세종 임금께 상소문을 올립니다. 10년 공부한 학생이 두어 달 중국에 다녀온 사람보다 중국어를 더 못하니 이를 바로잡아야겠다는 내용입니다. 신개가 역설합니다. 사역원에서 공부할 때는 중국어를 구사하나 일상생활에서 우리말을 하니 말짱 헛일이라는 것입니다. 그러면서 다음과 같은 교육 방침을 제시합니다.

사역원에서는 선생이나 학생을 막론하고 중국어만 사용한다. 선생이 우리말을 하다 적발되면 1차 경고 후 기록, 2차 종 한 명 투옥, 3차 종 두 명 투옥, 4차 종 4명 투옥, 다섯 번째는 선생을 형조에 넘겨 투옥한 후 파면하고 1년간 재취업을 금한다. 학생이라면 곤장을 친다.

이에 세종대왕이 조치를 취했습니다.

사역원 녹관들에게 원내에서는 중국말만 쓰게 하고 어기면 처벌한다.[*]

외국어는 어떻게 배워야 하는가를 설파한 대목도 눈여겨보아야겠지만 노비가 벌금 대용이었음을 알 수 있습니다.

그런데 '帑'를 '노'라고 읽으면 처자를 가리킵니다. 나중에 이 처자라는 뜻을 '금고 탕(帑)'에서 분리해 따로 만든 것이 앞서 말한 노(孥)입니다.
이러한 노예들은 인간으로서의 권리는 아예 포기하고 살았습니다. 주인은 노예를 죽이는 것만 빼고 무슨 짓을 해도 법의 제재를 받지 않았습니다.
이런 노예들의 생활환경을 알 수 있는 글자들이 있습니다.

해진 옷 나(䘏)

이 글자는 옛 사전에만 나옵니다. 노예와 여자가 함께 있습니다. '해진 옷 나'로 읽습니다. 노예가 어떤 옷을 걸치고 살았는지 증언하고 있습니다. '해진 옷 녀(袦)'도 같은 글자입니다. 이러니 노예들의 심정이 어떠했겠습니까?

---

[*] 《세종실록》 95권, 세종 24년 2월 14일.

성낼 노(怒)

노예(奴)에 '마음 심(心)'이 붙어 있습니다. 노예의 심정을 직설적으로 그렸습니다. '성낼 노'입니다. 그것도 격하게 성이 난 상태를 말합니다. 굳이 설명이 필요 없습니다. 그런 성난 노예들의 입에서 나오는 말이 '악담할 노(詉)'입니다. '다투며 욕할 노(詉)' '야단스레 떠들 노(呶)' '마음이 어수선할 노(悩)' 등도 있습니다. 모두 노예들의 마음을 짐작하게 하는 아픈 글자들입니다.

새장 노(笯)

노예나 종에 대한 이야기를 일일이 열거하자면 한이 없지만 그 신세를 표현하기 위해서는 단 한 글자면 충분합니다. 노(笯), '새장 노'입니다.

지금 사람들에게 새장을 그리게 하면 누구나 새장 속에 새를 그릴 것입니다. 그러나 한자를 만든 남자들은 그렇게 그리지 않았습니다.

새장을 가리키는 한자로 일반적으로 쓰이는 것은 '대바구니 롱(籠)'입니다. 윗부분은 대나무[竹]로 재질을 가리키고 아래는 용(龍)입니다. 용은 발음을 나타내기 위한 글자로 드래건과는 아무 연관이 없습니다.* 이왕 가져올 바엔 호쾌하게 용을 잡아넣고 싶었나 봅니다.

용(龍)전서

---

* 새장과 용의 중국 발음은 모두 [lǒng]이다.

그런데 새장을 가리키는 또 하나의 글자가 있으니 바로 노(㲻)입니다. 윗부분이 대나무인 것은 마찬가지인데 용 대신 여자가 들어 있습니다.

노(㲻)   노라(Nora)

새장이면 속에 '새'를 넣어야지 왜 여자를 넣었을까요? 발음 때문에 여자를 차용한 것도 아닙니다. 노예는 새장의 새처럼 취급해야 한다는 인식 때문입니다. 새장 속에 갇혀 있는 여자가 보이시는지요?

서양의 노라*는 1879년 '인형의 집'을 탈출했습니다. 노(㲻)에 갇힌 여자는 언제 날아갔나요? 아니면 아직도 그 자리에 있나요?

노비를 가리키는 우리말은 종입니다. 순수 우리말이라는 의견도 있지만 한자의 '따를 종(從)'에서 비롯했다고 보는 것이 옳지 싶습니다.

하인도 비슷한 개념입니다. 그보다 좀 나은 신분이 머슴입니다. 그러나 머슴은 주인이 일을 시킬 때 일의 종류와 보수를 미리 정했다는 점에서 하인과 구별됩니다. 머슴은 오늘날의 계약직에 해당합니다. 영어에도 종이나 하인은 '서번트(servant)'라 하고 머슴은 '팜핸드(farmhand)'로 구분하고 있습니다. 머슴이 주로 농사일을 도왔다는 것을 알 수 있습니다.

---

* 노라는 노르웨이의 극작가 입센(Ibsen, 1828~1906)의 희곡 《인형의 집》에 나오는 주인공이다. 자신이 단순히 남편의 인형에 불과하다는 사실을 깨닫고 남편과 아이들을 뒤로한 채 새로운 인생을 찾아 가출한다. 페미니즘의 관점에서 가장 유명한 작품 중 하나로 꼽는다.

동파문은 종을 아래처럼 그렸습니다.

사람이 벌벌 떨고 있습니다. 종은 벌벌 떠는 사람
이었습니다. 그러나 동파문에 그려진 이 사람은 남자
입니다. 반면에 한자의 노예를 뜻하는 글자에 들어
있는 사람은 전부 여자입니다.

종을 나타내는 동파문

동파문을 만든 나시족이 중국을 통일했더라면 혹
여자의 역사가, 나아가 인간의 역사가 바뀌지 않았
을까, 부질없는 생각을 해봅니다.

노예, 두 번째 이야기

유(桵), 타(妥), 뇌(媫, 挼, 瓥, 侫, 餒, 鰀), 퇴(脮, 尵, 侫, 殨)

앞장에서는 직접적으로 노예를 가리키는 그림들을 다뤘습니다. 이번에는 조금 다른 각도에서 노예들을 그린 그림들을 살펴보겠습니다.

벼 네 줌 유(桵)

먼저 유(桵)입니다. 실생활에서는 아마 쓸 일이 거의 없을 법한 글자로 이야기를 시작하는 것이 이상하겠지만 이유가 있습니다.

유(桵)는 '벼 화(禾)'와 '온당할 타(妥)'를 합쳐 만들었습니다. 화(禾)는 벼가 익어 고개를 숙인 모습입니다. 타(妥)는 설명이 필요하니 조금 뒤로 미룹니다. 이 둘을 합쳐 만든 유(桵)의 훈이 '벼 네 줌'입니다. 하필이면 볏짚 네 줌을 콕 집어 글자를 만든 이유가 무엇일까요?

한 줌은 한 주먹으로 쥘 수 있는 분량을 가리키는 단위입니다. 벼를 베어 묶은 것이 볏단인데 이 볏단의 크기가 네 줌입니다. 사람들은 경험상 네 줌의 볏짚으로 볏단을 만드니 다루기 딱 좋다는 것을 알았습니다. 그래서 온당한 크기라는 의미로 '벼 화(禾)' 옆에 '온당할 타(妥)'를 붙였습니다. 여기까지는 이해가 갑니다. 그런데 '온당하다'에 왜 하필 여자가 들어가 있을까요? 얼핏 여자와 '온당하다'는 궁합이 잘 맞는 듯 보입니다. 자칫 여(女) 자가 들어간 좋은 글자인 줄 착각하게 합니다. 그러나 타(妥)에는 참혹한 모습이 숨어 있었습니다. 타(妥)의 옛 그림을 보겠습니다.

타(妥)의 갑골문　　　타(妥)의 금문　　　타(妥)의 초계간백

모두 여자와 그 머리 위에 날카로운 손톱이 그려져 있습니다. 갑골문과 금문은 머리채를 잡힌 여자를, 초계간백은 끌려가는 여자를 그렸습니다. 타(妥)의 본모습은 잡혀가는 여자였습니다.

고대 인류의 역사는 전쟁의 역사였습니다. 수렵시대가 끝나고 농경사회로 바뀌면서 늘어나는 인구와 부족한 경작지는 이웃 부족에 대한 공격으로 이어졌습니다. 이 전투에서 승리하는 것이 부족 생존의 절대 조건이었습니다. 때문에 전쟁에 승리한 자는 모든 허물에 관계없이 정복자라는 칭송을 들으며 지도자의  자리에 올랐습니다. 이 정복자들이 목표한 바는 농경지나 방목지의 확보만이 아니었습니다. 바로 노예 획득이었습니다. 땅만 있으면 무슨 소용이 있습니까? 일손이 있어야지요. 전쟁은 이러한 노예를 얻는 가장 손쉬운 방법이었습니다. 타(妥)는 전쟁에서 승리한 자가 여자의 머리채를 잡아채 끌고 가는 모습이었습니다.

온당할 타(妥)

그렇게 끌려간 여자들의 생은 비참하다는 말로는 부족했습니다. 노동을 하고 성노리개가 되는 것은 기본이고 식량이 부족하면 병사들이 끓여 먹었습니다. 고대에는 전쟁에 나간 병사들이 식량이 부족해지면 전사한 병사의 시체를 먹거나 포로들을 잡아먹었습니다. 특히 여자들이 그 대상이었습니다. 5호16국 시대(304년~439년)에 그러한 식인 습관이 절정에 달했는데 특히 후조를 세운 갈족(羯族)은 붙잡은 한족 여자들을 군량으로 삼아 식인 악마로 불렸습니다. 이들은 한족 여자들을 '두 다리 달린 양' 즉 '양각양(兩脚羊)'이라고 불렀는데 밤에는 노리개로 삼고 아침이 되면 삶아 먹었습니다.

이러한 식인 사례를 기록한 역사서는《위서》《후한서》《삼국지》《자치통감》등 일일이 거론하기도 힘들 정도입니다. 심지어 이시진이 지은《본초강목》에도 "고금의 병사들이 인육을 먹었다"고 실려 있습니다.

이렇게 피정복지의 여자를 끌고 가는 것을 남자들은 '온당하다'라고 했습니다. '사리에 맞다'고 외쳤습니다.

이렇게 만들어진 타(妥)가 벼 옆에 붙어 '벼 네 줌 유(稞)'가 되면서 네 줌의 볏짚으로 만들어진 벼 한 단일 뿐이라고 무심한 표정을 하고 있습니다. 볏짚 한 단이 남자가 품기에 딱 좋은 여자 크기였음은 꿈에도 몰랐다는 듯이 말입니다.

온당할 타(妥) – 나머지 이야기
뇌(娞, 捼, 瓾, 餧, 鮾, 脮) 퇴(頧, 俀, 殢)

끌려가는 여자가 수많은 그림들 속에 들어 있습니다. 대부분의 그림들이 온당한 탈을 쓰고 있습니다. 자칫 무심한 눈으로 보면 아주 좋게 보입니다. 사람들이 여(女) 자가 들어간 한자 중에서 좋은 뜻을 가진 글자라며 흔히 예로 드는 글자입니다. 하지만 절대 그런 뜻으로 그린 그림이 아닙니다. 타(妥)가 들어간 그림에는 어느 것 하나 여자의 참혹함이 빠진 것이 없습니다.

고울 뇌(嬡)

포로로 잡아 온 노예라는 이미지는 온데간데없이 '여자가 곱다'라는 의미만 남아 있습니다. 끌고 온 여자가 예뻤던 모양입니다. 예쁘니 끌고 왔다고 해야 맞을지 아니 면 잡아먹기 전만이라도 예쁘다고 해주고 싶었는지 모르겠습니다. 여자를 어떻게 데 려왔는지는 감쪽같이 숨겨놓았습니다.

뇌(接)

이 그림은 무엇을 그렸을까요? 설명은 조금 뒤로 미룹니다.

한자에서 참으로 많이 쓰이는 글자가 '손 수(手)'입니다. 사람 손으로 안 하는 것 이 없으니 당연하겠지요. '손 수(手)'가 글자에 쓰일 때 왼쪽에 오면 변(扁)이라 하여 '扌'로, 머리[冠 관]에 오면 '爫'로 그립니다. '손톱 조(爪)'를 변형시킨 모습입니다.

따라서 뇌(接)의 변과 관에 보이는 것은 손과 손톱입니다. 그 사이에 여자가 있습 니다.

뇌(接)는 여자를 양손으로 껴안고 있 는 모습을 그린 것입니다. 한 손은 여자 의 몸통을 휘감고 있고, 또 한 손의 손 톱으로는 여자의 머리를 찍어 누르고 있습니다. 왜 그럴까요? 이 그림의 제목 은 뭘까요? '여자 주무를 뇌'입니다.

뇌(接)의 전서

잡아온 여자는 일하고 먹는 데만 써먹은 것이 아닙니다. 주무르는 데 썼습니다. 이 러한 타(妥)가 온당의 탈을 쓰고 수많은 그림들 속에 들어가 있습니다. 얼마나 온당한지 보겠습니다.

너무 익어 짓무른 외 뇌(瓲)

과(瓜)는 '오이 과' 입니다. 그런데 '온당할 타(妥)'가 붙어 너무 익어 짓무른 오이가 되었습니다. 짓무른 것이 노동에 지쳐 초죽음이 된 모습인지, 남자들이 하도 주물러서인지는 모르겠습니다.

주릴 뇌(餒)

식(食)은 '먹을 식'입니다. '먹을 식(食)'과 '온당할 타(妥)'가 합쳐졌으니 '잘 먹는다'는 의미가 되어야 타당할 것입니다. 그런데 훈이 '주리다'입니다. 끌려온 여자의 배고픔이 담겨 있습니다. 배가 고파 잡아온 여자를 먹는다, 라는 뜻인지도 모르겠습니다.

생선 썩을 뇌(鮾)

물고기와 '온당할 타'가 정답게 어깨동무를 하고 있습니다. 타(妥)의 진면목을 몰랐다면 '온당한 생선' 그러니 '회를 떠먹어도 좋은 물고기' '요리하면 맛있는 물고기' 등으로 오해하기 딱 좋습니다. 그런데 훈이 '생선 썩을'입니다. 타(妥)가 온당한 여자가 아니라 냄새 나는 여자 노예임을 여실히 증거하고 있습니다.

살찔 퇴, 썩을 뇌(腇)

여자가 잘 먹어 살이 쪘다면 좋은 의미일 수 있지만 혹 고대의 식인 습관과 관련 있을까 겁이 납니다.* 그리고 '썩다'라는 뜻이 붙은 것으로 보아 '생선 썩을 뇌(鮾)'와 결을 같이 하고 있습니다. 노예를 가둔 곳에서, 혹은 노예 몸에서 나는 썩은 냄새가 진동합니다.

각기병 퇴(尯)

왕(尢)은 절름발이 왕입니다. 아무튼 언짢은 데는 죄 여자 노예를 붙였습니다.

나약할 퇴(㛏)

온당한[妥] 사람[人]이 아닙니다. 여자 노예를 가리킵니다. 이런 여자가 활기찰 리 없습니다.

약할 퇴, 뇌(㾾)

쇠약해진 노예의 모습을 적나라하게 그렸습니다. 알(歺)는 '살 바른 뼈 알'이란 글자로 살 한 점 안 남은 뼈, 즉 시체가 썩어 뼈만 남은 모습을 그린 글자입니다. 뼈만 남은 여자 노예니 약할 것은 불문가지입니다.

네이버 한자 사전은 타(妥)를 "온당하다, 마땅하다, 타당하다, 평온하다, 편안하다"로 풀고 있습니다. 전혀 온당하지도 마땅하지도 편안하지도 않은 소리입니다.

여자와 노예, 이것으로 끝이 아닙니다.

---

* 2장 〈첩〉, '아름다울 찬, 여자 셋 둘 찬(姧)' 참조.

노예, 세 번째 이야기

안(氨), **알**(胺), **안**(唵, 安), **애**(䀹), **안**(姲, 案, 侒), **연**(宴), **앵**(罃), **안**(按, , 晏, 暥), **락**(鵅)

안(安) 전서

노예의 세 번째 주인공은 안(安)입니다. 터무니없어 보입니다. 안(安)은 안전하다, 편안하다는 뜻으로 우리에게 너무나 익숙한 글자이기 때문에 더욱 그러합니다. 모든 자료들이 안(安)을 '집 면(宀)'과 '여자 여(女)'가 합쳐진 글자로 "여자가 집안일을 잘 돌보니 모두가 편하다" 또는 "여자가 집안에 있으니 안전하다"라는 뜻으로 풀이하고 있습니다.

집 안에 여자가 다소곳이 앉아 있습니다. 도무지 흠잡을 데 없습니다. 그런데 의문이 생깁니다. 안(安)이 들어가기에 전혀 어울리지 않아 보이는 글자들 때문입니다. 예를 들겠습니다.

암모니아 안(氨)

암모니아는 비료의 원료로 우리 생활에 유용하게 쓰이는 질소화합물입니다. 동물도 암모니아를 만듭니다. 동물이 단백질을 섭취하면 남은 노폐물에서 암모니아가 생깁니다. 이 물질은 독성이 있기 때문에 몸속에 오래 두면 위험합니다. 그래서 사람을 비롯한 동물들은 몸속에서 만들어진 암모니아를 부지런히 소변이나 땀을 통해 몸 밖으로 내보냅니다. 노폐물이기 때문에 당연히 고약한 냄새가 납니다.

인위적인 암모니아 기체는 스코틀랜드의 화학자 조셉 블랙이 1756년에 만들었습니다. 이 기체를 처음 접한 중국인들은 암모니아라는 발음을 연상시키는 글자로 '공기 기(氣)'와 '편안할 안(安)'을 합해 '암모니아 안(氨)'이라는 글자를 만들었습니다. 암모니아를 몸 밖으로 내보내니 안전하고 편안해서 그랬을까요? 그렇지 않습니다. 이 기체의 고약한 냄새를 접했을 때 가장 먼저 떠오른 글자가 있었기 때문입니다. 알(胺)입니다.

고기 썩을 알(胺)

'고기 육(肉)'과 '편안할 안(安)'이 합쳐졌는데 뜻이 '썩은 고기'입니다. 안(安)이 붙었으니 유통기간이 지나지 않은 안전한 고기라고 해야 할 텐데 왜 이런 훈이 붙었을까요? 또 있습니다. 안(啽)입니다.

어눌할 안(啽)

'어눌하다'는 말을 유창하게 못하고 떠듬거리는 모양새를 가리킵니다. 안(啽)을 보면 '편안할 안(安)'과 '입 구(口)'가 다정하게 팔짱을 끼고 있는데 편안하게 말을 못하고 어눌하답니다. 이상하지 않은가요?

편안 안(安)

어째서 '편안하고 안전한' 안(安)이 이런 불편한 글자들 속에 있을까요? 그래서 이 글자의 전서 이전의 모양을 찾아보았습니다. 허신이 보지 못한 그림들입니다.

안(安)의 갑골문   안(安)의 전서

갑골문과 전서에 별 차이가 없어 보입니다. 그런데 집 속의 여자를 자세히 보면 둘의 모습이 조금 다릅니다. 갑골문의 여자 하반신에 전서에 보이지 않는 선들이 있습니다. 서주시대의 금문도 마찬가지입니다.

안(安)의 금문

역시 여자의 발 모습이 여(女)와 다릅니다. 발이 구부러져 있고 발 주위에 무언가 선 또는 점들이 보입니다. 무엇일까요?

이 점들을 두고 설들이 많습니다. 안(安)에 보이는 집은 단순한 집이 아니라 사당이고 그 안에 있는 여자는 무녀라는 견해입니다. 그러면서 여자 주변의 선이나 점들을 신기가 어린 모양이라고 합니다. 신기가 서리도록 열심히 기도를 하니 마음이 편안해진다고 설명합니다. 여기까지는 그럴듯합니다. 그런데 '고기 썩을 알(胺)'을 설명하면서 "기도를 하다 보면 시간 가는 줄 모르니 고기가 썩을 지경"이라거나 "축원하는 말소리가 들릴 듯 말 듯 하니 '어눌할 안(啂)'에 쓰였다"라는 데에 이르면 더 이상 들어줄 가치가 없습니다.

또 이 선과 점을 여자가 사용하는 월경대로 보는 설도 있습니다. 생리를 하니 썩은 냄새가 날 것으로 지레짐작하고 만들었을 수도 있습니다. 기분도 가라앉으니 말이 어눌할 수도 있습니다. 그렇더라도 안전의 표지로 하필 옷 속에 감춰진 월경대를 그렸다는 것은 뭔가 석연치가 않습니다.

그렇다면 이 그림은 무엇을 그린 것일까요?

이것은 족쇄였습니다.

족쇄를 찬 이 여인들은 포로, 곧 노예였습니다. 그래서 '고기 썩을 알(胺)' '어눌할 안(啽)'과 같은 글자가 생긴 것입니다. 금문의 글자 속에 들어 있는 여자들과 동파문의 노예를 비교해보겠습니다.

금문에 보이는
집 안의 여자

동파문의 노예

둘 다 벌벌 떨고 있습니다. 족쇄를 차고 있으니 당연할 것입니다.

'고기 썩을 알(胺)'은 '살찔 퇴, 썩을 뇌(胺)' 그리고 '생선 썩을 뇌(鮾)'와 결을 같이하고 '어눌할 안(啽)'은 '악담할 노(詉)' '다투며 욕할 노(訠)' '야단스레 떠들 노(呶)' '마음이 어수선할 노(怓)'와 같은 시각에서 만들어진 글자입니다.*

알(胺). 이 글자는 '고기 썩을 알(胺)'의 이체자입니다. 몸뚱이만 강조된 여자 포로, 썩은 냄새 나는 여자 노예가 보이지 않습니까? 광둥어로 심한 욕 중에 취서(臭閪)란 말이 있습니다. '냄새나는 년'이란 말입니다. 이런 글자에서 생긴 것으로 보입니다.

이러한 안(安)의 모습이 춘추시대에 들어오며 바뀝니다.

춘추시대 초기

춘추시대 말기

발에서 족쇄가 사라졌습니다. 노예는 이미 익숙한 사회 계급으로 굳어졌습니다. 족쇄가 없어도 도망갈 일이 없어졌습니다. 그러자 마침내 아래와 같은 모습으로 변신합니다.

설문

해서

* 2장 〈노예, 두 번째 이야기〉 참조.

보기만 해도 편안합니다. 집에 여자 노예가 있습니다. 온갖 집안일을 도맡아하고 음식을 만들어주며 원하면 남자 곁에 눕습니다. 그런데 누가 편안합니까? 여자일까요, 남자일까요?

이 여자가 노예임을 확인할 수 있는 글자들을 더 보겠습니다.

모아둘 애(贁)

'조개 패(貝)'는 재물을 가리킵니다. '패(貝)'와 '편안할 안(安)'이 합쳐진 애(贁)는 '재물을 모으다'라는 뜻입니다. 집 안에 있는 여자가 노예가 아니라면 이런 글자가 생겼을 리 없습니다.

종용할 안(姲)

안(安)에 '안전하다'라는 뜻이 있는 것도 여자가 노예이기 때문입니다. 소중한 여자 노예가 집 밖으로 나가면 불안합니다. 어느 권력가가 빼앗아갈지 모릅니다. 어떤 불한당과 눈이 맞아 도망갈지 모릅니다. 예쁘기라도 하면 더욱 위험합니다. 집에 숨겨두어야 안전합니다. 그래서 여자에게 집에서 한 발짝도 나가지 말라고 합니다. 그래서 생긴 글자가 '종용할 안(姲)'입니다.

그런데 '종용'은 뭘까요? 종(慫)은 '권할 종'이고 용(慂)도 '권할 용'입니다. 이 두 글자를 같이 쓴 종용은 "잘 설득하고 달래어 권하다"라고 국어사전에 실려 있습니다. 얼핏 다정한 말처럼 보입니다.

꼼짝마!!

그러나 종(慫)에는 '놀라 두려워하다'라는 뜻이, 용(慂)에는 '억지로 권유하다'라는 뜻이 함께 들어 있습니다. 종용(慫慂)은 결코 좋은 뜻으로 쓰는 말이 아닙니다. 따르도록 강요하는 말입니다.

집 안에 있는 여자가 노예였기에 '권할 안'이 아니라 '종용할 안'이 된 것입니다. 꼼짝 말고 집에만 있으라고 여자 노예에게 겁을 주는 말이 안(姲)이었습니다.

이런 여자가 집에 있으며 온갖 시중을 다 들어주니 편안합니다. 이제 남자들의 생활이 바뀝니다.

책상 안(案)

'책상 안'입니다. 안(安) 밑에 '나무 목(木)'을 그리고 '생각'이란 뜻을 붙였습니다. 얼핏 책상에 앉아 깊은 생각에 잠긴 고결한 선비가 떠오릅니다. 그런데 왜 여자 노예가 곁에 있나요? '나무 목'이 책상을 가리키는 것이라면 그 위에 여자가 아니라 책이 있어야 하는 것 아닌가요?

여자는 차 시중을 들고 있을까요? 먹을 갈고 있나요? 아닙니다. 이 안(案)에 뜻밖에 '어루만지다'라는 뜻이 들어 있습니다. 앞서 나온 '여자 주무를 뇌(挼)'와 결을 같이하는 글자입니다.

생각에 지친 남자가 안석(案席)에 몸을 기댑니다. 안석은 평소에는 벽에 기대 세워놓았다가 피곤하면 몸을 기대는 큰 방석을 말합니다. 머리를 짜봐야 별 문장이 떠오르지 않던 남자도 안석에 기대어 여자를 주무르다보면 묘안(妙案)이 떠오릅니다. 벗들을 불러 잔치를 벌이고 싶습니다.

편안할 안, 잔치 안(姲), 잔치 연(宴)

안(姲)은 옛날에 안(安)과 같이 썼던 글자이나 나중에 연(宴)의 뜻으로 바뀌었습니다. '잔치 연(宴)'은 손님을 접대하는 술자리를 말합니다. 이런 잔치에 여자들이 빠질 수 없습니다. 앵(嫈)입니다. 안(安)이 들어 있으니 당연히 종년입니다.

새색시 앵, 수줍어하는 모양 앵(嫈)

앵(嫈)을 '영'이라고 읽으면 '영화 영, 꽃 영(榮)'과 통합니다. 나무에 꽃이 많이 핀 것을 가리킵니다. [풀에 꽃이 많이 핀 것은 화(華)] 여자를 이런 꽃에 빗댄 것이 '새색시 앵(嫈)'입니다. '수줍어하는 모습'이란 뜻도 있습니다. 이렇게 새색시처럼 예쁜 여자가 잔치에 동원되어 수줍어하는 몸짓으로 남자를 즐겁게 합니다.

누를 안, 막을 알(按)

중국에서는 이 글자를 흔히 어떤 근거를 들 때 사용합니다. 예를 들어 '안상관법률법규(按相關法律法規)'라고 하면 '관련법에 의하면'이라는 뜻입니다. 그러나 우리나라에서는 안마(按摩)라는 단어에 가장 많이 쓰이지 않나 생각됩니다. 국어사전에는 안마를 "손으로 몸을 두드리거나 주물러서 피의 순환을 도와주는 일"이라고 설명하고 있습니다. 이제 거나해져 큰 방석에 몸을 기댄 남자들에게 여자가 다가와 몸을 주무릅니다. 혈액순환을 도와주려는 모양입니다.

이렇게 세상 편한 자세로 안석에 기대 안마를 받는 남자들이 게슴츠레한 눈으로 아리따운 여종들을 바라봅니다.

참 별 그림을 다 그렸습니다. 실생활에서 빈번히 일어났다는 이야기입니다. 여종

暥

눈으로 즐길 안

을 바라보며 눈으로 즐기는 행위가 드물어 남자들끼리 의사 전달이 힘들었다면 이런 글자가 만들어졌을 리 없습니다. '눈 목(目)' 자 옆에 있는 글자는 '늦을 안(晏)'입니다.

늦을 안(晏)

이 글자는 '늦다, 해가 저물다'란 뜻입니다.

안(晏)의 갑골문

태양 옆에 여자가 있습니다. 지금이라면 해변에서 선탠하는 여인이라 했을 것입니다. 그런데 해가 머리 위에 있지 않고 누우려 합니다. 그래서 '늦다, 해가 저물다'입니다. 남자들이 해가 저물도록 시간 가는 줄 모르고 여자와 노닥거립니다. 이 글자에 '화평하게 즐기다'라는 뜻도 있는 이유입니다. 그러다 밤을 샙니다. 질펀하게 놀다 보면 이런 일이 다반사로 일어납니다.

질펀할 안(暥)

'질펀할 안(暥)'에는 '늦을 안(晏)' 옆에 해[日]가 하나 더 있습니다. 여자를 끼고 술을 마시며 늦게까지 놀다보니 어느새 다음 날이 되었습니다. 어제와 또 다른 해가 중천에 걸렸습니다. 질펀하게 놀았다는 이야기입니다. 중국어 사전은 이 글자를 광원(广远, 한없이 넓고 멀다)이라고 풀었습니다. 이처럼 안(暥)을 광대한 시공간적 시각으로 보면 그 속에 쪼그리고 있는 여자가 보일지 모르겠습니다.

마침내 원 없이 밤을 샌 남자들이 다음과 같은 글자를 만듭니다.

즐길 락(嬕)

몸[身] 곁에 여자 노예[安]를 두니 길(吉)하다.

남자들은 이 글자를 '즐거울 락(樂)'과 같이 썼습니다. 그러나 의미가 다릅니다. 락(樂)은 '즐거울 락'인데 락(嬕)은 '즐길 락'입니다. 남자들이 안(安)을 얼마나 탐했는지 더 이상 설명이 필요 없습니다.

이제 알겠습니다. 안(安)에 보이는 여인은 '안전한 여자' '편안한 여자'가 아니라 집에서 한 발짝도 못 나가고 오로지 남자의 편안함과 즐거움만을 위한 여자 노예였습니다.

3장에 걸쳐 노예들을 살폈습니다. 노(奴)로 시작한 여인들이 타(妥)를 거쳐 안(安)으로 오며 감쪽같이 모습을 바꿨습니다. 그러면서 세상 사람들에게 말합니다. 여자는 더 이상 비참하지 않다고, 편안하다고, 안전하다고!

노(奴)

타(妥)

안(安)

시대에 따라 글자의 뜻도 변합니다. 오늘날 안(安)은 아주 '안전하고 편안하게' 쓰이고 있습니다. 굳이 과거의 모습을 파헤칠 필요가 있을까 싶기도 합니다. 그러나 이러한 안(安)의 변신이 진짜일까요?

미국의 그래픽노블 작가 크레이그 톰슨이 중동 지방을 여행하며 그곳의 남자들이 하는 이야기를 적은 글이 있습니다. "여자는 집 안에만 있어야 합니다. 요리하고, 세탁하고, 아이 키우고, 그리고 남자가 시키는 건 다 해야 해요."

지금까지 살펴본 안(安)과 무엇이 다릅니까?

이러한 현상이 세상 일부에 국한된 것이라고 자신할 수 있나요? 그렇지 않다면 남자들이 여자에게 찍은 '안(安)'이란 낙인의 민낯을 모르고 어떻게 그들을 이해할 수 있겠습니까?

봄을 파는 여자

기(妓), **창**(娼), **표**(嫖, 婊), **독**(嬻), **춘**(媋), **위**(媁)

군이 공자님의 말씀을 인용한다면 먹는 것과 성욕은 "인간의 본성[식색성야(食色性也)]"입니다. 여기에 잠자고픈 욕구 즉 수면욕을 합하면 이른바 인간의 3대 욕구가 되고 물욕과 명예욕을 더하면 바로 인간이 됩니다.

그런데 이들 가운데 유독 성욕에 대한 인식과 생리적 처리 방법에 남녀가 극명한 차이를 보입니다. 기본적으로 여자에게는 성욕이 생식을 위한 방편이지만 남자에게는 쾌락을 취하는 수단이기 때문입니다. 이 때문에 인류 역사는 남자의 성욕을 어떻게 처리하느냐를 두고 벌어지는 남녀 간의 갈등이라 해도 과언이 아닙니다.

인류 역사에서 가장 오래된 직업을 꼽으라면 거지, 상인, 군인 등이 거론되지만, 빠지지 않고 등장하는 것이 바로 매춘입니다. 물질적 대가를 받고 남자에게 몸을 파는 성매매 여성을 최초의 직업 가운데 하나로 보는 것이지요. 학자들 중에는 인류가 존속하는 한 영원히 없어지지 않을 직업이라고 이야기하는 사람도 있습니다. 여성의 비공식적인 성매매는 그 역사를 알 수 없으나 공식적인 성매매 여성의 기원은 여행객들을 상대로 몸을 판 신전 창녀라고 하는 견해들이 많습니다. 여기에 대해서는 말미의 함무라비 법전으로 대신하고 한자에 보이는 성매매 여성들을 살펴보겠습니다.

중국 역사상 기록으로 남아 있는 최초의 성매매 여성은 삼황시대에 살았던 홍애기로 알려져 있으나 말 그대로 전설입니다. 알려진 바가 거의 없습니다.

인류 최초의 공식적인 성매매 종사자가 나타난 것은 기원전 594년 고대 그리스 아테네의 첫 번째 집정관인 솔론이 국가기원(國家妓院)을 만들면서라는 설이 있지만 실상은 그보다 50년이나 앞서 중국에서 시작되었습니다.

기생 기(妓)

춘추시대 제나라 재상이었던 관중은 돈독한 친구 간의 우정을 뜻하는 관포지교(管鮑之交)라는 고사성어로 우리에게도 친숙한 인물입니다. 관중은 뛰어난 행정가이자 경제학자였습니다. 젊어서 상업에 종사했던 관중은 나중에 재상이 되자 소금과 철을 생산하는 국영기업체를 만들고 조세개혁을 실행하는 등 여러 가지 경제정책을 펼쳐 제나라 환공이 천하를 제패하는 데 결정적인 공헌을 했습니다. 그런데 그가 기상천외한 사업을 구상합니다. 역사상 유례가 없는 국영매춘업소였습니다. 이 획기적인 의견을 제후인 제환공이 받아들입니다.

기원전 645년, 관중은 인류 역사상 최초로 국가 공인 매춘업 관리 기관인 관기원(官妓院)이 제나라 수도 임치에 여시(女市)라는 이름으로 문을 열었습니다. 여시, 말 그대로 여자를 파는 시장이란 뜻입니다. 여시에서 실제 여자가 있는 집을 여려(女閭)라고 했는데 려(閭)는 동네 어귀에 세우는 문을 가리킵니다. 그러니 여려는 "여자 있소"라고 간판을 내건 장소를 말합니다. 임치에는 100명 안팎의 여자를 둔 이러한 여려가 모두 일곱 군데 있었다 하니 무려 700명의 여인들이 공식적으로 취업해 일을 시작했다는 이야기입니다. 이 사업은 날로 번창해 나중에는 그 수가 2천 명을 넘었다고 합니다.*

이 여시를 사람들이 모두 긍정적으로 본 것은 아닙니다. 비난하는 사람들도 많

---

* 유향,《전국책(戰國策)》〈동주책(東周策)〉.

았습니다. 그러나 제환공이 관중의 계책을 받아들인 데에는 뚜렷한 목적이 있었습니다.

첫째는 화분연(花粉捐)이라는 이름의 화대를 징수해 국가 재정 수입을 늘리려 했습니다.

둘째는 여자를 얻지 못해 혼자 살아가는 백성들의 불만을 해소시키고자 했습니다. 제환공은 민정 시찰 중 70세 넘은 백성이 처 없이 홀로 살고 있음을 보고 관중에게 이릅니다. "남자 스물이 되고 여자 15세가 되면 혼인을 시키도록 하라." 그러면서 제환공은 여러 나라에서 잡아온 여자 포로들을 활용해 장가 못 간 남자들의 욕구를 해소시켜주라고 합니다.

셋째는 떠돌이 재사들을 유인하려는 목적에서였습니다. 당시는 여러 나라가 패권을 노리고 각축하고 있었기 때문에 모두가 인재에 목말라 있었습니다. 이러한 인재들은 대부분은 빈한한 서민 신분이었고 방탕한 생활로 세월을 보내고 있었습니다. 관중은 이들에게 대대적으로 소문을 퍼뜨렸습니다. 제나라에 오면 미녀와 술이 있다고. 각지의 인재들이 구름처럼 몰려왔습니다.

넷째는 제환공 자신이 색을 탐하는 인간이었습니다.*

관중의 이 정책은 큰 성공을 거두었습니다. 대내적으로는 홀로 사는 남자들의 불만을 누그러뜨려 성범죄가 눈에 띄게 줄었고 대외적으로는 화분세를 바탕으로 막강한 군사력을 구축해 인근 제국의 두려움을 샀습니다. 각지에서 몰려온 인재들이 요소요소에서 능력을 발휘하며 나라의 위상을 높였습니다. 결국 제환공은 춘추시대 최초로 패자의 자리에 올랐습니다.

---

*《한비자(韓非子)》 13권, 〈외저설 우상(外儲說右上)〉.

이를 본 각국이 앞 다투어 공창제를 도입하면서 졸지에 많은 여인들이 몸을 밑천 삼아 삶을 꾸려갈 수 있게 되었습니다. 의탁할 남자가 없어 빈곤에 시달려야 했던 여인들에게 관중은 그야말로 생명의 은인이었습니다. 관중은 마오쩌둥이 기원(妓院) 폐쇄를 명할 때까지 2,500년 이상을 중국 창기들의 조상신으로 모셔졌습니다.

이러한 여인들의 조상은 가기(家妓)입니다. 가기는 애초 통치 계급에게 즐거움을 선사할 목적으로 엄격한 훈련을 통해 문화적 소양을 쌓은 개인 소유의 여자 노예들 로 그 기원이 서주시대로 거슬러 올라갑니다. 중국의 왕조를 보면 하(夏)라는 전설 상의 국가에 이어 상나라가 등장하고 그 뒤를 주가 잇는데 기원전 1046년에 건립된 주나라는 기원전 770년 외침으로 천도할 때까지의 서주와 그 후 403년까지 지속된 동주로 나뉩니다. 가기가 서주시대에 등장했다니 참으로 그 역사가 오램을 알 수 있 습니다.

가기의 뒤를 이어 사창가, 소위 창루(娼樓)가 생겨납니다. 동주의 몰락과 함께 춘 추전국시대가 열리며 사회가 혼란해지자 일정한 대가를 받고 공개적으로 색을 파는 시기(市妓)와 이들을 거느린 기원(妓院)이 생긴 것입니다. 시기는 상기(商妓)라고도 했 는데 이들을 보고 관중이 성매매 사업을 구상하지 않았나 생각됩니다.

성매매를 본업으로 하는 여성이 등장하기 전에도 궁중에는 가무를 공연하는 여 악(女樂)이 있었고 관청이나 군대에는 관기(官妓)와 영기(營妓)가 있었으나 모두 일반 인들에게는 몸을 팔지 않았습니다. 영기는 월왕 구천이 오나라를 치러 갈 때(기원 전 496년) 군사들의 사기 진작을 위해 여인들을 데리고 간 것이 공식적인 최초의 기 록으로 남아 있는데 이렇게 군인들을 위해 영내에 여자를 두는 영기제도는 송(宋, 960~1279)나라 대까지 이어졌습니다.

이러한 시대 배경을 갖고 태어난 관기원(官妓院)은 진, 한을 거치며 '악호제도(樂戶 制度)' '관기제도(官妓制度)'로 명칭만 바뀐 채 계속 유지되다가 청나라 강희제(康熙帝,

재위 1661~1722) 때 막을 내렸습니다. 이후로는 국가가 관리하는 공창은 나타나지 않았습니다. 대신 청루 문화(靑樓文化)가 번성합니다. 청루 문화는 가기의 전통을 이은 매춘 문화였습니다.

청루는 본래 화려하고 우아한 건물을 가리켰는데 당나라 대까지만 해도 고관대작 등의 상류계층 사람들이 머무는 곳이었습니다. 그런데 권문세가들이 청루에 젊고 아름다운 여인들을 가기로 삼아 머물게 하면서 점차 이미지가 변하더니 명, 청 이후에는 기녀들이 거하는 장소로 전락하며 기원이란 이름으로 바뀌었습니다. 이후 청루나 기원은 기생들이 있는 유흥업소를 가리키는 말로 굳어졌습니다.

애초에 궁중이나 고관대작들의 연회에 불려가는 기녀들은 모두 음악과 가무에 뛰어난 여자들이었습니다. 우리나라의 경우 이러한 기생들을 양성하기 위한 국가기관이 있었는데 고려 때의 교방(敎坊)이 그것입니다. 조선시대에 와서는 교방의 임무를 장악원(掌樂院, 궁중에서 연주하는 음악과 무용에 관한 일을 담당한 관청)이 이어받아 좌방(左坊)에서는 아악(雅樂)을 가르치고 우방(右坊)에서는 속악(俗樂)을 가르쳤습니다.

근세에 평양기생양성소에서 발행한 기생 모집 요강 팸플릿을 보면 개화기 때의 기생들이 어떤 교육을 받았는지 알 수 있습니다. 필수과목으로 예악, 창가, 국어, 서화, 작법(作法, 불교의 의식 무용) 등이 열거되어 있습니다.

이처럼 기(妓)는 금(琴), 기(棋), 서(書), 화(畵), 창(唱)을 익힌 전문 연예인으로 함부로 몸을 파는 여자들과는 격이 달랐습니다.

창을 제외한 현악기, 바둑, 서예, 그림을 가리키는 금기서화(琴棋書畵)는 사대부들이 필히 갖추어야 할 교양과목이었는데 기녀들은 아리따운 데다가 사대부들의 필수 교양과목까지 두루 익혔으니 그 인기가 오죽했겠습니까. 지체 있는 집안에서는 각종 잔치에 빠짐없이 청루의 기녀들을 초대해 흥을 돋우었고 재주 있는 풍류객들은

일제강점기의 평양기생학교 수업 광경. 교육과정은 3년으로 당대 최고의 남녀 예술인들이 선생으로 가르쳤다.
(자료: 국립중앙박물관)

기녀를 뮤즈 삼아 수많은 예술 작품들을 창조했습니다. 이들을 기(妓)라고 부른 이유입니다.

기(妓)에 보이는 지(支)의 원 모습은 아래와 같습니다.

손에 나뭇가지를 쥔 손입니다. 도구를 만드는 모습입니다. 여기에 양손을 그린 것이 '기(技)'로 '재주, 기술'을 뜻합니다.

이런 재주를 지닌 여자는 예기(藝妓)라 불리며 대우를 받았습니다. 중국에서는 금릉팔염이라고 불리는 명기가 유명하고 우리나라에도 황진이, 초요갱, 두향, 논개 등을 비롯한 명기들이 역사에 이름을 남기고 있습니다. 기녀 혹은 기생을 가리키는 말 중에 해어화(解語花)란 자못 운치 있는 말도 있습니다. 당태종이 연꽃을 구경하던 중 '말을 알아듣는 꽃' 양귀비만 못하다고 한 데서 유래했습니다. 기방에서 풍류를 즐기던 선비들이 즐겨 사용했습니다.

이러한 기녀들은 '매예불매신(賣藝不賣身, 재주는 팔되 몸은 팔지 않는다)'이라는 말에서 알 수 있듯이 콧대도 높았고 함부로 몸을 팔지도 않았습니다. 이들이 일등급, 즉 일패(一牌)로 분류된 기녀들이었고 이러한 일류 기녀들이 있는 곳이 청루였습니다.

중국에는 '기녀(妓女)' 외에 '기녀(伎女)'가 있었는데 이들은 가무 예인으로 몸을 팔지 않았습니다. 똑같이 재주를 갖췄지만 사람대접할 만한 여자는 사람인(人)을 붙여 기(伎)로, 몸을 파는 여자는 여(女) 자를 붙여 기(妓)로 구별했습니다. 이 기(妓)가 일본의 게이샤[藝者, 예자]고 우리나라의 기생(妓生)입니다. 게이샤나 기생이란 말에는 기녀(伎女)의 뜻이 없답니다. 게이샤나 기생의 몸은 남자의 것이었습니다.

우리나라에서 기생을 주탕(酒湯)이라고 부른 기록이 있습니다. 《연산군 일기》에 처음 등장하는데 정약용의 《목민심서》 등에도 보입니다.* 주탕은 원래 술국을 말합니다. 술안주로 나오는 국 혹은 술을 마신 후 속풀이로 먹는 국, 즉 해장국이 주탕이었습니다. 남자들이 기생을 어떤 존재로 보았는지 짐작이 갑니다.

이러한 일패로 분류된 기녀들 밑에 이패와 삼패가 있었는데 이들을 총칭해 부른 글자가 창(娼)입니다.

창녀 창(娼)

몸 파는 여성을 총칭하는 말로 가장 흔히 쓰이는 글자입니다. 그러나 이 글자의 여자 옆에 붙은 창(昌)은 '태양 일(日)'과 '입 구(口)'가 합쳐진 글자로 매우 좋은 뜻을 가지고 있습니다. 창(昌)을 '태양 일(日)'과 '가로되 왈(曰)'로 잘못 본 글들도 보이지만 뜻을 해석하는 데는 별 차이가 없습니다.

창(昌)의 갑골문   창(昌)의 금문   창(昌)의 초계간백

---

* "자색을 갖춘 관비를 주탕이라 한다. [官婢有姿色者, 名曰酒湯(관비유자색자, 명왈주탕)]",《연산군 일기》, 연산군 10년 갑자(1504년) 12월 26일.
　　"관비에는 두 가지 종류가 있다. 하나는 기생인데 일명 주탕이라 하고…. [官婢厥有二種 曰妓生 一名曰酒湯(관비궐유이종, 왈기생, 일명왈주탕)]",《목민심서》〈이전〉 6조.

금문과 초계간백에 보이는 동그라미는 입에서 나오는 소리를 형상화한 것입니다. 창(昌)은 태양을 노래하는 입입니다. 그래서 '창성(昌盛)하다, 아름답다' 등의 뜻을 갖고 있습니다. 특별히 노래를 강조한 것이 '부를 창(唱)'입니다.

그런데 이런 창(昌)에 여자가 붙어 창(娼)이 되니 졸지에 몸 파는 여자가 된 것은 어째서일까요?

원래 창(昌)에 사람인변(亻)이 붙은 창(倡)은 노래를 전문으로 하는 기생이었습니다. 이러한 기생이 나이 들어 시들면 변변한 자리에서 불러주는 일이 줄어듭니다. 기예는 사라지고 몸만 남습니다. 창(倡)에서 사람인변이 떨어져 나가고 여(女) 자가 붙습니다. 이렇게 창(倡)이 창(娼)이 되며 몸 파는 여자가 됩니다. 그러했기에 기생의 꿈은 오직 하나, 나이 들기 전에 의탁할 남자를 만나거나 어디 권문세가의 눈에 들어 첩으로 들어가는 것이었습니다. 이도저도 안되면 결국 호구지책으로 몸을 낮출 수밖에 없게 됩니다. 이패입니다.

일패 기녀도 남몰래 매춘을 하다 걸리면 이패로 신분이 떨어졌는데 이들을 특히 은근자(慇懃者)라 했습니다. 첩이 되었지만 만족할 만한 생활을 누리지 못해 몰래 몸을 파는 일패 출신도 은근자로 불렸습니다. 은근(慇懃)에 '음흉하고 은밀하다'는 뜻이 있음을 알면 그런 이름이 붙은 것이 이해가 됩니다. 모두 이패입니다. 그래도 이패까지는 일패들이 공연하는 가무를 행할 수 있었습니다.*

그 아래 급인 삼패는 기생 사회에 들지 못했습니다. 기생들에게 따돌림을 당했고 노래도 잡가만 부를 수 있었습니다. 이런 여자들이 있던 곳을 중국에서는 와사(瓦舍)라 했습니다.

와사는 원래 송나라 때 대도시의 유흥가에 있던 대중 민속 공연장으로 처음에는 무대와 관객 사이에 난간이 있는 열린 공간이었습니다. 그래서 난간이라는 뜻의 구

---

* 책머리에 참고 사진 수록.

란(勾欄)이라고도 했습니다. 주로 땅재주와 줄타기, 탈춤과 연극 등의 공연이 열렸는데 나중에 궂은 날씨에도 공연을 할 수 있도록 기와지붕이 마련되며 종합 오락장으로 발전했습니다. 이곳에 창기들이 있었습니다. 와사(瓦舍)는 와자(瓦子), 와시(瓦市), 와사(瓦肆)라고도 했는데 모두 기와를 올린 집이나 점포를 가리키는 말입니다. 기와를 올린 집이 한둘이 아니었을 텐데 왜 유독 창기 집을 와사라 했을까요?

와합(瓦合)은 깨진 기와를 모아 맞추어 놓은 것을 뜻합니다. 어찌어찌 모였지만 언제라도 다시 흩어질 수 있는 불완전한 모임을 말합니다. 이런 모임이 깨지는 것을 와해(瓦解)라고 합니다. 와사(瓦舍)가 그런 곳이었습니다.

"와사라는 곳은 올 때는 와합이라 하고 갈 때는 와해라 한다. 쉽게 모이고 쉽게 흩어진다." 남송시대 학자 오자목이 《몽량록(夢梁錄)》에서 한 말입니다. 창기와의 만남이 어떠했는지 말해주고 있습니다. '무언가가 완전히 무너지다'라는 뜻으로 많이 쓰이는 와해(瓦解)에 이런 사연이 있었습니다.

삼패 중에도 이렇다 할 재주도 미색도 없이 오로지 몸만이 밑천인 여자들이 있었습니다. 이들은 주인의 착취에 시달리며 몸을 팔았는데 이들이 일하는 곳을 사람들은 닭장이나 돼지우리라고 불렀습니다. 닭장으로 부른 것은 '기녀 기(妓)'와 '닭 계(鷄)'의 발음(둘 다 [ji])이 같기 때문입니다. 이들이 어떤 생활을 했는지 미루어 짐작이 됩니다. 기녀들이 내려갈 수 있는 밑바닥이었습니다. 이런 여인들을 가리키는 우리말이 다방모리[搭仰謀利, 탑앙모리]입니다. 더벅머리를 한자를 가차해 부른 말로 머리 손질도 제대로 안 된 여인을 손가락질해 부른 말입니다. 이런 영업집의 주인은 '갑이'라 불렸는데 사당패의 우두머리 명칭이 모가비인 것을 보면 사당패가 본래 매춘을 했음을 알 수 있습니다.

이렇게 재예를 팔다가 잡가를 부르는 여자, 그도 못하고 오로지 몸을 파는 것으로 호구지책을 삼는 여자가 모두 창(娼)입니다. 몸은 뭇 남자들에게 내주었으나 마음은 태양을 노래하고 있습니다.

몸을 파는 여성을 가리키는 글자가 이외에도 여럿이 있습니다. 하나하나의 사연이 참으로 기구합니다.

음탕할 표(嫖)

'음탕할 표(嫖)'입니다. '기생에게 빠지다'라는 뜻도 있습니다. 표(票)는 말 그대로 무언가와 교환하기 위한 증표입니다. 이 증표가 영어로 티켓(ticket)입니다. 그러니 표(嫖)는 티켓과 교환할 수 있는 여자입니다.

지금은 사라진 것으로 보이지만 우리나라에서도 한때 티켓 다방이 사회 문제가 된 적이 있습니다. 다방에서 차와 함께 티켓을 팔았습니다. 남자들은 티켓 값을 치러서 여자의 시간을 샀고, 그 시간 동안 여자와 놀았습니다.

"농어촌에 다시 성행하는 '티켓 다방'. 코로나 19 감염 온상으로." 2021년 8월 31일자 인터넷 기사의 제목입니다. 얼마 전 뉴스에도 "○○에서 티켓 다방 기승" 운운하는 기사가 보입니다. 지금 언제 이야기를 하고 있는지 헷갈립니다.

아무튼 표(嫖)는 '음탕하다, 천한 기생과 놀아나다'라는 뜻입니다. 남녀가 어울리는 사회에서 벌어지는 현상은 시대와 나라에 구분이 없음을 이 글자로 알 수 있습니다.

기녀 문화가 절정에 달한 명(明) 만력 44년(1616년)에 주원량과 장몽징이《청루운어(靑樓韻語)》라는 책을 내놓았습니다. 진나라 때부터 명나라 대까지 무려 이천오백여 년에 걸친 기간 중 이름을 떨친 180명 명기들의 시 500여 수를 모아 놓았습니다. 당대의 베스트셀러였는데 단순히 기녀들의 시 때문만이 아니었습니다. 기녀와 고객 사이에 생기는 감정의 흐름과 대화, 주의할 점과 서로 이상적으로 생각하는 행동, 육체관계 등을 아주 심도 있게 분석해 놓았습니다.

이 책의 원명이 《표경(嫖經)》이었습니다. 중국에서는 책에 경(經)이란 말을 함부로 붙이지 않습니다. 유교의 경전이나 불경 등에나 붙였습니다. 그런 경(經)을 표(嫖)에 붙였습니다. 표(嫖)에 대한 남자들의 관심이 얼마나 대단했는지 짐작할 수 있습니다.

화랑이 표(嫖)

여자 옆에 붙어 있는 표(表)는 '겉'을 대표적인 뜻으로 하는 글자로 겉에 입는 털로 만든 윗도리를 본떴습니다. 털이 달린 가죽으로 옷을 만들려면 털 달린 쪽은 필경 바깥쪽을 향하게 됩니다. 살에 닿는 안감으로 털 달린 쪽을 사용하는 예는 없습니다. 따라서 털은 바깥, 겉을 뜻합니다. 현재 쓰는 표(表)에는 털이 안 보이지만 소전체에는 분명히 보입니다.

1 표(表)의 설문   2 표(表)의 소전체

《설문해자》에 실린 1번을 보면 잘 안 보이나 2번 소전체를 보면 가운데 '털 모(毛)'가 있다.

겉은 드러나는 부분입니다. 책의 겉을 싼 것은 표지, 얼굴에 나타나는 감정은 표정입니다. 이처럼 감춤이 없는, 있는 그대로를 드러내는 것이 '겉 표(表)'입니다.

표표(表表)란 말이 있습니다. 두드러지게 눈에 띔을 가리킵니다. 이처럼 표(表)의 진의는 드러냄이고 표(嫖)는 드러난 여자입니다. 어떤 여자일까요?

흔히 남의 집 처녀나 빼어난 여자를 정중히 일컬을 때 규수(閨秀)라고 부릅니다.

여기 쓰인 규(閨)는 안방, 부녀자가 거처하는 방을 가리킵니다. 규수는 미혼녀, 조신한 여자, 재주가 빼어난 여자를 가리키는 말이지만 기본적으로 남의 이목을 끌지 않는 여자였습니다. 여자는 아예 집 밖에 나오지 않았으면 하는 것이 남자들의 바람이었습니다.

세종 31년, 사간원에서 왕께 고합니다.

> 부인은 바깥 일이 없음에도 불구하고, 지금 지방 양반의 부녀가 갖은 이유를 붙여 술과 고기를 가지고 공공연히 모여서 마음대로 오락을 방자히 하여 풍속 교화를 더럽히고 있습니다.

부녀자들이 집 안에나 있을 것이지 갖은 핑계를 대며 술과 고기를 싸들고 놀러 다니며 풍속을 어지럽히니 이를 금하게 하자는 것입니다. 결국 조선의 통일 법전인 《경국대전》에 이러한 조항이 생깁니다. "부녀로서 절에 가는 자, 사족 부녀로서 산천에서 놀이를 즐기는 자는 장 100대에 처한다." 장 100대면 체벌의 최고형이었습니다. 자칫 불구가 되거나 목숨을 잃을 수도 있었습니다. 관리로서 장 100대의 벌을 받으면 모든 관직을 압수당했습니다. 사대부집 여자들은 바깥나들이만으로 그런 벌을 받을 수 있었습니다.

그렇다고 여자가 붙박이 가구도 아닌데 어찌 일절 바깥출입을 안 할 수 있겠습니까?

조선 시대 서울의 가장 큰 구경거리는 중국에서 오는 사신 행렬이었습니다.[*]

볼거리라고 뭐 하나 변변한 것이 없던 시절, 사신이 서울로 들어오는 마지막 관문

---

[*] 책머리에 참고 사진 수록.

인 홍제원서부터 시작되는 접대는 서대문, 남대문, 광화문을 거쳐 궁전으로 향하는 동안 취주악대, 기마대가 화려한 행진을 펼치고, 노변 곳곳에서 기생들이 춤을 추고, 광화문 밖에서는 가면극의 일종인 산대놀이가 흥을 돋우었으며 거리는 온통 채색 비단으로 치장했으니 사람들이 넋을 놓을 수밖에 없었습니다. 구경꾼이 인산인해를 이루었습니다. 그중에 사대부집 여인들도 끼어 있어 사회문제가 됩니다. 사간원에서 세종께 아룁니다.

> 행행(行幸, 임금 행차) 및 중국 사신이 오고 갈 때에, 행랑(行廊) 및 길가 각처에 부계(浮階, 높은 곳에 설치한 발받침)를 만들고 막을 치며, 혹은 담에 오르고 혹은 나무에 올라서 발[箔]을 내리고 구경하니, 남녀가 혼잡하여도 뻔뻔스럽게 부끄러워함이 없으니, 중국에 웃음을 당할 뿐만 아니라, 부도(婦道)에도 어긋남이 있으니, 신 등은 엎드려 바라옵건대, 특별히 금단(禁斷)하여 부도를 바르게 하옵소서.*

또 어쩔 수 없이 여자가 밖을 나갈 때는 얼굴을 가리게 하자고 합니다. 몽수(蒙首)라는 물건이 있었습니다. 고려 때 처음 우리나라에 들어왔는데 당시 고려에는 사라센인(아라비아인)들이 많았습니다. 초기에는 주로 상인이었으나 차츰 벼슬을 하며 눌러 앉는 사람들이 생겼습니다. 이들의 아내가 내외하기 위해 몸을 가리는 천을 쓰고 있었는데 이것이 몽수로, 요즘의 히잡과 차도르를 합친 모양새였습니다. 이것이 멋있게 보인 모양입니다. 고려 여자들 사이에서 유행했습니다. 그러나 아무나 한 것은 아닙니다. 값이 비쌌기 때문입니다.

---

*《세종실록》 123권, 세종 31년 1월 22일.

가난한 백성들의 집에는 몽수라는 물건이 없다. 그 값이 백금 한 근과 맞먹어 힘이 모자라기 때문이다. [중략] 혹 신분이 낮은 계층의 부녀자들 가운데 몽수를 가진 사람이 있을 경우에는 아까워서 쓰고 다니지 않고 잘 개서 머리 위에 얹고 옷자락을 들며 다니었다.[*]

옷자락을 들고 다녔다니 웬만큼 긴 옷이 아니었던 모양입니다. 이것이 조선시대에 이르러 길이가 짧아지며 간단히 얼굴을 가리는 정도의 '너울'로 변했습니다. 값의 부담이 훨씬 덜해졌습니다. 그러자 여자들이 앞다투어 이를 사용하기 시작합니다. 햇빛 가리개라 쓰고 다니다 마음에 드는 남자가 있으면 곁눈질하기 딱이었고 살짝 가린 너울 사이로 추파를 던지면 남자들이 오금을 못 썼습니다. 그런데 언젠가부터 얼굴을 드러내고 다니는 여인들이 늘어납니다. 남자들이 자꾸 얼굴을 가리라고 하자 반발심이 생긴 것입니다. 무엇이든 억지로 시켜 성공하는 법이 없습니다. 그래도 남자들은 막무가내입니다. 얼굴 드러내는 것을 법으로 막습니다.

> 예조에서 아뢰기를, "고례(古禮, 옛 예법)에 부인(婦人)들이 외출할 때는 얼굴을 가렸사온데, 지금은 부인들이 모관(毛冠, 얼굴이 드러나는 모자)을 쓰고 얼굴을 드러내놓고 길을 다니니, 옛날 법제에 어긋나는 것입니다. 앞으로는 모관의 착용을 금지하시기를 청하옵니다"하니 그대로 따랐다.[**]

얼굴 가리는 것만으로 성이 안찼습니다. 아예 전신을 감추라고 합니다. 사대부집 여인들은 전신이 드러나는 평교자(平轎子)를 타지 말고 사방이 막힌 옥교자(屋轎子)를 탔으면 좋겠다는 의견은 태종 때부터 있었습니다. 그러나 여인들이 이를 갑갑하

[*] 서긍, 《고려도경(高麗圖經)》.

[**] 《세종실록》 49권, 세종 12년 8월 15일.

다 하여 번번이 따르지 않자 세종이 영을 내립니다.

> 임금이 지신사 안숭선에게 이르기를, "사대부의 부녀들이 평교자를 탈 수 없는
> 것은 이미 영갑(令甲, 법령)에 있는데, 지금 자못 이를 타고 노예들과 어깨를 견
> 주어 나란히 다니니 심히 옳지 못하다. 지금부터는 중국의 제도에 의거하여 양
> 반의 부녀들은 옥교자를 타게 하되 제도는 간략하게 하고, 먼저 한두 개를 만
> 들어서 신민들로 하여금 본받게 할 것이다." 하고, 이내 사헌부에 전지하여 양
> 반의 부녀들이 평교자를 타는 것을 금하게 하였다.*

평교자

옥교자

이러한 각종 금령이 실제로 효과를 보았을까요? 보았습니다.

성현은 중종 때 예조판서를 지낸 학자인데 그의 수필집 《용재총화》에 평양감사
시절 중국 사신과 함께 평양 거리를 구경하는 장면이 나옵니다. 여기에 이런 대목이
있습니다.

> (사신이) 길거리에서 구경하는 부인을 보고, "이들은 주관(州官, 지방관)의 부인이
> 아닌가" 하니, 역관이 "이들은 성중의 창기들입니다. 주관은 모두 사족(士族)이
> 라서 규문에 법이 있는데 처첩이 어찌 길에 나오겠습니까" 하니, "진작 그런 줄

---

*《세종실록》 57권, 세종 14년 8월 13일.

알았으면 마음껏 구경이나 할 것을 그랬다" 하였다.

이 정도는 약과입니다.

사헌부에서 남녀가 다른 길을 걷게 하고, 장보기를 함께하지 못하도록 청하였으나, 받아들이지 아니하였다.[*]

어떻게 이런 발상까지 했을까요? 자칫 사헌부의 건의를 세종이 받아들였다면 세상 생긴 이래 최초로 남녀 전용 도로가 우리나라에 생길 뻔했습니다.

남자들은 왜 여인들이 남 앞에 모습 드러내는 것을 이토록 기를 쓰고 막았을까요? 남의 이목을 끄는 여자는 결국 손을 탄다고 믿었기 때문입니다. 자기가 그러하기에 다른 남자들도 그러할 것이라 의심했기 때문입니다.

동양에서만 그런 것이 아닙니다. 영어로 창녀는 프로스티튜트(prostitute)라고 합니다. 프로스티튜트는 라틴어 프로스티투투스(prostitútus)에서 나온 말인데 프로(pro)는 '~앞에(before)', 스티투투스(stitutus)는 스타투오(statuō)의 삼인칭 복수형인 스타투에레(statuere)가 변한 것으로 '어떤 위치에 자리잡다(to stand, make or be firm)'라는 뜻을 가지고 있습니다. 결국 프로스티튜트는 '남이 볼 수 있는 자리에 모습을 드러내다', 그래서 '남자들의 이목을 끈다'는 뜻인 것입니다. 어쩌면 동서양의 남자들이 이처럼 똑같은 생각을 했는지 신기할 지경입니다.

이제 분명해졌습니다. 표(嫖)는 드러난 여자였고 드러난 여자는 창녀라 손가락질을 받았습니다. 그래서 이 글자에 '화랑이 표'라는 이름을 붙였습니다. 화랑이는 뭘까요?

---

[*] 《세종실록》 22권, 세종 5년 10월 5일.

화랑은 신라에서 유능한 관료를 양성하기 위해 나라에서 마련한 청소년 교육기관이었습니다. 화랑은 내적 수련뿐 아니라 외적 아름다움도 중시했기 때문에 화장을 했습니다. 화랑을 설명한 바이두 중국 사전을 보면 당나라 시대에 화장하고 치장한 신라의 귀족 자제들을 가리킨다고 했습니다.

이러한 화랑이 세월이 흐르며 그 모습이 변합니다. 고려에 들어오며 화랑은 무당의 서방을 가리키는 말로 바뀌었습니다. 이들이 '화랑이' 가면을 쓰고 구걸하러 다녔다고 했습니다.*

조선시대에 들어서자 '화랑'이라 자칭하는 남자 무당들이 사대부집 여인들을 희롱하는 작태가 빈번히 발생합니다.

사헌부 대사헌 한치형 등이 상소하기를, 남자가 화랑(花郞)이라 호칭하고, 그 무사(誣詐)하는 방법을 쓰면서 사람의 재화(財貨)를 낚아 취함이 거의 여무(女巫)와 같되, 꾀하는 방법이 더욱 허깨비 같으며, 기타 이치에 어긋나서 도리를 저버리고 사녀(士女)를 우롱한다든가 사람으로 하여금 사혹하게 하여 예속(禮俗)을 패훼(敗毁)하는 자가 또 하나둘로 헤아릴 수 없습니다.**

전라도 관찰사 권홍이 장계하였다. "본도(本道)의 폐풍(弊風)을 보건대, 거사(居士)라는 남자들과 회사(回寺, 여사당패로서 절을 돌아다니며 음행을 일삼는 사람)라는 여인들은 모두가 농업에 종사하지 아니하고 마음대로 음탕한 짓을 하며 횡행하여 풍속을 그르치니, 법으로 금해야 합니다. 그중에도 더욱 심한 것으로는 양중[兩中, 속칭 화랑(花郞)으로 남자 무당]보다 더한 것이 없습니다.***

* 유득공, 《고운당필기(古芸堂筆記)》 3권.
** 《성종실록》 10권, 성종 2년 6월 8일.
*** 《중종실록》 19권, 중종 8년 10월 3일.

예조에서 아뢰기를, [중략] 화랑과 유녀가 음란한 짓을 하여 이득을 꾀하고, 승려와 속인이 서로 즐겨 괴이하게 여기지 아니하니, 남녀의 도(道)를 어지럽게 하여 강상(綱常)을 훼손하는 자는 소재지의 수령·만호·찰방(察訪)·역승(驛丞)으로 하여금 엄중하게 규찰하게 하여 범한 자는 범간율(犯奸律)에 한 등(等)을 더하여 논죄하고, 양가(良家)의 여자와 중[僧]은 잔읍(殘邑)의 노비로 영속(永屬)하소서.*

이런 '화랑'이 언젠가부터 몸 파는 여자의 별칭이 되었습니다. 음탕한 남자 무당 같은 여자라는 뜻입니다. 이런 여자를 '화랑이 같은 년'이라 손가락질한 욕이 '화냥년'입니다. 흔히들 병자호란 때 청나라에 잡혀갔다 돌아온 여자를 고향에 돌아온 여자, '환향녀(還鄕女)'라 부르면서 '화냥년'이 되었다고 하는데 속설입니다. 환향녀라는 말은 《조선왕조실록》을 비롯한 고전에 단 한마디도 나오지 않습니다. 아무튼 창녀에 '화랑'이란 말이 붙은 것을 알면 김춘추, 김유신, 관창을 비롯한 신라의 화랑들이 무덤에서 뛰쳐나올까 겁납니다.**

몸 파는 여자가 이처럼 욕을 먹은 것은 드러났기 때문입니다. 오만 군데 다 돌아다니는 남자 무당처럼 남의 이목을 끌었기 때문입니다. 그러나 여인은 꼭 자신을 드러내야만 나무람을 당한 것도 아니었습니다.

영어에 'Caesar's wife(시저의 아내)'라는 말이 있습니다. "세상의 의심을 살 행위가 있어서는 안 되는 사람"을 뜻합니다. 이 말이 생긴 연유가 기가 막힙니다. 시저의 귀에 바람둥이로 소문난 친구 푸블리우스 클로디우스가 자신의 아내 폼페이아를 건드렸다는 소문이 들립니다. 시저는 두말없이 아내와 이혼하며 "내 아내는 의심조

---

* 《성종실록》 20권, 성종 3년 7월 10일.
** 3장 〈여자는 교활하다〉, '매(媒)' 참조.

차 받지 말아야 한다(I thought my wife ought not even to be under suspicion)"고 말했습니다. 폼페이아는 당시 최고의 장군이자 정치가였던 루키우스 코르넬리우스 술라 펠릭스의 손녀딸이었습니다. 그런 위세 있는 집안의 여인도 말 한마디 못하고 이혼을 당했습니다.

아끼는 물건을 지키는 가장 좋은 방법은 내게 그 물건이 있음을 남들이 모르게 하는 것입니다. 여자는 남자에게 그런 존재였습니다. 내 여자는 나만의 것이니 꽁꽁 감추고 드러난 여자는 만인의 공동 소유니 함께 즐긴다는 것이 동서고금을 통해 변치 않는 남자들의 심보였습니다.

더럽힐 독(嬻)

독(嬻)은 '몸 파는 여자'를 가리키는 글자가 아닙니다. 그러나 그 뜻을 보면 연관이 있습니다. 우선 네이버 사전을 보면 이 글자의 뜻은 "더럽히다, 썩다, 욕보이다"입니다. 옛 자전은 "거만하다, 깔보다"라고 했고 한전은 "모독하다, 버릇없다" 했습니다. 한결같이 경멸하는 시선이 담겨 있습니다.

'더럽히다, 욕보이다'가 수동태라는 것이 주의를 끕니다. '더럽다'가 아니라 누군가가 '더럽힌다'는 것입니다. 그런데 여자를 더럽힌다는 표현은 언제 쓰나요? 남자가 억지로 여자를 추행했을 때 쓰는 말입니다. 남자들이 더럽히는 여자는 어떤 여자일까요? 팔려고 내놓은 여자입니다. 독(嬻)이 그런 여자입니다. 여(女) 자 옆에 붙은 '팔 매(賣)'가 증거하고 있습니다.

윗부분은 '나갈 출(出)'이고 아래는 '살 매(買)'니 사 모은 재물을 되파는 것이 매(賣)입니다. 양수마가 그랬습니다. 돈 들여 키운 다음 되팔아 이득을 챙겼습니다.

매(賣)의 옛 글자

이런 여자들을 욕보이며 말을 안 들으면 거만하다 했습니다. 독(嬻)에 '더럽다'가 아니라 '더럽히다'란 훈을 붙여 여자에게 면죄부를 준 것이 그나마 남자들의 일말의 양심이었습니다.

아리따운 모양 전(嫊)

전(嫊)이 몸 파는 여자인 줄 사람들이 잘 모르고 있는 듯합니다. 여자와 나란히 서 있는 전(展)은 '펼 전'입니다. 여러 물건을 벌여놓아 남에게 보이는 것을 말합니다. 그러나 애초의 모습은 좀 달랐습니다.

펼 전(㞡)

먼저 1번 전서를 보겠습니다. 위는 시(尸), 가운데는 전(㞡), 아래는 의(衣)입니다. 시(尸)는 주검이고 전(㞡)은 전(展)의 이체자로 이것만으로도 전(展)의 뜻으로 쓰였는데 장인이 만든 물건이 쌓여 있는 모습입니다. 의(衣)는 옷 중에 치마를 그린 것입니다. 치마는 '펼치다'라는 확장 의미를 갖습니다. 그렇다면 전(展)은 무엇을 나타내려 한 글자일까요?

글자 속에 물건을 장례용품으로, '옷 의(衣)'를 수의로 보면 '주검 시(尸)'와 완벽하게 어울립니다. 그렇다면 여기에 함께 있는 여자는? 주인이 죽으면 같이 무덤에 들어갈 장례용품일까요? 그래서 '아리따운 모양 전'이라는 이름이 붙었나요? 아닙니다. '주검 시(尸)'는 애당초 '전(展)'에 없었습니다. 팔 물건 '전(㞡)'만 있었습니다.

전(㞡)이 전(展)으로 변해간 과정이 재미있습니다.

장바닥에 물건을 내놓고 팔던 사람이 돈을 벌어 가게를 장만합니다. 이제 물건들이 지붕 있는 가게 안으로 들어갑니다. 전(㞡)에 집(戶)이 추가됩니다. 그런데 세월이 흐르며 집(戶)의 꼭지가 사라졌습니다. '집 호(戶)'가 '주검 시(尸)'로 모양이 바뀐 것입니다. '집 옥(屋)'도 그런 예입니다. 여러 사람이 여러 세대에 걸쳐 그림을 옮겨 그리다보면 충분히 있을 수 있는 일입니다. 이런 가게에 치마[衣 의]를 펼치듯 물건을 진열해놓았습니다. 이렇게 전(㠭)이 전(展)이 되었습니다.

그런데 이처럼 공을 들이고 정성을 다해 진열해놓은 상품이 여자입니다. 전(嬂)입니다. 그러면서 아리땁다고 푯말을 세웠습니다. 어떤 여자기에 상품처럼 진열해놓고 아리땁다고 선전했을까요?

지금도 네덜란드 암스테르담의 공창 지역은 유명한 관광지로 성업 중이라고 합니다. 백인 여성 구역, 흑인 여성 구역, 동양인 여성 구역 등으로 나뉘어 있는데 건물 유리창 안에 여인들이 치장을 하고 '진열'되어 있다고 합니다. 지금은 커튼으로 유리창을 가려 안을 볼 수 없게 했다지만 여성을 상품화해 진열하기는 동서고금이 따로 없는 모양입니다.

전(嬂)은 네이버 중국어 사전에서는 사라졌고 네이버 한자 사전과 한전에 딱 한마디 "아리따운 모양 전"으로 올라 있습니다. 학일사 판 자전에는 '고울 전'과 함께 '묘할 전'이란 훈이 하나 더 있습니다. '이렇게 예쁜 여자가 왜 여기 있을까?' 묘한 기분이 들었던 모양입니다. 아무튼 사전만 보아서는 진면목을 볼 수가 없습니다.

전(嬂)을 보면 떠오르는 영어가 있습니다. "a fate worse than death". 대부분의 사전에 단순히 "죽음보다 더 비참한 운명(아주 끔찍한 일)"이라고 풀이되어 있으나 실제로는 그처럼 심각한 뜻보다는 대개 싫은 상황을 과장하거나 유머러스하게 표현할 때 씁니다. 예컨대 남자 친구와 해변에 놀러갔는데 부모와 맞닥뜨린다거나 선보러 나갔는데 옛 애인이 나온다거나 할 경우처럼 말입니다. 그러나 이 말이 처음 만들어졌을 때는 강간을 의미했습니다.

"a fate worse than death". 이 관용구를 보면 전(嬂)에 보이는 시(尸)가 '집'이 아

니라 차라리 '주검'이 나을 수도 있겠다는 생각이 듭니다. 여인이 '아리땁다'라는 푯말을 듣고 가게에 진열되어 있는 것보다 더 '죽음보다 비참한 운명'이 어디 있겠습니까?

아리따울 춘(婚)

춘(婚)은 여자 이름에 많이 쓰인 글자입니다. '아리따울 춘'입니다. 여자와 '봄 춘(春)'이 함께 있습니다.

봄 춘(春)의
갑골문

해를 중심으로 솟아오르는 싹들이 한껏 자태를 뽐내고 있습니다. 산천초목이 활짝 기지개를 폅니다. 보고만 있어도 절로 힘이 솟습니다. 봄은 혹독한 겨울의 뒤를 이어 찾아오는 만물이 생동하는 계절입니다. 이런 봄 같은 여자가 있다면 이보다 더 아리따울 수 없습니다.

그런데 남자들은 이 봄에 조건을 달았습니다. 팔면 안 된다는 것입니다. 여자의 봄은 나만의 것이지 결코 뭇 남자가 공유할 것이 아니라고 선언합니다. 때문에 여자는 봄과 한 몸일 때는 더없는 찬탄의 대상이지만 둘이 갈라지는 순간 나락으로 떨어집니다. 어떤 사연 때문인지는 묻지 않습니다. 아리따운 여자가 자신의 몸에서 봄을 떼어내 팔기 시작하는 순간 매춘녀(賣春女), 매춘부(賣春婦)가 됩니다. 몸을 파는 것이니 매육녀(賣肉女)나 매신녀(賣身女)라 할 법도 한데 매춘녀라고 한 것을 보면 남자들이 '몸'을 사기보다 '봄'을 사고 싶어서 그런 모양입니다.

이렇게 몸 파는 여자를 가리키는 말은 참으로 많습니다. 대충만 봐도, 윤리의 가치를 떨어뜨린 여자라는 의미의 윤락녀는 그래도 점잖은 표현이고 행창(行娼, 길거리에서 매음하는 여자), 막창(幕娼, 대충 커튼만 치고 몸을 파는 여자), 통지기(물통, 밥통 등 궂은 일을 도맡은 여자 종을 낮추어 부르는 말. 또는 서방질을 잘하는 여자 종), 우파니(優婆尼, 본래 는 불교를 믿는 세속의 여자를 가리키나 불사를 빙자해 몸 파는 여자. 이를 엄벌해야 한다는 말 이 《목민심서》에 나온다), 갈보(순 우리말로 '서방을 갈다'라는 뜻에서 파생되었다) 등 한 둘 이 아닙니다. 이들을 통틀어 부르는 유녀(流女)라는 말도 있습니다. 모두 봄을 파는 여자, 매춘녀(賣春女)들이었습니다.

'봄 같은 여자'와 '봄을 파는 여자'가 이렇게 다릅니다.

이러한 봄을 파는 여자에 대한 남자들의 생각을 단적으로 표현한 글자가 있습 니다. 위(婷)입니다.

탐스러울 위(婷)

위(婷)는 여자가 위(韋)와 손을 잡고 있습니다. 위(韋)는 '다룬 가죽 위'로 부드럽게 가 공한 가죽을 말합니다. 가죽을 무두질하는 모습을 그렸습니다. 무두질은 벗긴 짐승 의 가죽에서 털을 뽑고 지방을 긁어낸 다음 방망이로 두드려 부드럽게 만드는 일을 말합니다. 옛날에 가죽을 만드는 일은 아주 중요한 작업이었습니다.

위(韋)의 갑골문

위(韋)의 금문

위(韋)의 초계간백

갑골문을 보면 여러 사람이 벗긴 짐승 가죽 가장자리를 발로 밟고 무두질하는 모습이 생생합니다.

가운데 네모[口]는 가죽이고 주위는 발입니다. 발은 나중에 둘만 그려 위(韋)가 되었습니다. 이처럼 위(韋)는 가죽을 무두질하는 작업을 가리켰는데 시간이 지나며 '에워싸다'라는 의미가 강해집니다. 여러 사람이 빙 둘러서서 작업하는 모습에서 그런 뜻이 나왔습니다.

이후 위(韋)의 '에워싸다'라는 뜻을 살려 많은 글자들이 만들어졌는데 '다닐 행 (行)'을 양쪽에 더해 '무엇인가를 둘러싸고 지킨다'는 뜻을 나타낸 '지킬 위(衛)', 사람 인(人 = 亻)을 더해 '크게 감싸주는 사람'이라는 뜻을 나타낸 '큰 사람 위(偉)', 성을 둘러싼 모습인 '에워쌀 위(圍)' 등이 그런 예입니다.

그런데 이처럼 어딘가를 중심으로 빙빙 돈다는 뜻을 가진 글자가 여자 옆에 붙더니 갑자기 뜻이 이상하게 바뀝니다.

위(嫿)를 네이버 사전에서 찾아보면 대표 훈은 '탐스러울 위'인데 그 뜻에 '탐스럽다, 아름답다, 방자하다, 추하다' 등이 들어 있습니다. 이상하지 않습니까? 잘 무두질한 가죽처럼 부드럽고 값진 여자니 탐스러울 것이야 당연한데 어째서 이런 뜻들이 들어 있을까요? 심지어 '기분 나빠하다'라는 뜻까지 보입니다. 어떤 여자기에 그럴까요? 이 여자를 지켜보겠습니다.

여자가 빙빙 돕니다. 집 주변을 서성거리기도 하고 마을이나 성 주위를 배회하기도 합니다. 왜? 남자들이 보아주기를 바라기 때문입니다. 자기를 보고 찾아오라고 유혹하고 있는 것입니다. 창녀입니다. '거리를 걷다'를 영어로 'walk the street'**라고 표현하면 자칫 실수할 수 있습니다. 이 말에 '몸을 팔다, 매춘하다'라는 뜻이 들어 있기 때문입니다. 영어로 '거리를 걷다'라고 말하고 싶으면 'walk' 다음에 전치사를 붙이는 것이 좋습니다. [예: walk (along/down/up) the street] 남자들이 거리의 여자를 보는 눈은 동서가 따로 없었습니다.

---

* "to be a prostitute", 《Collins dictionary》; *old-fashioned* to be a prostitute", 《LONGMAN Dictionary》.

남자들은 이 여자를 바라보며 제각기 딴 소리들을 합니다. 욕심이 나는 남자는 '탐스럽다', '아름답다' 하고, 점잔빼는 남자들은 '방자하다' 합니다. 마누라 눈치 보는 남자들은 '추하다'고 합니다. '기분 나빠하다'는 아마 그런 남자들의 부인인 모양입니다. 이제 '아름답다'와 '추하다'가 공존하는 이유를 알겠습니다. 이 한 글자에 창녀를 바라보는 사람들의 시선이 집약되어 있습니다.

이런 여자들, 봄을 파는 여자들이 있는 곳이 홍루(紅樓) 혹은 홍등가(紅燈街)입니다. 그런 이름이 붙은 연유는 2장의 〈왕의 여자〉 편에서 간략히 설명했지만 부연합니다.

위(媁),
'탐스럽다, 아름답다,
방자하다, 추하다.'

홍등(紅燈)은 말 그대로 빨간 등입니다. '빨갛다'의 첫 번째 이미지는 '열정'이고 두 번째는 '위험'입니다. 위험의 이미지는 검정이나 빨강입니다. 검정은 죽음이고 빨강은 피 아니면 불입니다. 몸 파는 여자들이 있는 장소에 빨간 등이 달린 것은 '열정'을 불사를 수 있지만 '피'를 보거나 재산을 '불'에 태워 날릴 수 있다는 뜻입니다. 위험을 경고하는 표식인 것입니다. 그래도 남자들은 막무가내입니다. 남자들은 불나방입니다. 그렇기에 이러한 봄 파는 여인들이 생긴 것은 필연이었습니다. 인류 최고(最古)의 서사시인 《길가메시 서사시》에 그 필연성이 묘사되어 있습니다. 《길가메시 서사시》는 여러 개의 버전이 있지만 그중 바빌로니아 판본을 요약하면 다음과 같습니다.

> 고대 메소포타미아의 왕 길가메시는 반신반인으로 하늘 아래 당할 자가 없었는데 모든 것이 제멋대로고 막무가내였다. 또한 호색함이 지나쳐 여자라면 닥치는 대로 범했을 뿐 아니라 초야권을 행사하여 결혼하는 모든 처녀들과 동침했다. 길가메시의 횡포를 견디다 못한 백성들이 그를 물리쳐달라고 애원하자 신이 역시 반신반인인 엔키두를 만들어 내려 보냈다. 그러나 엔키두는 어린아

이처럼 순진무구한 심성을 지니고 있어 자연과 동물을 사랑할 뿐 도무지 길가메시와 싸우려 하지 않았다.

이에 한 사냥꾼의 아버지가 엔키두에게 신전의 창녀 샴하트를 보냈다. 샴하트는 엔키두와 여섯 낮, 일곱 밤을 지내며 엔키두의 마음속에 사랑과 질투의 감정을 심었다. 엔키두가 변한 것을 확인한 샴하트는 그를 데리고 혼인식장에 갔다. 아름다운 샴하트를 본 길가메시가 욕심을 드러내자 질투심이 솟구친 엔키두가 달려들었다. 그러나 둘은 승부를 내지 못했다. 실력이 엇비슷했기 때문이다. 오히려 격투를 벌이면서 서로에게 호감이 생긴 둘은 친구가 되어 보다 큰 모험을 꿈꾸며 신들의 세계로 떠났다.

둘이 떠난 인간 세상에는 평화가 찾아오고 이후는 길가메시와 엔키두의 광대한 모험담이 펼쳐집니다. 이 이야기는 여러 가지를 시사하고 있는데 그중 주목할 것이 길가메시와 엔키두가 대표하고 있는 남자의 양면성, 즉 길가메시의 폭력성과 엔키두의 순성(順性)입니다. 지나친 폭력성은 고통이었고 지나친 순성은 아무 쓸모가 없었습니다. 애초 무관한 관계였던 이 두 감정이 대립 과정을 거치며 손을 잡고 마침내 함께 새로운 세계로 떠나는데 그 화해의 매개체가 창녀였습니다. 결국 남자들 중심의 세계에 창녀라는 존재의 등장은 '필연'임을 이야기하고 있는 것입니다. 길가메시와 엔키두 뒤에 가려진 창녀 샴하트는 이 서사시의 또 다른 주인공이었습니다.*

지구상에서 봄이 사라지지 않는 한 인간 사회에서 춤추며 노래하는 여자가, 스스로를 드러내는 여자가, 마을을 배회하는 여자가, 봄을 파는 여자가 사라지는 날은 절대로 오지 않을 것입니다. 애써 이를 부정하는 인간의 가식도 영원하겠지요.

---

* 책머리에 참고 사진 수록.

현존하는 가장 오래된 법전인 함무라비 법전에 창녀에 대한 구절이 있습니다. 상속에 관한 조항인데 여기에 창녀가 올라 있습니다. 당시 사회가 창녀에게 인간적인 대우를 했음을 알 수 있습니다. 참고로 옮깁니다.

〈함무라비 법전〉

178조: 여자의 아버지로 인해 신에게 바쳐진 여자 혹은 매춘 일을 하는 여자의 아버지가 사망할 경우, 그녀는 자신이 상속받을 몫을 요구할 권한을 갖는다. 만약 여자가 원할 경우, 그녀의 형제들이 그녀의 토지와 과수원을 맡아 관리하고 그녀에게는 그 수확물을 일정 비율에 맞게 제공할 수 있다. 그녀는 평생 그녀의 아버지로부터 상속받은 재산들의 용익권을 갖는다. 하지만 그 재산을 타인에게 처분하는 것은 금지된다. 그녀의 몫으로 상속된 아버지의 재산은 그녀가 죽을 경우, 그녀의 형제들에게 상속권이 넘어간다.

179조: 신의 자매 혹은 매춘부가 그녀의 아버지로부터 선물로서 은이나 부동산을 받고 이 사실이 문서로 증명 가능한 경우, 그녀는 자신이 원하는 대로 이를 처분할 권한을 갖는다. 그녀의 아버지가 죽더라도 그녀의 형제들은 그 재산을 요구할 수 없다.

180조: 아버지가 그녀의 딸에게 - 이후 결혼이 가능하거나, 평생 결혼이 불가능한 신전 창녀의 일을 맡게 되어서 - 선물을 제공하고 사망할 경우, 그녀가 상속받을 몫은 그녀가 살아 있는 동안 마음껏 사용할 권한을 갖는다. 그녀가 사망하고 나면 그 재산의 소유권은 그녀의 형제들에게 돌아간다.

181조: 아버지가 딸을 신에게 신전 창녀 혹은 동정 여사제로 바쳤는데 선물을 제공하지 않은 상태에서, 그 딸의 아버지가 사망할 경우 딸은 아버지의 재산 중, 아들에게 돌아갈 몫의 1/3을 증여받을 수 있다. 그녀가 상속받은 몫은 그녀가 살아 있는 동안 마음껏 사용할 권한을 갖는다. 그녀가 사망하고 나면 그 재산의 소유권은 그녀의 형제들에게 돌아간다.

죽으라면 죽는 여자

촉(嫡)

고대사회에서 일반화되어 있던 악습 가운데 하나가 순장(殉葬) 제도입니다. 순장은 한 집단의 지배층에 속하는 인물이 사망했을 때 그와 관련된 사람을 산 채로 혹은 죽여서 함께 매장하는 것을 말하는데 동서양을 막론하고 보편화되었던 습속입니다.

중국에서는 상나라 때부터 이 순장 제도가 성행했습니다. 이 시대 제왕들의 묘를 처음 발굴했을 때 청동기, 옥기를 비롯한 다양한 부장품 외에 묘마다 500명에서 1000명에 달하는 인골이 쏟아져 고고학자들을 놀라게 했는데, 이들의 대부분은 병사였고 시종과 시녀가 소수 섞여 있었습니다. 이 제도는 청나라 제4대 황제 강희제 때에 와서야 완전 폐지되었습니다. 무려 3천 년 이상 이어진 이 순장의 습속 때문에 얼마나 많은 사람들이 죽었는지 짐작조차 어렵습니다.

사랑하거나 존경하는 사람이 죽었을 때 함께 죽고 싶은 감정이 생기는 것은 부자연스러운 감정이 아닙니다. 《삼국사기》를 보면 고구려 동천왕이 죽었을 때(서기 248년) 가까이 모시던 신하 중에 왕과 함께 묻히려는 자가 많아 아들 중천왕이 이를 금지시켰다는 이야기가 있습니다. 그러나 순장을 당한 사람들의 죽음은 대부분은 타의에 의한 것이었습니다.

지금으로부터 불과 칠백여 년 전인 15세기 초, 꽃다운 나이에 중국에 끌려가 순장을 당한 조선 여인의 원통함이 《조선왕조실록》을 눈물로 적시고 있습니다.

중국의 황제들이 한반도의 여인들을 탐한 것은 이미 고려 때부터의 일입니다. 개중에는 황제를 출산한 경우도 있는데 원나라 순제와 영락제의 생모가 모두 고려 여인이었습니다. 그 후 원을 이은 명나라에 들어와서도 매년 조선 여인들을 후궁으로 데려갔습니다. 고려 여인의 소생인 영락제 또한 조선에 칙사를 보내 미녀를 뽑아 올리라고 명합니다. 이에 조선의 태종은 전국에 금혼령을 내리고 자색이 뛰어난 처녀들을 한양으로 데려 왔습니다. 여인들이 좋아서, 자발적으로 쫓아갔을 리 만무합니다. 몸을 숨기거나, 얼굴에 침을 찔러 퉁퉁 부은 얼굴을 만들거나, 머리를 자르거나, 얼굴에 고약을 붙이는 등 온갖 수단을 다 써서 뽑힘을 면하려 했지만 적발되면 엄한 벌을 받았습니다.

이렇게 억지로 끌려간 여인들 중 순장을 당한 한씨 이야기가 《세종실록》 26권, 세종 6년 10월 17일 두 번째 기사에 자세히 실려 있습니다.

중국 명나라 황제 영락제가 1424년 64세의 나이로 죽자 비빈 30여 명이 함께 순장(殉葬)되었는데 이들 중에 조선에서 뽑혀간 미인 최씨와 한씨가 있었습니다. 한씨의 유모 김흑이 우여곡절 끝에 조선으로 돌아와 한씨가 당한 순장의 참혹함을 전했는데 그 한이 어떠했을지 부연이 필요 없어 실록의 내용을 그대로 옮깁니다.

황제가 죽자 궁인으로 순장된 자가 30여 명이었다. 죽는 날 모두 뜰에서 음식을 먹고 마루에 끌어올리니, 곡성이 전각을 진동했다. 마루 위에 나무로 만든 작은 평상을 놓아 올라서게 하고, 위에 있는 올가미 안으로 머리를 넣게 하고 평상을 떼어버리니 모두 목이 매달려 죽었다.

한씨가 죽을 때 김흑에게 이르기를, "엄마야! 나는 간다. 엄마야! 나는 간다."고 하는데 말을 마치기 전에 곁에 있던 환관이 평상을 빼내므로 최씨와 함께 죽었다. 여럿이 죽는 자가 처음 마루에 올라갈 때, 인종(仁宗, 영락제의 뒤를 이은 홍희제)이 친히 들어와 고별하자, 한씨가 울면서 인종에게 말하기를, "우리 어미가 노령이니 본국으로 돌아가게 하옵소서." 하였다.

인종이 분명히 허락하면서 한씨가 죽은 다음 김흑을 돌려보내겠다고 하였으나, 돌려보내지 아니하고 김흑을 공인(恭人, 궁인에게 내리는 벼슬의 하나)으로 봉하였다.

명나라 왕세정의 《산당별집(山堂別集)》에 따르면, 한씨가 중국으로 건너올 때 나이는 15~16세였으며, 순장될 때 나이는 22~23세 정도였다고 합니다. 한씨가 죽은 후에도 김흑은 자금성에 11년이나 더 붙잡혀 있다가 1435년에야 조선으로 귀환했습니다. 김흑을 그렇게 오래 붙잡아둔 것은 순장의 참혹함이 조선에 전해질까 두려워서였다고 합니다.

이러한 순장의 민낯을 대하면서 의문이 들었습니다. 죽은 황제는 과연 이렇게 한 맺힌 여인들과 영원히 함께하는 것을 진정 바랐을까 하는 의문입니다. 어차피 죽는 마당에 자기가 아끼던 여인의 비자발적인 죽음과 그로 인한 한을 함께 가져가길 원한다? 잘 납득이 가지 않습니다. 후궁들이 황제인 자기를 좋아해 자발적으로 따라 죽길 원한다고 착각했을 수도 있지만 선대의 후궁들이 울부짖으며 죽어가는 장면을 본 후계자라면 결코 그럴 리가 없습니다. 이런 죽음은 따라 죽이는 것입니다. '따라 죽는다'는 그런 것이 아닙니다.

로미오와 줄리엣은 둘의 맺어짐을 완강히 거부하는 현실에서 벗어나고자 계략을 꾸밉니다. 줄리엣이 비약을 먹고 가짜로 죽어 무덤에 들어가면 나중에 로미오가 구해 함께 달아난다는 계획입니다. 그러나 이 계획은 여러 사건이 얽히며 제대로 진행되지 않습니다. 미처 계획을 알지 못한 로미오는 줄리엣이 진짜 죽은 줄 착각하고 독약을 마시고 자살합니다. 뒤늦게 깨어난 줄리엣도 로미오의 죽음을 알고 자신의 목을 칼로 찔러 죽습니다. 서로 '따라' 죽었습니다.

그러나 로미오와 줄리엣의 죽음을 '따라 죽는 것'으로 보기에는 어딘가 석연치 않습니다. 둘 다 스스로 죽었고 연인의 죽음을 따라 죽은 것은 분명하지만 그 원인이 두 가문의 적대 관계라는 사회적인 압력과 상황에 대한 오해라는 점에서 자살이라기보다 타살이라는 느낌이 강하게 들기 때문입니다. 이에 반해 퇴계와 두향에 얽힌 설화는 좀 다릅니다.

퇴계 이황은 평생 학문에 뜻을 두어 마침내 동방의 주자로 불리는 큰 학자가 된 인물입니다. 그가 조정의 압력에 못 이겨 단양군수로 부임했을 때 일입니다. 여자 복이 없어 첫 번째 부인은 둘째 아들을 낳다 세상을 떴고 둘째 부인마저 병으로 잃어 쓸쓸한 장년기를 보내던 퇴계가 그곳에서 관기 두향을 만납니다.

두향은 미모가 빼어난 여자가 아니었습니다. 그녀가 퇴계의 눈에 든 것은 용모가 둘째 부인과 닮았고 거문고 솜씨가 뛰어났으며 난을 좋아한다는 공통 취미가 있었기 때문입니다. 일설에는 퇴계를 흠모한 두향이 진귀한 매화를 구해 바쳐 퇴계의 마음을 얻었다고도 합니다. 아무튼 사또와 관기의 신분으로 만난 47세의 퇴계와 18세의 두향은 서로를 아끼는 사이가 되었습니다. 그러나 둘의 만남은 오래가지 못했습니다. 퇴계의 형이 충청감사로 임명되는 바람에 상피제(相避制)*에 따라 경상도로 전임을 가게 되었기 때문입니다. 단양 부임 10개월만이었습니다.

퇴계가 물러나자 두향은 신임 사또에게 면천(免賤, 관기에서 양민으로 돌아감)을 사정합니다. 퇴계와 두향의 러브스토리를 잘 알고 있던 신임 사또가 이를 허락하자 이듬해 양민이 된 두향은 퇴계와 자주 찾던 강선대 아래 초막을 짓고 혼자 살았습니다.

단양군수에서 물러난 지 20여 년, 학문에 전념하던 퇴계는 희수(稀壽, 70세)에 이르러 자신의 죽음을 예감하고 주변을 정리합니다. 그러면서 마지막으로 한 일이 방

---

* 일정 범위 내의 친족 간에는 같은 관청, 통속 관계에 있는 관청, 연고가 있는 관직에 근무하지 못하게 했던 법.

안의 매화분을 밖으로 내가게 한 것입니다. 두향의 선물, 항상 머리맡에 두었던 그 매화였습니다. 차마 자신의 죽음을 보이고 싶지 않았던 모양입니다. 그런 다음 자리에 누운 선생은 자식들과 제자들에게 둘러싸여 조용히 눈을 감았습니다.

선생의 죽음을 들은 두향은 퇴계 무덤을 찾아 절한 다음 남한강에 몸을 던졌습니다.*

단 10개월간의 만남을 잊지 못하고 평생을 마음속으로만 그리다 넋으로라도 다시 만나고자 강물에 몸을 던진 두향의 죽음, '따라 죽는다'는 것은 이런 것입니다. 그렇다면?

순장은 후계자가 선대의 잔재를 제거하려는 목적으로 만들어진 제도입니다. 왕위를 이어 받은 후계자의 입장에서 보면 선왕의 여인들을 어디에 쓰겠습니까? 아버지의 여인들을 데리고 삽니까? 노비로 만듭니까? 그렇다고 귀가시키면 걸맞은 대우를 해주어야 할 테고 내버려두면 분란만 일으킬 것이니 얼마나 골치 아팠겠습니까? 이를 해결할 수 있는 가장 좋은 방법이 뭐라고 생각했을지 뻔합니다. 전부 없애는 것입니다. 지금도 새 대통령이 선출되면 전대에 임명된 사람은 말단 기관장까지 싹 갈아치웁니다. 순장을 선왕이 죽어서도 살았을 때처럼 영화롭게 살았으면 하는 효심에서 나온 것이라고 본다면 이러한 후계자의 위선과 가식을 꿰뚫어 보지 못한 것입니다.

이러한 지배자의 위선에 한을 품고 죽어야 했던 여인들이 촉(嬸)입니다.

---

* 설화는 현재 도산서원에서 향을 피우고 있는 매화가 바로 두향이 선물한 매화의 후손이라는 이야기로 끝을 맺고 있다.

따라 죽을 촉, 계집 순직할 촉(嬪)

촉(嬪)의 전서

순장을 위해 살려두는 여자가 촉(嬪)입니다. 여자 옆에 붙은 글자는 속(屬)으로 '무리 속'이라고 읽습니다. 죽을 무리에 속했다는 뜻입니다. 꼼짝없이 따라야 했기에 '복종하다'라는 뜻도 함께 가지고 있습니다.

촉(嬪). '따라 죽을 촉, 계집 순직할 촉'. 참으로 소름끼치는 그림입니다.

여자의 성정

여자는 유혹한다

여자는 질투한다

여자는 교활하다

여자는 음란하다

여자는 간사하다

여자는 유혹한다

교(姣, 妾, 嬌), 요(妖), 미(媚), 고(蠱), 미(眉)

여자는 아름다운 존재입니다. 아름다운 것은 좋은 것입니다. 아름다움 자체에는 부정적인 뜻이 하나도 들어 있지 않습니다. 그러나 '아름답다'에 여자가 끼면 의미가 미묘하게 변합니다.

꽃은 아름답습니다. 그러나 아름답기만 해서는 살아남을 수 없습니다. 벌과 나비를 유혹하는 능력이 있어야 합니다. 꽃의 아름다움은 벌과 나비를 유혹하는 수단일 뿐입니다. 여자의 아름다움도 마찬가지입니다. 여자가 태생적으로 아름다운 이유는 남자를 유혹하기 위해서입니다. '싫다, 좋다'의 문제가 아닙니다. 여자에게 남자를 유혹하는 능력이 없다면 인간이라는 종은 애초에 멸종되었을 것입니다. 여자의 본질은 유혹이고 여자의 유혹은 인류 생존의 원동력입니다.

이 유혹이라는 단어가 참 오묘합니다. 분명 아슬아슬한 냄새가 나는데 남자는 저항할 수가 없습니다. 기독교에서는 그 유혹 때문에 인간이 에덴동산에서 쫓겨났다고 말하고 있습니다. 여자의 유혹은 남자에게 있어 하나님의 명령으로도 뿌리칠 수 없는 것이었습니다.

여자가 유혹하면 남자는 불나방일 뿐입니다. 여자의 어떤 모습이 그토록 남자를 헤어나지 못하게 하는 것일까요? 그림을 보면 알 수 있습니다.

아리따울 교, 음란할 효(姣)

'아리따울 교, 음란할 효'입니다. 네이버 중국어 사전에는 오직 '아름답다'로만 나와 있습니다. 그러나 한전을 비롯한《대한한사전》과 네이버 한자 사전에는 '아름답다'와 함께 '요염하다, 음란하다'라는 뜻이 함께 실려 있습니다. 이것이 맞습니다.《좌전》에도 효(姣)는 '음탕할 음(淫)'으로 쓰인 예가 있습니다. 도대체 여자가 어떤 모습이기에 이런 뜻을 담았을까요? 그 단서는 효(姣)의 여자 옆에 서 있는 '사귈 교(交)'에서 찾을 수 있습니다.

교(交)의 갑골문   교(交)의 금문   족쇄의 동파문

교(交)의 갑골문과 금문은 사람의 다리를 결박하고 있는 모습입니다. 동파문의 족쇄를 뜻하는 각고(脚銬)와 정확히 같은 모양입니다. 애초에 죄인을 징벌하는 모습을 그린 글자입니다.

'태울 교, 지질 요(烄)'라는 글자가 있습니다. 요(烄)가 사전에는 "태우다, (나무를 태워 하늘에) 제사를 지내다, 지지다"라고 올라와 있는데 "나무를 태우다"라는 풀이는 잘못입니다. 나무를 태운다는 글자는 '불 활활 붙을 목(炑)'이 따로 있습니다. 여기서 태우는 것은 죄수 아니면 무녀입니다. '지지다'라는 뜻이 있는 것으로 보아 형벌이기도 했습니다. 이것이 형벌이라는 증거는 우리와 친숙한 글자인 '학교 교(校)'만 봐도 알 수 있습니다. 이 교(校)를 설명한 중국어 사전을 보면 페터(fetter)라는 단어가 보입니다. 페터(fetter)는 '(죄수의 발에) 족쇄를 채우다[shackle]'라는 뜻입니다. 이렇듯 교(校)가 고대의 형구(刑具)였다는 사실을 안다면 지금도 아이들이 왜 학교 가기를 그렇게 싫어하는지 이해가 갑니다. 지금은 달라졌겠지만 예전에는 학생들이 선생님을 교도관처럼 느꼈던 모양입니다.

아무튼 교(交)를 봤을 때 사교(社交), '사귄다'부터 떠오른다면 그 본모습이 꽤 충격적일 것입니다.

이렇게 살벌한 배경을 가지고 만들어진 교(交)가 세월이 지나며 조금씩 탈바꿈을 합니다. 교차하고 있는 다리 모양만 보고 '주고받다' '사귀다' 등의 의미로 쓰이게 됩니다. 그러다 여자를 만나면서 드디어 환골탈태를 합니다.

아리따울 교,
음란할 효(姣)

여자가 다리를 꼬면 발목이 드러납니다. 천지개벽할 현상이 발생합니다.

1908년, 경기여고의 전신인 관립한성고등여학교가 문을 열면서 학생들에게 흰 저고리와 통치마를 교복으로 입혔습니다. 그런데 그 통치마가 발목을 드러내자 난리가 났습니다. 등교하는 여학생들을 보려고 꿀단지에 개미 모이듯 구경꾼들이 따라 다녔습니다.[*]

옛 경기여고 여학생의 등굣길, 1925년.
《경기여고 100년사》

그런 소란이 있고 10년이 지나 1920년에 들어서자 여기저기 고무 공장이 들어섭니다. 이 공장에서 일하는 처녀들이 편하게 일하려고 동강치마를 입었습니다. 그 모습을 본 남자들이 충격이 이규태 칼럼집에 실려 있는 〈공장 큰아기의 발목〉이라는 당시 유행가의 기사에 생생히 담겨 있습니다.

---

[*] 책머리에 참고 사진 수록

공장 큰아기 발목은 맷돌로 깎았는가

보기만 하여도 어질어질하네

공장 큰아기 발목은 살구나무로 깎았는가

보기만 하여도 신 침이 도네

공장 큰아기 발목은 마개 빠진 술병인가

보기만 하여도 알딸딸하네

고 김성환(1932~2019) 화백은 〈고바우 영감〉으로 일세를 풍미한 시사 만화가입니다. 그가 나이 서른에 《애드버룬의 미소》(1962년 보성사 간)라는 수필집을 냈는데 여기에 여자의 각선미에 대한 글이 실려 있습니다.

대개의 경우 남자들이 여성을 보는 데엔 먼저 얼굴부터 본다. 미인이면 미인으로서의 매력이 있기 때문이다. 그러나 나는 얼굴에선 별다른 매력을 느껴본 적이 없다. 어떻게 된 셈인지 나는 여성의 신체 부위에서 발에서 제일 매력을 느낀다. 미끈한 다리 무릎에서 발끝까지 곡선을 그리며 무엇으로 비할 수 없이 아름다운 다리를 소유한 주인공같이 부러운 것은 없다. 그래서 다방이나 거리거나 차 중(車中)이거나 어디서든지 여성을 보게 되면 다리를 먼저 보는 것이 나의 습관이 되었다. [다리 예쁜 다방 레지 이야기가 이어지지만 생략합니다.]

남자들이 여자에게 끌리는 부위는 연령별로 다르다고 합니다. 10대는 얼굴, 20대는 가슴, 30대는 허리, 40대는 엉덩이, 50대는 다리라는 속설이 있습니다. 한자를 만든 남자들이 대부분 50대였던 모양입니다. 그리고 고 김성환 화백은 30대 나이에 50대의 심미안을 가졌었나 봅니다. 60대는? 옛날에는 60대 남자가 없었습니다. 다 저세상으로 갔거나 남자로서의 욕심이 사라진 나이로 봤으니까요. 지금이라면 어떻게 볼지 궁금합니다. 여자가 보는 남자는? 모릅니다. 여자들이 그린 그림이 없으니 알 수 가 없습니다.

아무튼 남자의 속성이 이러했으니 옛날에 여자가 다리를 꼬아 종아리를 드러내면 어떠했 겠습니까!

미인을 가리키는 한자의 사자성어에 장교미인(長姣美人)이란 말이 있습니다. 인터넷에 보면 다들 "키가 크고 얼굴이 아름다운 여인"이라 풀이하고 있지만 불완전합니다. 교(姣)가 빠졌습니다. 장교미인은 다리를 꼬고 있는 키 큰 미인입니다.

그럼 여자가 다리만 꼬면 미인이 되나요? 그에 대한 확답은 못하겠습니다. 혹 여자가 다리를 꼬면 남자의 관심을 끌려는 모양이라고 남자들이 착각하는 것인지도 모르고 일부 여자들이 이를 이용하는지도 모릅니다. 그렇더라도 남자들이 그렇게 믿는 것은 사실로 보입니다. 남자들이 교(姣)에 '아리땁고 요염할' 뿐 아니라 '음란하다'라는 훈까지 붙인 것을 보면 말입니다.

아리따울 교(姣)

교(姣)는 교(姣)의 옛 글자입니다. 교(姣)에는 교(交)가 들어 있지 않습니다. 오로지 여자를 겹쳐 그렸을 뿐입니다. 다만 겹쳐 그리되 가로가 아니라 세로로 겹쳤습니다. 그런데 이 글자가 어떻게 다리를 꼬고 있는 '아리따울 교, 음란할 효(姣)'의 옛 글자가 되었을까요?

여(女) 자를 가로로 나란히 그리면 난(奻)이 되는데 이 글자는 '송사할 난'입니다. 여자 둘이 붙어 있으니 문제가 생긴다는 경험에서 우러난 그림입니다. 그러나 여자를 세로로 겹쳐 그리면 전혀 뜻이 달라집니다. 위의 여자는 여자고 아래 여자는 여자의 다리가 됩니다. 다리만으로 또 다른 여자가 되는 것입니다.

여자의 신체 중 소중하지 않은 부위가 어디 있겠습니까만 이처럼 다리는 아주 특별한 위상을 지니고 있습니다. 여성을 가리키는 영어 피메일(female)은 라틴어 페미나(femina)에서 비롯했는데 페미나(femina)의 원형인 페무르(femur)는 허벅지입니다. 서양에서도 여성의 다리를 여성과 동일시했음을 알 수 있습니다. 그렇기에 여성이 다리를 드러내는 것은 곧 알몸을 드러내는 것에 다름없었습니다. 효(姣)와 교(姣)가 아름다우면서도 음탕하다는 뜻을 갖는 이유입니다.

그런 여자의 다리가 어느 날 갑자기 수천 년의 침묵을 깨고 세상 사람들 앞에 나타났습니다. 마를레네 디트리히와 마릴린 먼로의 다리였습니다. 여성의 각선미를 세상 사람들의 뇌리에 각인시킨 두 배우의 포즈를 보십시오.

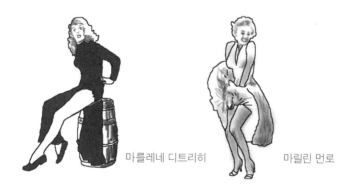

마를레네 디트리히   마릴린 먼로

여자는 다리만으로 성공할 수 있었습니다. 마를레네 디트리히는 한쪽 다리만으로도 충분했습니다.

"그러니 벗지 마라. 잡념 생긴다." 남자들의 생각입니다.
"내 다리 벗든 말든 뭔 참견이냐. 내 맘대로 하겠다." 여자들의 생각입니다.

어느 쪽이 옳은지 모르겠으나 분명한 것은 남자들 눈에 '여자는 다리만으로도 여자'라는 것입니다. 아니라고 여자들이 아무리 우겨봐야 소용이 없습니다. 남자가 여자를 모르듯이 여자도 남자를 모르니까요.

아리따울 교(嬌)

교(嬌)는 아리따운데 그냥 아리따운 것이 아니라 '요염하게 아리땁다'란 뜻을 가지고 있습니다. 어디가 그렇게 요염한지 보도록 하겠습니다.

교(嬌)의 오른쪽에 있는 글자는 교(喬)로 그 뜻이 네이버 사전에 다음과 같이 실려 있습니다.

1. 높다 2. (높이) 솟다 3. 뛰어나다 4. 교만하다 5. 교활하다, 악랄하다

6. (마음이) 평온하지 못하다 7. 창, 갈고리 8. 위쪽으로 굽은 가지

사전의 풀이만 봐서는 이 글자의 어느 부분이 그토록 여자를 아리땁고 요염하게 만드는지 아리송합니다.

교(喬)는 자형으로 보나 '높다'라는 뜻이 맨 먼저 나오는 것으로 보나 일단 '높을 고(高)'와 연관이 있음을 알 수 있습니다. 그래서 우선 교(喬)와 고(高)의 옛 글자부터 비교해보겠습니다.

교(喬)의 금문   고(高)의 금문

두 글자가 비슷한데 머리 모양이 다릅니다. 교(喬)의 머리에는 고(高)에 없는 무언가가 달려 있습니다. 그 구체적인 모양이 교(喬)의 2번 금문에 나타나 있습니다. ⴒ라는 자형입니다. 이 그림은 止로 '그칠 지'입니다.

지(止)의 갑골문

지(止)는 발가락과 뒤꿈치가 모두 땅에 닿아 있는 모습으로 '멈추다'를 나타낸 그림입니다. 이런 그림을 그린 사람들은 천재였습니다.

교(喬)는 사람이 높은 집 꼭대기에 우뚝 멈춰 서 있는 모습입니다. 그렇다면 교(喬)가 '높다'라는 뜻 외에 '교만하고' 심지어 '악랄하다'란 의미가 들어간 이유를 어렴풋 알 것 같습니다.

'높을 고(高)'는 누각을 형상화한 글자입니다. 그냥 평범한 집보다 조금 높은 2층이나 3층짜리 집이 아닙니다. "서북유고루 상여부운제(西北有高樓, 上與浮雲齊)"*라는 시구가 있습니다. '서북지방에 높은 누각이 하나 있는데, 마치 하늘 위의 구름 같구나'라는 뜻입니다. 물론 과장이 섞였겠지만 그만큼 높은 개념입니다.

그 높은 곳에 올라가 발을 딛고 당당히 서 있으니 얼마나 잘났겠습니까? 그런 사람을 올려다보는 군중의 마음속에 어떤 생각이 일었을까요? 그 사람이 모두의 존경을 받는 인물이라면 당연히 '높다, 뛰어나다'는 생각이 들었을 테고 덧붙인다면 '우러러 볼' 염까지 생겼을 것입니다. 그런데 '우러러'가 아니라 '교만하다'란 의미가 추가되었습니다. 그렇다면 그 사람은 필시 뛰어나지만 질시의 대상이었음이 분명합니다. 왜일까요? 교(嬌)! 누각 위에 서 있는 사람이 여자였기 때문입니다!

누각 위의 여자라면 고관대작의 여자였을 것입니다. 당연히 미인이고 도도했겠지

---

* 동한의 작자 미상 작품들을 모아 양나라 소명태자 소통(蕭統 501~531)이 편찬한 《문선(文選)》에 수록됨.

요. 남자들에겐 선망의 대상이었지만 여자들에게는 질시의 대상일 뿐이었습니다.

교(嬌)는 콧대 높은 여자를 빗대 만든 글자입니다. 남자들은 바라만 봐도 정신 줄을 놓습니다. 오직 요염(妖艶)하고 아리땁다란 생각밖에 안 듭니다.

여자들은 다릅니다. '교활하다, 악랄하다, 마음이 편치 못하다'라는 생각이 불길 처럼 솟습니다.

세상을 대하는 남자와 여자의 마음이 이토록 다릅니다.

아리따울 요(妖)

남자를 홀리는 여자의 자태를 표현할 때 요염하다는 말을 씁니다. '요염(妖艶)'이란 단어에서 '염(艶)'은 '곱다'란 말이니 그렇다면 남자를 홀리는 것은 필시 '요(妖)'인 모 양입니다. 요(妖)를 보면 가장 먼저 떠오르는 단어가 뭘까요? 어린아이라면 요정(妖 精)이겠지만 성인이라면?

여자는 모르겠습니다만 남자라면 우선 요물(妖物), 요사(妖邪), 요부(妖婦) 따위의 단어부터 떠오르지 않을까 싶습니다. 덧붙이자면 이 세 단어의 주인공이 전부 여자 입니다. 요부야 당연하지만 요사, 요물은 단어 자체에 성별이 없음에도 불구하고 여 자 이미지만 떠오릅니다.

이런 이미지가 고착된 데는 그림을 오해한 데서 온 원인이 큽니다. 우선 우리가 알고 있는 요(夭)의 풀이부터 잘못되었습니다. 요(夭)를 네이버 사전에서 찾아보 면 '일찍 죽다'가 제일 먼저 나옵니다. 한참 뒤에 '어리다, 젊다'가 나오고 그 뒤에 '무성하다'란 뜻이 있습니다.

요(夭)의 갑골문   요(夭)의 전서

그러나 이 글자는 원래 '아리따울 요'였습니다. 갑골문을 보면 확실히 알 수 있습니다.

갑골문을 보면 '일찍 죽다'라는 이미지와는

거리가 멀어도 한참 멉니다. 보기만 해도 신이 납니다. 아이들이 뛰노는 모습, 춤추는 모습을 그렸습니다.

《시경》에 처녀가 시집가기 좋은 계절을 노래한 시가 있는데 "도지요요 기엽진진(桃之夭夭 其葉蓁蓁)"이란 글귀가 있습니다. '복숭아 꽃가지가 아이들이 뛰놀며 춤추는 것처럼 흐드러지니 그 잎이 무성하구나'라는 뜻입니다. 이것을 《시경》이 지어지고, 2천 년이나 뒤에 태어난 허신이 전서를 보고(이때는 갑골문이 자취를 감추고 없었다) 사람 머리가 꼬부라졌으니 아이가 일찍 죽은 것으로 풀이했는데 이것이 그 후 수천 년간 답습되고 있습니다. 그래서 사람들 머릿속에는 요(夭) 하면 요절(夭折)하다, 즉 '어려서 죽다'부터 떠오르는 것입니다.

'어려서 죽다'란 글자는 따로 있습니다. '일찍 죽을 요(殀)'입니다. 알(歹)은 죽은 사람의 뼈를 가리키고 요(夭)는 어린아이니 '일찍 죽다'가 되는 것입니다. 요(夭) 자체는 '일찍 죽다'는커녕 활기차고 즐겁기만 한 글자입니다. 요(夭)를 7개 세우니 아이돌 그룹이 따로 없습니다.

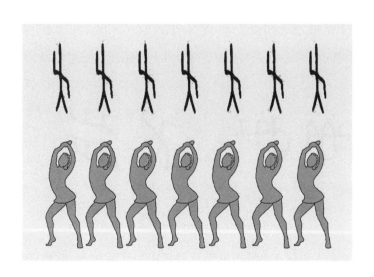

이런 요(夭)가 여자와 합쳐져 요(妖)가 되니 아름다운 여자입니다. 당연합니다. 그런데 세월이 흐르며 그 의미가 변합니다. 다 큰 여자가 어린아이처럼 남자 앞에서 까불며 춤을 춥니다. 다 큰 여자가 어린아이처럼 굴면 호불호가 양극으로 갈립니다. 사랑스러운 눈으로 보면 그처럼 앙증맞을 수가 없습니다. 깨물어주고플 정도로 예쁩니다. 그러나 싫은 눈으로 보면 세상에 그런 요사가 없습니다.

그런 여자가 있다면 당신 눈에는 어떻게 보이십니까? 요(妖)를 그린 사람 눈에는 요사스럽지만 요염하고 아리땁게 보였습니다. 그가 남자였기 때문입니다.

아무리 그래도 요(妖)는 좋게만 쓰기에는 찜찜한 구석이 있습니다. 렌야오[人妖, 인요]는 요괴를 가리키는 말이지만 요즘은 트랜스젠더를 가리키고 광둥어에서는 지우(妖)가 욕으로 쓰이고 있기 때문입니다. [아주 심한 욕은 아니고 여자들 사이에서 가볍게 사용한다.] 아리땁고 활기찬 어린아이[夭]가 여자 옆에 선 것만으로[妖] 요사스럽고 이상한 의미를 갖는 것을 보면 입맛이 씁니다.

아첨할 미, 예쁠 미(媚)

미(媚)는 '아첨할 미, 예쁠 미'라고 풀이되어 있습니다. 하지만 그렇게 간단히 넘어갈 글자가 아닙니다. 미(媚)는 아래에서 보듯 여자의 눈썹[眉]을 강조한 글자입니다.

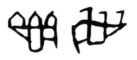

미(眉)의 갑골문

미(眉)의 금문

그런데 이 눈썹이 평범한 눈썹이 아닙니다.

미(媚)는 주술 능력을 강화하기 위해 눈 주위와 눈썹을 요란하게 치장한 무녀의 눈입니다. 보기만 해도 섬뜩합니다.
이런 눈썹을 하고 있는 여자를 이해
하려면 알아야 할 글자가 있습니다.
고(蠱)입니다.

(출처: 바이두)

　남자에게 가장 치명적인 여자는
어떤 여자일까요? 매혹적인 여자?
유혹적인 여자? 고혹적인 여자? 그렇습니다. 고혹적인 여자입니다. 이유가 있습니다.
고혹이라는 말에 쓰인 고(蠱) 때문입니다. 이 고(蠱)가 아주 무서운 글자입니다.

　옛날에 전쟁이 일어나 전투가 벌어지면 쌍방이 맨 먼저 내세우는 인물은 장수가
아니라 무녀였습니다. 이 무녀가 미(媚)였습니다. 미(媚)라 불린 무녀들은 주문을 통
해 아군에게는 신의 가호를, 적군에게는 신의 노여움을 빌었습니다. 무녀의 언동에
따라 피아간의 사기가 좌우되었기 때문에 이들 간의 기 싸움은 승패를 가름할 만
큼 중요했습니다. 때문에 무녀들은 서로 상대방에게 증오의 제1호 표적이 되어 패자
측의 무녀는 맨 먼저 목이 달아났습니다.
　평시에 이 무녀들은 여러 가지 일을 했는데 그중 하나가 남에게 저주를 거는 것이
었습니다. 이때 행하는 주술을 미고(媚蠱) 혹은 고(蠱)라 했습니다.

뱃속벌레 고(蠱)

고(蠱)는 여러 마리 '벌레 충(蟲)'과 '그릇 명(皿)'으로 이루어진 글자입니다. 고충(蠱
虫)을 줄인 말입니다. 고는 주술을 걸기 위해 만든 벌레인데 만드는 방법은 지역마
다 조금씩 다릅니다. 가장 유명한 것은 귀주성 주변에 분포한 묘족이 토속 주술에
서 사용하는 방법입니다.

묘족이 부리는 고충에는 13가지가 있는데 그중 하나인 감고(疳蠱)를 만드는 방법을 보면 우선 독사, 꿀벌, 쥐, 애벌레, 두꺼비, 거미, 전갈, 조개 등을 포함한 12종류의 독충 100마리를 한 병에 넣습니다.

벌레와 용기를 그린 고(蠱)

저마다 필살의 무기를 지닌 독충들이니 사이좋게 지낼 리 만무합니다. 서로 잡아먹느라 난장판이 벌어집니다. 열흘쯤 지나면 마침내 살아남은 최후의 승자 한 마리가 독충의 시체 더미를 헤집고 몸을 드러냅니다. 피부가 온통

금잠고 (출처: 바이두)

황금색으로 변한 누에 모양의 독충, 가장 무서운 고충, 이른바 금잠고(金蠶蠱, 황금 누에)*입니다.

이렇게 만든 고충을 가지고 무녀가 미고라는 의식을 펼칩니다.

미고(媚蠱)

미고를 하는 순서는 이렇습니다. 고(蠱)가 생기면 오동나무로 작은 인형을 만든 다음 그 위에 저주받을 사람의 이름과 생년월일시를 쓰고 저주를 퍼붓습니다. 그런 뒤 고를 저주받을 사람의 거처 근처에 풀어놓습니다. 그러면 미(媚)는 이 고를 통해 저주받을 사람의 영혼을 통제하거나 고통을 주었습니다.

고의 일종인 삼시고(三尸蠱)같은 경우 이 벌레가 저주받은 사람의 몸 속에 들어가면 그 사람의 정기와 피를 빨아 먹고 독창이 나며 경련을 일으켜 결국 죽음에 이르

---

* 책머리에 참고 사진 수록

게 한다고 합니다.

고는 바람을 타고 날아다닌다 하여 풍고(風蠱)라고도 합니다. 풍고의 접근을 알아내는 것이 개입니다. 개는 냄새로 풍고의 존재를 감지했습니다. 그래서 옛날 사람들은 집에 꼭 개를 길렀습니다. 그래도 미심쩍으면 굿을 했습니다.

우리나라 무속에 굿을 할 때 매듭진 천을 푸는 행위가 있습니다. 고(苦, 고생)를 푼다고 하는데 고(蠱), 즉 저주를 '풀다'의 발음을 가차해 생긴 의식입니다.

이처럼 고를 써서 사람의 영혼을 통제하는 여인이 미(媚)입니다. 아첨이나 하고 예쁘기만 한 여자로 대충 넘길 여자가 아닙니다. 미혹(迷惑)하는 여자, 현혹(眩惑)하는 여자, 매혹(魅惑)적인 여자가 아무리 많아도 고혹(蠱惑)적인 여자 한 명 당해내기 힘듭니다. 고혹적인 여자는 치명적인 여자, 팜므 파탈(femme fatale)입니다. 아주 무서운 여자입니다.

그래서 '뱃속벌레 고(蠱)'는 '요염하다'는 또 다른 훈을 갖고 있습니다. 고(蠱)의 정체를 모르고서는 절대 이해할 수 없을 것입니다.

지금도 여자들은 눈썹 치장에 지극 정성을 다합니다. 남자들의 영혼을 조종하려는 무녀의 디엔에이(DNA) 탓입니다. 이제 '눈썹 미(眉)'의 금문을 다시 보니 소름이 끼칩니다.

미(眉)의 금문　　　　　현대의 이모티콘

이런 여자가 남자를 유혹합니다. 남자가 어떻게 저항합니까? 이쯤 되면 불쌍한 자가 여자인지 남자인지 모르겠습니다.

여자는 질투한다

질(嫉,姐), 투(妬, 妒), 해(妎, 嬌), 모(媢), 오(娛), 우(媢), 처(嬩), 흑(嬊), 면(嫇)

남자들은 여자와 질투를 불가분의 관계라고 생각합니다. 아예 질투를 여자와 동일 시하는 남자도 많습니다. 여자들 스스로도 어느 정도 인정하는 것 같습니다. 정말 그럴까요?

질투에는 남녀 구분이 없습니다. 그런데 질투로 야기되는 양상에 남녀가 차이를 보입니다. 여자 간의 질투에는 사이에 남자가 낍니다. 많은 경우, 그 남자가 중재를 위해 애를 씁니다. 그러나 남자 간의 질투에는 중재자가 없습니다. 바로 피를 부릅니다. 그 점이 다릅니다. 남자에게는 꿩의 본성이 있어서 그런지 모릅니다.

꿩은 모성애가 대단해서 산불이 났는데 어린 새끼가 도망치지 못하면 어미 꿩이 함께 죽습니다. 또 암수의 정분도 두터워 한국인들이 좋게 생각하는 새 중 하나입니다. 그런데 이런 꿩도 자웅 간에 차이가 있으니 바로 수꿩의 독점욕입니다.

하나의 산에는 암꿩이 몇 마리가 있던 수꿩은 한 마리밖에 없습니다. 일부다처제인 셈이지요. 이런 산에 다른 수꿩이 침입하면 수컷끼리 혈투를 벌립니다. 한쪽이 도망가지 않으면 한쪽이 죽거나 양쪽이 다 죽어야 끝이 납니다.

인간사회도 비슷합니다. 한 여자와 두 남자는 공생이 불가능합니다. 그래서 남자들 간의 질투는 피를 부릅니다. 셰익스피어의 희곡 《오셀로》를 보십시오. 이야고의 이간질에 넘어간 오셀로는 결국 모두를 피바다로 몰고 갑니다. 셰익스피어는 이야고의 입을 빌어 질투의 모습을 이렇게 그리고 있습니다.

질투는 흉측한 눈매를 한 괴물로 사람의 심장을 날로 먹는데 먹기 전에 찢고 발기고 이죽거리며 실컷 즐기는 놈이다.

그래서 남자들은 여자와 관련된 시기, 질투를 본능적으로 두려워합니다. 생명을 걸어야 할 일이 생기기 때문입니다. 남자는 어떤 여자가 마음에 드는데 그 여자가 다른 남자를 좋아하면 그 남자를 질투하는 대신 그 여자에 대한 정을 끊습니다. 다른 남자가 자기보다 뛰어나면 굴복하든지 피합니다. 목숨이 아깝거든요. 이것이 대체적인 남자들의 습성입니다. 이럴 때 남자들은 질투를 가장 비열한 능력에 알맞은 경쟁의식 아니면 사랑의 어두운 이면으로 비꼬아 스스로를 변호합니다.[*]

물론 여자가 끼지 않아도 남자끼리 질투한 예는 많습니다. 편작은 전국시대 제나라 출신의 의술인으로 고금에 유례가 없는 명의로 평가받는 인물입니다. 인품 또한 흠잡을 데 없어 만인의 존경을 받았는데 그만 횡사하고 맙니다. 자기보다 뛰어난 편작을 시기한 당시 진나라의 태의 이혜가 자객을 보내 죽인 것이지요. 이처럼 남자의 질투는 대개 사회적인 위치와 관련된 경우가 대부분입니다.

두 남자를 나란히 놓은 그림에 '견줄 비(从)'와 '나란히 병(竝)' '나란히 갈 반(竝)'이 있습니다.

비(从)의 갑골문   병(竝)의 갑골문   반(竝)

'견줄 비(从)'는 나중에 비(比)가 되었습니다. 비(从)와 병(竝)은 남자 둘입니다. 이

* A. 비어스, 《악마의 사전》.

두 남자를 상투에 동곳을 꽂은 '지아비 부(夫)'로 대치시킨 것이 '나란히 갈 반(竝)'인데 이 글자는 디지털 사전에서 사라지고 옛 사전에만 남아 있습니다.

아무튼 남자 둘이 함께 있으면 일단 네가 크냐 내가 크냐 대봅니다. 상대방이 나보다 크면 어쩔 수 없습니다. 인정하고 돌아섭니다. 별 질투심이 일지 않습니다. 질투해서 될 일도 아니고 정 같이 있기 싫으면 떠나면 그만입니다. 그래서 학창 시절의 친구들을 보면 대개 키들이 고만고만합니다. 그러나 둘이 엇비슷해 손을 잡으면 평생을 함께할 병(竝)이나 반(竝)이 됩니다.

그런 두 남자 사이에 여자가 끼면 약간 복잡해집니다. 그러나 대개의 경우 오래 가지 않습니다. 누군가가 물러납니다. 그러면 끝입니다. 두 남자 사이의 우정은 별로 영향을 받지 않습니다. 여자는 여자고 남자에게는 각자 자기의 삶이 있기 때문입니다.

여자도 그럴까요? 오른쪽은 동파문의 쟁초(爭吵)라는 단어입니다. 여자 둘이 나란히 있습니다. 주고받는 말이 살벌합니다. '말다툼하다'라는 뜻입니다.

한자에도 여자 둘을 함께 쓴 글자가 있습니다. 교(姣)

동파문의 쟁초(爭吵)

의 옛 글자인 교(姣)와 난(奻)입니다. 교(姣)는 여자를 세로로 겹쳐 썼습니다. '아리따울 교'입니다. 위에서 설명했습니다. 여자를 가로로 나란히 쓴 것은 난(奻)인데 아름답거나 유혹적이라는 뜻과는 전혀 거리가 멉니다. 동파문의 쟁초와 같습니다. '송사할 난'입니다. 여자 둘이 함께 있으면 재판할 일이 생긴다는 뜻입니다. 남자 둘이 함께 있는 경우와는 전혀 다릅니다. 한 남자와 연관된 두 여자가 우정을 지속한다? 고양이가 개를 사랑한다, 라는 말이 더 개연성이 높습니다. 왜 그럴까요?

여자는 남자가 딴 여자를 더 좋아한다고 해서 휙 돌아앉아 무심할 수가 없습니다.

남자의 관심이 멀어지면 삶이 고달파집니다. 그렇다고 딱히 갈 곳도 없습니다. 그렇다면 살기 위해서라도 남자의 관심을 내 쪽으로 돌려야 합니다. 사랑 문제가 아닙니다. 인생이, 목숨이 걸린 문제입니다. 때문에 여자 사이의 질투는 간단하지가 않습니다. 남자가 딴 여자에게 눈길을 주면 눈에서 불이 납니다. "여자의 시샘으로 쏘시개에 불을 붙인다"라는 우리 속담이 공연히 생긴 것이 아닙니다. 여자의 질투는 남자가 상상할 수 있는 범주를 초월합니다.

이러한 여자의 질투가 어떠한지는 중국 서태후의 예를 능가할 만한 것이 없지만 너무 끔찍해 차마 입에 담기조차 두렵습니다. 대신 조선조 후기 작품으로 서유영이 지은 《금계필담(錦溪筆談)》에 실린 한 부인 이야기를 옮깁니다.

> 신부가 유달리 투기심이 강하다고 들은 바 있는 한 선비가 결혼식 다음 날 신부의 마음을 떠볼 요량으로 술 따르는 계집종의 손목을 만졌다. 잠시 후 책을 읽고 있는 선비에게 신부가 상자 하나를 건넸다. 그 안에는 계집종의 잘린 손목이 들어 있었다.

이런 글도 있습니다.

> 전 교서감 왕미가 그 종을 간통하니, 아내가 질투하여 죽여서 길 옆에다 버렸다. 형조에서 죄주기를 청하니, 미가 아내를 데리고 도망하였다. 임금이 명하여 직첩을 거두게 하였다.*

이런 분란이 《조선왕조실록》에만도 수없이 등장합니다. 여자의 질투는 여간 성가

---

*《태조실록》 12권, 태조 6년 7월 25일.

신 문제가 아니었습니다. 그래서 남자들은 여자로 하여금 질투를 못 하게 하려고 별별 수단을 다 강구합니다. 질투하는 여자에게 가혹한 형을 가합니다.

남녀가 음탕하고, 부인이 강샘을 하면 모두 죽인다. 특히 강샘을 증오한다.

《삼국지》〈동이전〉에 기록된 부여의 법조문 중 한 구절입니다. 실제로 고구려 중천왕은 본처를 질투하는 미녀 관나부인을 가죽 부대에 넣어 바다에 버렸다는 기록이 남아 있습니다.[*]

질투는 아내를 쫓아낼 수 있는 7가지 죄[七去之惡 칠거지악] 가운데 불효, 무자식, 부정에 이어 무려 네 번째 자리에 오릅니다.

그러나 남자들이 이런 형벌이나 도덕률을 만든 것은 나중 일이고 글자를 만들 때부터 여자의 질투는 병이요 죄악이라고 여자들에게 낙인을 찍었습니다.

질투는 한자로 '嫉妬'라고 씁니다. '미워할 질(嫉)'에 '샘낼 투(妬)'입니다.

미워할 질(嫉, 姐)

질(嫉)은 여자와 '병 질(疾)'을 합쳐 만들었습니다. 다른 여자를 미워하는 것은 질병이라고 아예 대못을 박았습니다.

남자들이 그렇다고 하니 여자는 질투심이 병인 줄 압니다. 애당초 진단이 잘못되었으니 이 병이 치료될 리 없습니다. 그래서 여자들 세계에서 질투는 영원한 고질병이 되었고 남자들은 그런 여자를 나무랐습니다. 적반하장도 이런 경우는 없습니다.

이 글자가 더욱 악질적인 이유가 있습니다. 질(嫉) 대신에 질(姐)을 썼기 때문입니다.

---

[*] 《삼국사기》〈고구려 본기〉.

질(姪)을 보십시오. 여자와 '스스로 자(自)'가 함께 있습니다. 여자 스스로 자신은 딴 여자를 미워하고, 투기하는 여자라고 자백하고 있습니다. 그런 여자에게 돌팔매질을 했습니다. 문화혁명 당시 중국의 홍위병들이 기성세대들에게 똑같은 짓을 했습니다. 이런 것도 유전이 되는 것일까 봐 겁이 납니다.

디지털 사전에서는 질(姪)이 사라졌습니다. 《대한한사전》, 《한한최신대옥편》 등 옛 한한사전(漢韓辭典)에만 살아 있습니다.

샘낼 투(妒)

투(妒). 불쌍한 글자입니다. 투(妒)는 단순히 질투하는 여자를 가리키는 글자가 아닙니다. 투(妒)는 애당초 자식 못 낳는 여자를 그린 그림이었습니다. 《대한한사전》을 보면 '자식 없는 계집'이란 훈이 맨 먼저 나옵니다. '투기'는 그 다음입니다.

지금은 많이 달라졌지만 옛날에는 여자에게서 자식이 생산되지 않으면 전적으로 여자 탓으로 돌렸습니다. 현대 의학에서는 결혼한 부부의 약 15퍼센트 정도에서 불임 또는 난임 현상이 나타나고 그 원인 중 여자 쪽에 기인하는 비율은 대략 30~40퍼센트로 보고 있습니다. 말하자면 남자 쪽 원인이 더 크다는 말입니다. 하지만 옛날에는 자식을 못 가지면 무조건 여자 책임이었습니다. 밭이 돌밭이니 씨가 뿌리를 내리지 못한다는 논리였지요. 그것이 여자에 '돌 석(石)' 자를 붙인 '자식 없는 계집 투(妒)'입니다. 그래서 자식 못 낳은 여자를 속되게 석녀(石女)라고 불렀습니다. 석남(石男)은 눈 씻고 봐도 없습니다. 기름진 밭이지만 씨가 부실해 그럴 수 있다는 생각은 남자들의 머릿속에 아예 없었습니다.

이렇게 자식 없는 계집이 된 여자는 남편이 공공연히 다른 여자[첩] 데려오는 것을 쳐다만 봐야 했습니다. 남편의 첩은 시앗이라 했습니다. 시앗은 씨앗의 사투리입니다. 즉 첩은 남편이 자신의 씨를 내리기 위한 여자라는 말입니다. 본처는 자신이 자식 없는 계집이니 입이 열 개라도 할 말이 없었습니다. 자기 탓이라고 했으니까요. 그래도 끓어오르는 질투심은 어쩔 수 없었습니다. 본처와 첩 간의 암투, 질투의 시작입니다.

이를 방지하기 위해 남자들은 '자식 없는 여자(妬)'에게 질투하는 여자라는 두 번째 주홍글씨를 가슴에 새깁니다. 그리고 한 술 더 뜹니다. 투(妬)를 글자 그대로 해석해 질투하면 돌로 때려죽인다고 협박을 합니다.

투(妬)라는 글자를 보면 남자들이 만든 허상에 갇혀 있는 여자가 보입니다. 여자에게 찍은 가장 악질적인 낙인 중 하나입니다.

투(妬)

강샘할 투(妒)

'강샘할 투(妒)'는 투(妬)와 호환해 쓰입니다. 당초 뿌리가 같습니다. 호(戶)는 집입니다. 한 집에 본처와 첩이 함께 있으니 강샘 현상이 발생하는 것이지요. 그런데 질투하는 집 안에 여자만 보입니다. 원인은 남자인데 남자는 오간 데 없습니다. 이럴 때 가증스럽다는 표현이 생각납니다. 남자를 두고 하는 말입니다.

시기할 해(妎)

여자 옆에 붙은 글자는 '낄 개(介)'입니다.

개(介)는 사이에 '끼다'란 뜻으로 주로 쓰이나 원래 모습은 갑옷입니다. 사람 주변에 점들이 있습니다. 이 점들이 갑옷을 이루는 가죽 조각들입니다. 갑옷 입은 병사를 개사(介士)라 했습니다. 졸개(卒-)도 마찬가지입니다. 졸(卒) 역시 갑옷 모양을 본 뜬 글자입니다.

개(介)의 금문

그런데 가죽 조각을 꿰매 만든 이 갑옷이 입는다기보다 낀다고 하는 것이 적절할 정도로 뻣뻣했던 모양입니다. 일반 병사에게 지급되는 갑옷이니 제대로 무두질이 되었을 리 없어 그랬을 것입니다. 이런 갑옷을 입은 모습이 갑옷에 몸이 낀 것 같다는 데서 '낄 개(介)'라는 글자가 만들어졌습니다. 여기까지는 그런가 보다 하겠는데 여자가 옆에 붙어[妎] 시기하는 여자가 된 것은 왜일까요?

여자가 낀다는 이야기죠. 한 여자와 노는데 딴 여자가 끼어드니 시기한다는 것입니다. 시기함은 질병이고 돌로 쳐 죽인다고 했으니 함부로 끼어들지 말라는 경고가 들어 있습니다. 지금은 사라졌지만 옛 사전에는 해(妎)와 같은 글자로 여자 옆에 '해로울 해(害)'를 쓴 글자도 보입니다.

시기할 해(妎)

여자 옆의 글자는 '해로울 해(害)'입니다. '해롭다. 방해하다'란 의미로 쓰이는데 자체로 '투기하다'라는 뜻도 가지고 있습니다. 이 글자를 여자 옆에 붙여 질투 때문에 남자의 욕심을 방해하면 해로운 여자가 된다고 경고하고 있습니다.

강샘할 모(媢)

모(媢)는 '강샘할 모'입니다. 여자 옆에 붙은 글자 '冒'는 '무릅쓸 모'입니다. 모(冒)가 이런 뜻을 가진 이유는 눈[目 목]을 쓰개[冃 모]로 덮었기 때문에 앞이 안 보여서입니다.

위가 쓰개고 아래가 눈입니다. 위에 있는 ⌒ 쓰개 모(冃)를 단순히 모자로 풀이하면 해석이 곤란해집니다. 이는 옛날에 모(冃)가 '모자 모(帽)'와 같은 글자였다는《설문해자》의 해석 때문인데 모자가 눈을 가려 앞이 안 보인다고 하는 것은 좀 어색합니다. 이 쓰개는 눈 부위만 뚫은 복면 같은 것으로 방한용품이

모(冒)의 금문

었습니다. 눈보라 속에서 이런 쓰개를 쓰고 험한 길을 가다 강풍에 자칫 쓰개가 내려와 시야가 막히면 졸지에 위험을 무릅써야 하는 상황에 처하게 됩니다. 그래서 모(冒)에 '무릅쓰다'라는 뜻이 들어갔습니다.

모(媢)를 보면 이런 모(冒)가 여자 옆에 붙어 있습니다. 어떤 여자일까요? 온갖 난관을 무릅쓰고 앞으로 전진하는 여성일까요? 유감스럽게도 아닙니다.

모(媢)는 '강샘할 모'입니다. 시샘도 그냥 시샘이 아니라 몹시, 지나치게 시샘한다는 강샘하는 여자입니다. 쓰개가 눈을 가리듯 질투에 눈이 멀어 막무가내로 강짜를 부리는 여자를 가리키는 글자입니다.

질투할 오(嫯)

오(嫯) 역시 여자의 질투를 뜻하는 글자입니다. 이처럼 질투를 뜻하는 글자가 많은 것을 보면 여자의 질투는 남자들에게 진짜 골치 아팠던 모양입니다. 아무튼 오(嫯)라는 글자의 여자 옆에 붙은 것은 '깊을 오(奧)'입니다. 이 글자를 여자 옆에 붙여 질투라는 글자를 만들었습니다. 여자의 마음속 깊은 곳에는 질투심이 자리 잡고 있다는 말입니다. 그러면서 여자들에게 가르칩니다. "오(奧)는 흐리다는 뜻도 갖고 있다. 질투심은 마음 깊은 곳에 있어 흐릿하니 잘 안 보인다. 스스로 깨닫기 어렵다. 그러니 남자가 그렇다고 하면 잔말 말고 그런 줄 알아라"고 세뇌하고 있습니다.

투기할 우(媀)

우(禺)는 '긴꼬리원숭이 우'입니다. 중국 사람들은 긴꼬리원숭이를 가장 사람 흉내 잘 내는 동물로 꼽습니다. 그래서 상대가 하는 것이라면 뭐든지 따라 하고픈 사랑하는 사람의 마음을 담아 만든 글자가 사람인변(亻)을 붙인 '짝 우(偶)'입니다. 결혼 상대를 가리키는 단어, 배우자(配偶子)로 우리에게 익숙한 글자입니다.

그런데 이런 우(禺)에 여자가 붙으면 갑자기 '투기할 우(媀)'로 변합니다. 남편의 사랑을 받는 첩이 하는 짓을 그대로 따라 하는 본처의 행동을 투기심의 발로로 보고 비웃은 것입니다. 여자는 불쌍하고 남자는 잔인합니다.

질투하는 여자를 폄하하는 글자가 또 있습니다. 처(婼)입니다.

시기할 처, 교만할 저(婼)

여자 옆에 있는 글자는 '모질다, 사납다'란 뜻을 가진 '모질 차(虘)'입니다. 왜 모진지 보겠습니다.

윗부분은 호(虍)로 호랑이고 아래는 '또 차'로 도마 또는 제사상 위에 고기를 쌓은 모습을 그린 것입니다. 고기를 '쌓

차(虘)의 갑골문

고 또 쌓다'란 뜻에서 '또'라는 의미를 갖게 되었습니다. 그러니 '모질 차(虘)'는 호랑이가 사냥한 짐승의 고기를 먹는 또는 지키는 모습입니다. 아무리 순한 개도 먹이를 먹을 때 건드리면 송곳니를 드러냅니다. 그러니 사냥한 고기를 지키는 호랑이가 얼마나 모질고 사나울지는 상상하기 어렵지 않습니다.

시기하는 여자가 얼마나 모질게 보였으면 여자 옆에 먹이를 쥔 호랑이를 갖다 붙였겠습니까. 여자는 또 얼마나 마음이 상했으면 그렇게 모질어졌겠습니까.

이 글자에 '교만하다'란 뜻도 있는 것을 보면 아마 시기하는 여자가 본처였던

모양입니다. 이렇게 질투심에 불타는 여인의 모습을 그린 또 다른 글자가 흑(嬲)입니다.

성낼 흑(嬲)

흑(黑)은 '검다'입니다. 원래 묵형(墨刑)을 한 죄인의 모습을 그렸습니다. 묵형은 중국에서 시작되었는데 죄인의 이마나 팔뚝에 먹으로 죄명을 새기는 형벌입니다.

처음에는 얼굴에 선을 그렸다가(갑골문) 세월이 흐르자 양 뺨에 먹물을 입혔고(금문 1) 나중에는 얼굴 전체와 몸에까지 먹을 입혔습니다.(금문 2)

흑(黑)의 갑골문   금문 1   금문 2   전서

갑골문과 금문을 보지 못하고 전서만 참조한 허신은 흑(黑)을 "아궁이에 불을 때면 연통으로 연기가 나가면서 그을리게 되고, 그렇게 그을린 부분의 검은 색깔을 뜻하는 글자[火所熏之色也(화소훈지색야)]"라 했습니다. 얼굴을 창문, 몸통을 불로 본 것이지요. 허신이야 그랬다지만 아직도 허신의 설을 따르는 사람들이 많으니 할 말이 없습니다.

이렇게 얼굴과 몸에 묵형을 당한 죄수에 비견된 여자를 그린 것이 흑(嬲)입니다. 질투심으로 성이 나 얼굴이 흑색이 되었다는 말입니다.*
얼굴이 흙빛이 되도록 성이 가득 찬 여인. 뭐라 다독일 말이 없습니다.

---

* "嬲, 因嫉妒而发怒(흑, 인질투이발노), 질투로 성이 나다", 〈한전〉.

눈매 예쁠 면(姡)

사전에서 면(姡)의 뜻을 찾으면 첫째가 '눈매가 예쁘다'입니다. 그런데 이어지는 뜻이 '투기하다' '강샘하다'입니다. 눈매 예쁜 여자는 투기를 한다는 것인지 아니면 눈매 예쁜 여자를 딴 여자들이 질투한다는 이야기인지, 그것도 아니면 눈매 예쁜 여자가 특별히 질투심이 강하다는 것인지 얼핏 구분이 안갑니다.

면(面)은 얼굴입니다. 그런데 면(面)의 갑골문을 보면 달랑 눈만 그려져 있습니다. 얼굴에는 이마부터 눈, 코, 입, 귀, 어느 것 하나 소중하지 않은 것이 없건만 오직 눈만 그려 얼굴이라 했습니다. '눈 목(目)'과 '얼굴 면(面)'은 어떻게 다를까요?

목(目)의 갑골문   면(面)의 갑골문

목(目)의 갑골문을 보면 눈과 눈동자만 그려져 있는 반면 면(面)은 눈과 눈동자 외에 눈 가장자리, 특히 눈꼬리가 강조되어 있습니다. 즉 목(目)은 단순히 눈의 형태를 그린 것임에 반해 면(面)은 좀 더 복잡한 감정 표현을 나타내고 있습니다.

참고로《설문해자》를 지은 허신은 면(面)을 눈과 얼굴 윤곽이라 했지만 갑골문을 보지 못한 상태에서 변형된 전서만을 보고 잘못 해석한 것이고 일부 학자는 가면을 쓴 얼굴로 보는데 갑골문 면(面)의 첫 번째 글자를 보면 수긍할 만합니다. 왼쪽을 가면으로 오른쪽을 뒤통수의 윤곽으로 본 것이지요. 그러나 이런 시각으로 면(面)을 보면 '얼굴'이라고 쓸 때는 무리가 없으나 '눈매'로 쓰기에는 어딘가 어색한 느낌이 듭니다.

면(面)은 눈과 눈의 표정을 나타내는데 쓰이는 부분들, 쌍꺼풀이나 눈꼬리, 눈두덩을 포함한 눈 주변 전부를 그린 것으로 얼굴의 표정은 눈에 담긴 감정으로 대변된다는 뜻을 가진 글자로 보는 것이 타당합니다.

얼굴은 '얼'이 깃든 '굴', 즉 영혼의 집이고, 그중에서도 눈은 얼이 세상과 교류하는 창문입니다. 그래서 지금도 눈은 마음의 창이라는 표현이 쓰이고 있습니다. 이런 눈으로 얼굴을 대표하는 글자를 만든 옛사람들의 발상이 놀랍기만 합니다.

그렇다면 눈을 강조한 면(面)과 여자가 합쳐졌으니 면(媔)은 여자의 눈매면 충분한데 '눈매 예쁠 면'이라는 대표 훈에서 보듯 '예쁘다'라는 의미가 들어가고 또 그 뜻에 '투기, 강샘하다'란 얼핏 엉뚱한 풀이가 들어간 이유는 무엇일까요? 남자들의 유아기적인 착각 때문입니다.

세상에는 강짜 부리는 처를 은근히 자랑하는 남자들이 의외로 많습니다. 처가 강짜 부리는 것을 자신에 대한 사랑이나 관심으로 착각하는 것입니다. 사랑과 강짜는 엄연히 다른 감정입니다. 강짜는 부부나 사랑하는 이성 간에 상대가 자기 이외의 다른 이성을 좋아할 때 생기는 강한 시기심입니다. 이처럼 강짜는 사랑하는 상대에 대한 의심이 전제된 감정입니다. 상대의 강짜를 자신에 대한 관심으로 착각하는 것은 강짜가 자신에 대한 신뢰도 하락을 암시하고 있음을 전혀 눈치 채지 못한 때문입니다. 한마디로 어리석어서지요.

어리석은 남자들이 이런 변형된 관심에 호감을 가집니다. 약자의 보상 심리입니다. 이런 남자들에게 투기하는 여자의 눈매가 예뻐 보인 것입니다. 면(媔). 이런 글자를 보면 남자가 부끄러워집니다.

그 외에 여(女) 자가 들어가지 않고도 질투를 뜻하는 한자가 있습니다. '강샘할 무(督)'입니다. 외(外)는 바깥이고 목(目)은 눈이니 눈이 정면을 향하지 않고 곁눈질하고 있는 모습입니다. 시앗을 바라보는 본처의 시선을 그렸는데 11세기 북송시대 학자인 오처후가 지은 《청상잡기(靑箱雜記)》에 처음 보인다고 한전에 올라 있습니다.

여자는 교활하다

매(媚), 활(姡)

여러 번 강조했지만 원시사회에서 여성은 매우 소중한 재산이었습니다. 중요한 노동 자원이었으며 인구 증식에 꼭 필요한 존재였기 때문입니다. 고대 그리스어인 헬라 어로 다말리스(δάμαλις[damalis])는 암소와 소녀란 두 가지 뜻을 갖고 있습니다. 시집 안 간 여자를 재물로 보았음을 알 수 있는 예입니다. 이런 여자를 확보하는 방법으로 초기에는 약탈혼이 유행했으나 점차 여자 측에 대가를 지불하고 데려오는 매매 혼이 일반화되었습니다.

이런 배경에서 만들어진 글자가 '약을 매(媚)'입니다. '약다, 교활하다'란 뜻을 갖고 있습니다. '살 매(買)'가 붙었는데 왜 '사온 여자'가 아니라 '약은 여자'라고 했을까 의문이 듭니다.

약을 매, 교활할 매(媚)

매(媚)가 사온 여자라는 것은 여자 옆에 붙은 매(買)를 보면 알 수 있습니다.

매(買)의 윗부분은 '그물 망(网=罒)'이고 아래는 '조개 패(貝)' 입니다. 즉 그물 가득 조개를 잡은 모양입니다.

매(買)의 갑골문

조개는 옛날에 화폐로 사용되었습니다. 따라서 매(買)는 '재 물을 그물에 담다', 즉 값어치 있는 것을 '사다'라는 뜻입니다. 그렇다면 매(媚)는 여 자를 사는 것인데 여기서 여자를 산다는 것은 매매혼과는 의미가 다릅니다. 말 그대로 여자를 상품 취급한 글자입니다.

여자의 가격은 일차적으로 여자의 노동력에 비례했는데 중국의 소수민족 중 하나인 두롱족은 여자의 체력에 따라 소 세 마리에서 열 마리까지 여자 값에 차등을 두었습니다. 동아프리카의 누엘족은 소를 지불하고 여자를 데려왔는데 자식을 얻지 못한 상태에서 이혼이나 사별을 하면 여자 측에 지불한 소를 되돌려 받았습니다. 자식이 하나면 일부 반환, 둘이면 반환을 요구할 수 없었다고 합니다. 이로 미루어 여자의 가치는 노동력과 자식 생산력에 좌우되었음을 알 수 있습니다.

우리나라에도 예전에 여자를 사고파는 관습이 있었습니다. 공양미 300석에 스스로 자신을 판 심청이야 지어낸 이야기라 해도 탐관오리의 수탈이 심했던 시절, 함경도 온성에서는 아들을 낳으면 정들기 전에 생매장을 하고 딸을 낳으면 이웃들이 모여 축복을 해주었다는 기록이 보입니다. 아들이 생기면 바로 병적에 올라 군포세라는 세금을 내야 했지만 딸은 오줌만 가릴 나이가 되면 남도 상인들이 비싼 값을 주고 사갔기 때문입니다. 이곳에 유배 왔던 유계가 지은 《시남집(市南集)》에 실려 있는 이야기입니다.

노동력이나 자식 생산 능력과 함께 나이와 미색이 중요해 16세 안팎의 여자로 미모가 뛰어나면 황소 한 마리, 20세 전후면 암소 한 마리, 못 생기면 절반 값인 송아지 한 마리가 오랫동안 일관되게 유지되어온 우리나라의 '딸 값'이었습니다.

딸을 파는 것은 대개 가난이 그 원인이었지만 그런 경우 외에도 미관말직이라도 얻고자 딸을 고관대작의 첩으로 들이거나 아비가 죄를 지으면 딸을 관기로 팔아 속죄의 제물로 쓰는 일도 적지 않았습니다. 한말 여인사의 한 페이지를 장식한 배정자도 아비의 죄를 사하고자 밀양 관아에 팔린 딸이었습니다.

그러나 여자가 상품화되는 가장 대표적인 경우는 전쟁입니다. 많은 부족들이 나라를 만들어 부대끼며 살았던 고대 중국에서는 크고 작은 전쟁이 하루도 끊이지 않았습니다. 전쟁에서 지면 남자들의 숫자가 급락하는 것도 문제였지만 여자들의 씨가 마르는 것이 더 큰 문제였습니다. 전쟁에서 이긴 쪽에서 쓸 만한 여자들을 싹 쓸이해갔기 때문입니다. 이렇게 끌려간 포로들을 되찾아오지 못하면 나라가 자연스럽게 쇠망하고 맙니다. 때문에 이렇게 잡혀간 포로들을 되찾아오는 일은 국가적으로도 중요한 사업의 하나였습니다. 전한의 유안이 지은 《회남자》〈도응훈〉 편을 보면 노나라에는 각국에 끌려간 자국의 부녀자들을 돈을 주고 사오면 상을 내리는 법이 있는데 공자의 제자 자공이 여러 여자를 사왔으면서도 상을 거부했다는 글이 남아 있습니다.

우리나라도 이처럼 끌려간 여자를 되사와야 했던 치욕적인 역사가 있으니 바로 병자호란입니다. 조선이 항복하자 청나라는 군대를 철수하며 소현세자 일행뿐 아니라 조선인 50만 명을 끌고 갔습니다. 고려 말부터 병자호란까지의 여러 난을 기술한 《비어고(備禦考)》를 보면 정약용은 60만 명이라고 주장했습니다.

당시 조선 인구에 대해서는 설이 분분한데 400만에서 1,500만 명까지 편차가 심합니다. 1543년 《중종실록》에는 416만 명이라고 나오는데 병자호란이 끝난 시점은 약 100년 뒤인 1637년이니 좀 더 인구가 늘었겠지만 그렇더라도 포로 50~60만은 조선의 남녀 구성비를 바꿀 만큼 엄청난 숫자였습니다.*

그런데 청나라가 포로로 노린 것은 양반집 여자들이었습니다. 비싸게 팔려는 속셈에서였지요. 청나라에 잡혀간 여자를 되돌려 받으려면 아무리 싸도 30냥, 일반적인 시세는 200냥 전후였으며 고관 집 딸은 1,500냥을 지불해야 했습니다. 조선 후기 1냥의 가치는 쌀 구매력으로 환산하면 대략 7만원 정도였습니다. 200냥이면

---

* 병자호란으로 인한 조선군의 전사자는 약 3만 명으로 인구 변화에 별 영향을 주지 않았다.

1,400만원, 1,500냥이면 일억 원이 넘습니다. 조선 중기라면 더 고가였을 수 있습니다.

끌려간 여자 중에 일부는 이러한 속전을 내고 돌아왔고 일부는 도망쳐 왔습니다. 그러나 고향 땅의 남자들은 이들을 철저히 외면했습니다. 남편들은 갖은 이유를 달아 이혼하고자 했으며 미혼녀들에게는 문중에서 은연중에 자결을 강요했습니다.

저간의 사정이야 어찌되었건 여성의 정조에 대한 남자들의 집착이 이러했습니다. 중국도 마찬가지였습니다.

황소의 난은 당나라 말기(875~884)에 일어난 농민 반란입니다. 874년 소금 밀매업자였던 왕선지와 황소가 소금에 매겨진 높은 세금에 불만을 품고 반란을 일으키자 그동안 정부의 학정에 시달리던 농민들이 합세, 삽시간에 중국 전역을 휩쓸었습니다. 당시 황제였던 희종은 쓰촨으로 달아나 간신히 목숨을 건졌습니다. 그러나 맹위를 떨치던 반란 세력은 884년 토벌군에 격파되고 황소 등은 목이 달아났습니다.

왕궁에 돌아온 희종은 누각에서 연회를 벌이며 반란군에 붙잡혀갔던 궁녀들을 심문했습니다. 조정의 은총을 받은 여자로서 어찌 적에게 굴복하여 몸을 더럽혔느냐는 것이었지요. 궁녀들이 사색이 되어 떨고 있는데 한 궁녀가 감연히 일어나 외칩니다. "적이 창궐하여 궁궐을 침범할 때 황제께서는 백만 대군을 갖고서도 막지 못하고 도망갔으니 어찌 우리들을 책망하십니까? 당시 투항한 왕족과 귀족, 그리고 장군들은 어찌하시렵니까?"

희종은 할 말을 잃고 부들부들 떨다 격노합니다. 궁녀들을 모두 시장터에 데리고 가 목을 치라고 명합니다.

시장터로 끌려가는 궁녀들에게 백성들이 눈물을 흘리며 술을 권했습니다. 조금이라도 고통을 덜라는 뜻이었지요. 그러나 황제에게 대든 궁녀는 술 한 방울 입에 대지 않고 의연하게 죽음을 맞았다고 합니다. 이런 나라가 잘될 리가 없습니다. 당나라는 희종이 죽고 채 20년도 못 가 멸망하고 말았습니다.

매(媒)를 보면 점철되어 있는 여자의 기구한 운명이 보입니다. 그런데 이 매(媒)가 사온 여자가 아니라 '약은, 교활한 여자'입니다.

사온 여자가 바뀐 환경에서 살아남으려면 얼마나 눈치를 봐야 했겠습니까? 살아남는다는 것이 얼마나 힘들었으면 약은 여자가 되었겠습니까? 이 글자의 또 다른 뜻이 '교활하다'입니다. 어쩔 수 없이 약게 살아가는 모습을 주위 사람들은 교활하다고 손가락질했습니다. 매(媒)가 사온 여자보다 약은 여자가 된 것이, 약한 여자보다 교활한 여자라고 낙인찍힌 것이 더 가슴 아픕니다.

이렇게 여자를 팔고 사는 오랜 습속이 현대에 들어 되풀이되고 있는 것은 아닌가하는 생각이 듭니다. 현대 중국의 차이리[彩禮, 채례] 문화를 보면 그렇습니다.

우리나라에도 혼인하는 양가 간에 오가는 예단이 있지만 중국처럼 심하지는 않은 것 같습니다. 중국에서는 돈이 없으면 아예 결혼이 불가능합니다. 차이리 때문입니다.

차이리는 결혼 예물로 신부 집에 주는 현찰인데 평균적으로 약 14만 위안(한화 2,400만원), 많으면 한화로 5천만 원에 이른다고 합니다. 중국 정부가 1978년 1가구 1자녀 정책을 시행하면서 극심한 성비 불균형 현상을 초래, 여자의 차이리가 천정부지로 치솟은 결과입니다.

이 차이리 때문에 온갖 사회 문제가 끊이지 않자 각 성에서 가이드라인을 제시하고 있으나 체면을 중시하는 문화 때문에 사회적인 합의에 이르기까지는 요원해 보입니다. 아래는 그런 가이드라인의 예입니다.

"신랑의 예물은 1만 위안(약 1,500달러)을 넘어선 안 된다." 중국 산둥성 이수이현(沂水县)이 최근 내놓은 혼수 풍습 개혁 방안입니다.[*]

---

[*] 《한국일보》 2020년 10월 23일자.

전문가들은 중국에서 태어난 1990년생 남자의 10퍼센트가 아예 결혼 자체를 못할 것으로 예상하고 있는데 실제로는 둘 중 한 명, 즉 50퍼센트의 미혼 남성이 결혼하기 힘든 것이 현실이라고 합니다. 여자들이 돈 많은 남자에게 편중되기 때문입니다. '돈 많은 남자라면 첩이라도 좋다'는 생각을 가진 여자들이 많아지면서 부익부 빈익빈 현상이 생긴 것이지요. 오죽하면 중국의 한 언론사가 "딸의 결혼이 부모의 최대 재테크"라고 비꼬았겠습니까.

여자[女]가 돈[貝]과 결부되면 정말 영악해지는 것일까요?

거짓 활, 교활할 활(姡)

여자 옆에 붙은 글자는 눈에 익습니다. 활발(活潑)하다고 할 때 쓰인 '활'이 떠오릅니다. 그래서 활(姡)을 활발한 여자를 그린 것이라고 짐작할 수 있겠습니다. 활발하다면 좋은 뜻이지요? 그러나 천만에 말씀입니다. 여자라는 글자 자체를 다소곳이 꿇어앉은 모습으로 그린 남자들이 여자의 활발함을 칭찬했을 리가 없습니다.

이 글자의 훈은 뜻밖에도 '거짓 활, 교활할 활'입니다. 이런 훈이 붙은 것은 여자 옆에 붙은 설(舌) 때문입니다. 설(舌)은 혀입니다. 이 혀를 옛사람들이 어떻게 그렸나 보겠습니다.

갑골문   금문   초계간백   설문

아래에 있는 ∀은 입이고 위에 있는 것은 혀입니다. 그런데 혀가 두 갈래로 갈라져 있습니다. 뱀의 혀입니다.

사람의 혀는 평소에 잘 드러나지 않습니다. '혀' 하면 헐떡거리는 개 혓바닥이 연상되기 쉽지만 그래도 제일 먼저 떠오르는 것은 뱀의 날름거리는 혀입니다. 그래서 옛사람들도 혀를 대표하는 이미지로 뱀의 혓바닥을 골랐습니다. 갑골문과 금문에 보이는 점을 혹자는 '튀는 침'으로 보고 혹자는 '독'으로 봅니다만 뱀의 혀를 그렸으니 독이 맞습니다.

혀의 기능이 무엇인가요? 뱀이야 혀로 냄새까지 맡는다지만 사람의 경우는 '맛보다'와 '말하다'입니다.

이 글자가 '맛보다'로 쓰이는 경우는 대개 '핥다'의 뜻을 가집니다. 舐(핥을 지), 餂(핥을 첨), 舓(핥을 지), 舑(핥을 지), 狋(핥을 시), 咶(핥을 시). 많기도 합니다. 중국이 오랫동안 수많은 작은 나라들로 쪼개져 각자 마음에 드는 글자를 쓴 결과입니다.

다른 하나는 '말하다'로 쓰이는 경우인데 말에도 종류가 있습니다. 말씀을 가리키는 글자는 '말씀 언(言)'이고 이 말씀을 동사화한 것이 '말씀 화(話)'와 '말씀 설(說)'입니다. 하나에는 뱀의 혓바닥[舌]이 붙었고 다른 하나에는 '기쁠 열(兌, '바꿀 태'로도 쓰인다)'이 붙었습니다. '말씀 화(話)'보다 '말씀 설(說)'의 위상이 높은 것을 알 수 있습니다. 그래서 예로부터 단순히 말하는 사람은 화자(話者)라 하고 말로서 남을 설득하는 사람은 세객(說客)이라 구분했습니다.

말(話)이 많으면 어쩐지 경박하고 속임수를 쓰는 듯한 느낌을 줍니다. 말 많은 사람의 말을 '썰'이라 하고 이런 사람이 말을 하면 썰을 푼다고 합니다. 땅꾼이 뱀 자루를 풀어 뱀의 혓바닥이 쏟아져 나오듯 한다는 말입니다. 발음 때문에 설(說)이 오해를 받고 있습니다. '썰'은 화(話)를 가리킵니다. 설(說)이 아닙니다. 설(說)이 억울합니다.

'말씀 언(言)'과 하나의 혀(舌)가 합쳐져 지금과 같은 화(話)로 된 것은 나중 일이고 처음에는 활(䚗)로 썼습니다. 뱀의 혓바닥을 무려 세 개나 겹쳐 썼습니다.

썰=화(話)　　　　활(䚗)　　　　활(姡)

그런 '썰'을 여자 옆에 붙였습니다. 그렇게 여자는 '거짓되고 교활하다'라고 낙인 찍었습니다. '활(姡)'입니다.

남자들은 이 글자를 내세워 여자가 입을 열면 교활한 거짓말이나 하니 입을 다물라고 윽박질렀습니다. 교육의 이름으로 세뇌시켰습니다.

그렇게 교육받은 여자들은 활(姡) 앞에서 스스로 부끄럽고 열등한 존재가 되어 입을 다물었습니다. 수천 년을 그렇게 살았습니다. 지금이라고 여자들의 입이 완전히 열렸는지 모르겠습니다.

글자! 참으로 무섭습니다. '간사하고 거짓되다'의 대표적 글자인 간(奸)은 이번 장의 〈여자는 간사하다〉 편에서 따로 다루었습니다.

여자는 음란하다

음(婬), 탕(婸), 일(妷), 설(媟), 부(姄)

'음란하다'를 네이버 국어사전에서 찾아보면 "음탕하고 난잡하다"라고 나옵니다. '음탕'을 찾아보면 "음란하고 방탕하다"라고 합니다. 음란과 음탕을 주거니 받거니 뭐가 뭔지 모르겠습니다. 그래서 '방탕'을 찾아보니 "주색잡기에 빠져 행실이 좋지 못하다"라고 되어 있습니다. 그렇다면 '음란하다'가 '주색잡기에 빠져 행실이 좋지 못하다'란 이야기인가 본데 뭔가 부족합니다. '행실이 좋지 못하다'란 말이 풍기는 범위가 너무 넓게 느껴져서입니다. 《국어대사전》을 찾아보니 "음란하고 난잡하다"라고 실려 있습니다. '난잡하다'란 단어가 새롭게 들어 있습니다. 그래서 '난잡하다'를 찾아보니 "행동이 막되고 문란하다"랍니다. '문란하다'는 "도덕, 질서, 규범 따위가 어지럽다"랍니다. 찾아볼수록 오히려 머리가 어지럽습니다. 여러분은 '음란하다'가 무슨 뜻인지 아시겠습니까?

1964년 미국 연방대법원의 포터 스튜어트 대법관은 음란물에 대한 정의를 고민하다 궁여지책으로 "그것이 무엇인지는 보면 알 수 있다(I know it when I see it)"라고 했습니다. 이 말이 명언으로 남아 있는 이유를 알겠습니다.

이처럼 말로 설명하기 어려운 개념에 '그림'이 효력을 발휘합니다.

음탕할 음(婬)

음란하고 음탕한 글자의 대표가 음(婬)입니다. 왼쪽은 여자고 오른쪽은 '가까이할 음, 구할 음(㸒)'입니다. 그렇다면 음(婬)은 여자를 구하기 위해 가까이 가는 것이라는 말인데 이 글자를 왜 '음란하다, 음탕하다'라는 뜻으로 만들었을까요? '데이트할 음'이 더 적합하지 않나요? 그 이유를 알려면 음(婬)의 본 모습을 보아야 합니다.

음(婬)은 '손톱 조(爫)'와 '임(壬)'의 합자인데 임(壬)을 대개 '북방 임(壬)'으로 봅니다. 임(壬)은 주로 십이지에 사용됩니다. 그러나 음(婬)에 보이는 임(壬)을 '북방 임'으로 보면 음(婬)의 본모습을 알 수가 없습니다. 북쪽과 손톱, 그리고 여자. 어찌 연관을 지을 수가 없습니다.

여기 보이는 '壬'은 임이 아니라 정(壬)입니다. 사람이 엉거주춤한 자세로 허리를 굽히고 있는 그림입니다. 정(壬)이 세월이 흐르며 '북방 임(壬)'과 구별 없이 쓰이면서 사람들이 혼동한 것입니다. '바라볼 망(望)' '집안 정(庭)' 등에 보이는 임(壬)이 사실은 모두 '무릎 펴고 설 정(壬)'입니다. 임(壬)과 정(壬)의 갑골문을 보면 그 차이가 명확합니다.

임(壬)의 갑골문   정(壬)의 갑골문

그럼 정(壬)은 어떤 모습을 묘사한 것일까요? 웅덩이에서 물 긷는 여인을 그린 것입니다.

예부터 물 긷는 일은 여자의 몫이었습니다. 동파문도 '물을 길어오다'라는 뜻의 글자를 만들며 여자를 모델로 삼았습니다.

배수(背水)*,
동파문

여자가 허리에 물 항아리를 매달고 나르는 모습입니다.

사람은 하루도 물 없이 살 수 없습니다. 물이 있는 곳에는 항상 여인들이 있었습니다. 그러니 물가에서 남녀지사가 일어나는 것은 고금이 따로 없었습니다. 조선시대 사람들이 이른바 남녀상열지사(男女相悅之詞)의 대표적인 노래로 지목했던 고려 향가 〈쌍화점(雙花店)〉의 가사를 보면 3절에 아래와 같은 구절이 있습니다.

드레 우므레 므를 길라 가고신딘 (두레 우물에 물을 길러 갔더니)
우믓룡(龍)이 내 손모글 주여이다 (우물 용이 내 손목을 쥐더군요)

남녀 간의 내외가 심하던 시절, 남자가 여자에게 말을 붙이자면 우물가 여인에게 물 한 모금 부탁하는 것처럼 자연스러운 것이 없었습니다.

김홍도의 유명한 그림 〈우물가〉**입니다.

한 사내가 우물가에서 물을 얻어 마시고

김홍도, 《단원풍속화첩》 중 〈우물가〉, 18세기 후반, 종이에 담채, 27.0 × 22.7cm, 국립중앙박물관.

* 배수적인(背水的人): '물지게꾼'을 뜻하는 중국어.
** 책머리에 참고 사진 수록.

206

있습니다. 이 그림을 자세히 보면 한 편의 만화입니다. 등장인물은 남자 하나 여자 셋입니다.

남자   여자 1

여자 2   여자 3

건장한 사내 하나가 우물가에 다가가 여자 1에게 물 한 바가지 얻어먹습니다. 사내의 얼굴에 수작을 걸려는 속내가 역력합니다. 한눈에 봐도 여자 1이 제일 예쁩니다. 여자는 짐짓 고개를 돌리지만 옅은 미소가 싫지 않은 표정입니다. 못 본 척 외면하고 있는 여자 2도 남자의 속셈을 다 안다는 표정입니다. 여자 3만 못마땅합니다. 자신에게도 남자들이 다가와 수작을 부리던 시절이 있었음을 생각하면 시무룩해지는 것을 어쩌지 못합니다. 그림의 여백에 이야기가 한 권 가득 담겨 있습니다. 여기까지라면 우물가는 낭만이 가득한 곳입니다. 그런데 우물가에 다른 그림이 끼어듭니다.

'爫'는 조(爫, 爪)입니다. 손톱을 가리킵니다. 아래처럼 생겼습니다.

갑골문   전서

우물가에 손톱이 끼어들며 '가까이할 음, 구할 음(窪)'이 됩니다. 그런데 단순히 손톱이 아니라 무언가를 단단히 움켜쥔다는 뜻을 가지고 있습니다. 그렇다면 이해가 됩니다.

음(㸒)은 물 긷는 여자와 그 여자를 움켜쥐기 위해 가까이 간 남자의 손을 그렸습니다. 그곳이 물가임을 확실히 하기 위해 '물 수(水)'를 더한 글자가 음(淫)입니다. 물가에 가면 여자가 있다고 남자들끼리 속삭이는 글자입니다.

남자는 왜 물 긷는 여자에게 다가가 움켜쥐었을까요? 물어볼 필요도 없습니다. 음(淫)의 본질은 성욕입니다.

성욕은 인간의 타고난 성정의 하나일 뿐 좋다, 나쁘다를 따질 수 있는 개념이 아닙니다. 다만 어떤 상황에서 어떤 방법으로 그 성욕을 해결하는가가 문제일 뿐입니다. 연모하는 처녀를 만나기 위해 우물가를 찾는 총각을 뭐라 할 사람 아무도 없습니다. 설령 그 처녀와 육체적인 관계를 갖고 싶은 마음이 있더라도 흠이 아닙니다.

먹어야 하고 잠을 자야 하는 인간이라면 성욕은 피할 수 없는 본능입니다. 문제는 이 3대 욕구 중에 오로지 성욕만은 상대가 있어야 한다는 것입니다. 여건이 되면 밥은 아무 때나 먹을 수 있습니다. 잠도 내키는 대로 잘 수 있습니다. 그런데 성욕은 다릅니다. 상대가 있어야 합니다. 상대가 있어도 그쪽이 내키지 않아 하면 해결이 안 됩니다. 여기서 폭력이 등장합니다. 때문에 성욕은 사람들의 잠재의식 속에서 폭력과 연결되어 있습니다. 억울하지만 성욕이 그 자체로 죄악 취급을 받는 이유입니다. 그런 잠재의식이 드러나 있는 글자가 바로 음(淫)입니다.

음(㸒)의 본모습에 들어 있는 '손톱 조(爫)'가 암시하고 있는 것이 폭력입니다. 이것이 문제입니다. 토끼를 사냥하는 표범처럼 날카로운 손톱을 세워 여자를 잡아챕니다. 폭력입니다. 그리고 폭력이 나쁘다는 인식은 예나 지금이나 다름이 없습니다.

욕심에 이성을 잃은 남자가 물 길러 온 여자를 폭력을 동원해 제압합니다. 그러나 이성을 되찾는 순간 자신의 행동이 잘못되었음을 깨닫습니다. 그때 남자는 두 가지 선택을 놓고 갈등합니다. 하나는 자신의 잘못을 인정하는 것이고 또 하나는 자신을 정당화하는 것입니다. 자신을 정당화하려면 잘못의 원인이 상대방이라고 해야 합니다. 남자들은 후자를 택했습니다.

욕심에 눈이 멀어 물가를 찾은 남자가 거부하는 여자를 움켜쥐고 억압해 목적을 달성한 다음 외칩니다. "이 여자는 음란하다, 음탕하다. 그래서 내가 이런 짓을 한 거야!" 그러면서 남자들은 자기 죄를 감추기 위해 여자 얼굴에 낙인을 찍었습니다. 이것이 음(淫)의 본모습입니다. 그리고도 모자라, 여자가 원인임을 보다 확실히 하고자 음(婬)이란 글자까지 만듭니다. 음(淫)과 같이 쓰이는 글자입니다. 변명이 변명을 하고 있습니다.

네이버 한자 사전의 풀이를 덧붙입니다.

음(淫) 자는 '음란하다'나 '탐하다' '사악하다'라는 뜻을 가진 글자이다. 음(淫) 자는 水(물 수) 자와 㸒(가까이할 음) 자가 결합한 모습이다. 음(㸒) 자는 허리를 숙인 사람을 잡아당기는 모습을 그린 것으로 '가까이하다'라는 뜻이 있다. 이렇게 '가까이하다'라는 뜻을 가진 음(㸒) 자에 수(水) 자가 더해진 음(淫) 자는 '물을 가까이하다'라는 뜻으로 만들어졌다. 그러나 음(淫)자는 후에 '물'을 '욕정'에 비유하게 되면서 '탐하다' '음란하다'와 같이 욕정을 가까이한다는 뜻으로 쓰이게 되었다.

그림을 보고 뜻을 풀어야 하는데 풀이에 맞춰 소설을 쓰고 있습니다. 왜 우물을 뜻하는 물에 욕정을 갖다 붙입니까?

음탕할 탕(婸)

'음탕하다'는 일반적으로 음탕(淫蕩)으로 씁니다. 음(淫)은 앞에서 살펴보았습니다. 탕(蕩)은 '방탕할 탕'입니다. 탕(湯)은 '끓일 탕, 해돋이 양'인데 설렁탕, 곰탕 등에 쓰이며 우리에게 익숙한 글자입니다. 그런데 머리에 '풀 초(艹)'가 달렸다고 방탕해지다니 어째서일까요?

탕(湯)은 '물 수(氵)'와 '태양[日 ⊙], 그리고 '숱 많을 진(㐱 刏)'을 합해 만들었습니다. 태양의 열기로 물이 끓어오르는 모양을 그린 글자입니다. 이렇게 끓는 물에 풀(艹)을 집어넣으면 어찌될까요? 말 그대로 풀이 죽습니다. 곤죽이 되지요. 풀이 곤죽이 되면 우리가 알고 있는 풀의 모양과 성질은 다 사라지고 섬유질만 남습니다.

끓일 탕(湯)

탕(蕩)은 이렇게 본래의 모습을 없애버린다는 뜻을 가지면서 빚을 없애주는 '탕감(蕩減)', 악당들을 모조리 없앨 때 쓰는 소탕(掃蕩) 등에 쓰이게 됩니다. 그런데 불행하게도 사람의 성정에 이 글자가 들어가면 사람이 개망나니가 됩니다. 교육으로 만들어진 후천적 성정, 인성은 사라지고 본성만 남습니다. 그 본성이 방탕과 음탕입니다.

곤죽이 되어 본성만 남은 남자가 물불을 가리지 않고 여자를 탐하는 것이 '여자 여(女)'를 붙인 탕(婸)입니다. 곤죽이 된 것은 남자인데 왜 여자를 데려다가 '음탕할 탕(婸)'을 만듭니까? 음(婬)과 같은 이유입니다.

방탕할 일(姪)

일(姪)은 '질'로 읽으면 조카를 가리키지만 '일'로 읽으면 '방탕하다'가 됩니다. 음일(淫姪)은 음탕하다는 말로 불경에 많이 쓰입니다.

여자 옆에 붙어 있는 '失'에 대해서는 해석이 분분합니다. '失'은 '잃다'를 뜻할 때는 '실', '놓다'를 뜻할 때는 '일'로 읽습니다.

1
실(失)의 전서

2
실(失)의 금문

사람들은 1번을 사람이 손에서 무언가를 떨어뜨리는 모습이라 하고 2번은 남자가 상투를 고정시키는 동곳을 잃어버리고 안절부절못하는 모습이라 합니다. 후자가 좀 더 그럴듯해 보이지만 확실치 않습니다. 아무튼 '失'은 무언가를 잃어버렸거나 놓는 것을 뜻합니다.

그렇다면 일(姪)은 여자가 무엇인가를 놓아버려서 방탕하게 되었다는 말입니다. 그게 무엇일까요? 정숙, 정조입니다.

남자들은 여자에게 끊임없이 정조(貞操)를 지키라고 요구합니다. '정조'를 국어사전에서 찾아보면 "여자의 곧은 절개"가 첫 번째로 나옵니다. 좋은 말입니다. 그런데 왜 '여자'가 붙습니까? 누구를 위해 절개를 지키라고 합니까? 두 번째 뜻으로 "이성 관계에서 순결을 지키는 일"이 있지만 남자가 정조를 지킨다는 말은 들어 본 바가 없습니다.

여기에 어긋나면 여자에게 일(失)을 붙여 방탕한 여자로 만듭니다. '失'을 '잃을 실'이 아니라 '놓을 일'이라 한 것은 여자에게 책임을 돌리기 위함입니다. 잃는 것은 실수일 수 있지만 놓는 것은 놓은 자의 의지이기 때문입니다.

그렇게 스스로 정숙함과 정조를 놓아버린 여자가 일(妷)입니다. 아무래도 음탕(婬媚)만 쓰자니 남자들에게 찔리는 구석이 있었던 모양입니다. 여자에게 책임을 씌우는 일(妷)이라는 글자도 필요했을 것입니다. 낙인으로써 말입니다.

음(婬), 탕(媚), 일(妷)이 모두 남자의 욕심에서 비롯했으면서 그 탓을 여자에 돌리고 있음을 알 수 있습니다.

욕심은 남자가 내면서 여자만 나무라는 그림이 더 있습니다. 설(媟)입니다.

깔볼 설, 거만, 모독, 희롱할 설(媟)

설(媟)의 여자 옆에 붙어 있는 그림은 '나뭇잎 엽(枼)'입니다.

1
엽(枼)의 갑골문

2
설(媟)의 갑골문

여자를 나뭇잎에 빗댔습니다. 얼마나 여자가 하찮으면 하고많은 사물 중에 나뭇잎에 빗댔을까요? 설(媟)에 붙은 의미를 살펴보면 알 수 있습니다.

네이버 한자 사전에는 "깔보다, 친압하다, 더럽히다"로 한전에는 "경멸하다, 음탕하다"로 올라 있습니다. 나뭇잎이 이런 성질을 가졌을 리 없습니다. 친압은 여자가 지나치게 까분다는 뜻이니 남자들이 이를 깔보고 더럽혔다는 말입니다. 그러면서 음탕하다고 합니다.

음설(淫媟)은 음란하고 더럽다는 뜻이고 희설(戲媟)은 여자를 데리고 희롱한다는 말입니다. 재미를 봤으면 고맙다고는 못할망정 여자를 길가에 떨어진 나뭇잎 취급 하다니요!

이들과 비슷하지만 구별되는 여자가 있습니다. 부(妖)입니다

탐할 부(妖)

여인[女]이 지아비[夫] 곁에 서 있습니다. 금슬 좋은 부부 같습니다. 아닙니다. 탐욕 스러운 여자입니다. 그런데 그 탐욕의 대상이 남자입니다. 곧 남자를 밝히는 여자를 가리키는 말입니다.

여자라고 타고난 본능을 억제하란 법은 없습니다. 남자가 그러하듯 여자도 그럴 수 있습니다. 이 그림에 '탐할 부'란 제목 하나만 붙였다면 남자가 여자를 동등하게 보고 그린 그림인 줄 알겠습니다. 그런데 부제가 붙어 있습니다. '미워서 눈살 찌푸 릴 우.《한한최신대옥편》에 올라 있습니다. 여자도 남자를 탐할 수 있겠지만 도저히 좋게는 못 봐주겠다는 말입니다. 갑골문이나 금문에는 없는 것으로 보아 나중에 만 들어진 것으로 보입니다. 아무럼 갑골문이 만들어지던 당시라면 남자를 탐하는 여 자가 상상이나 되었겠습니까?

우리 역사에 이 부(妖)에 어울리는 대표적인 여자가 있습니다. 어우동입니다.

어우동은 승문원 지사 박윤창과 어미 정귀덕 사이에서 태어났습니다. 승문원은 지금의 외교부에 해당하는 관청이었는데 지사는 정3품 관직이었습니다. 한마디로 지체 있는 집안이었습니다. 그런데 박윤창은 어우동을 자기 자식이 아니라고 내칩니 다. 어미 정씨가 외간 남자와 바람을 피웠기 때문입니다. 어우동은 태종의 둘째 아 들인 효령대군의 서손(庶孫, 서자인 손자) 태강수 이동에게 시집을 갔는데 그녀 또한

남편에게서 내침을 당합니다. 《조선왕조실록》에는 이동이 첩에게 빠져서라 했지만 어우동이 집안일을 시키려 부른 은세공업자에게 추파를 던지다 발각되어서라는 설이 여러 곳에 보입니다. 남편은 첩에 빠지고 아내는 일꾼에게 추파를 던졌으니 어차피 연분이 아니었던 모양입니다.

아무튼 남편에게서 내침을 당해 역시 아비에게 소박맞은 어미 집에서 살며 어우동의 본격적인 남성 편력이 시작됩니다. 잘생긴 남자가 있다는 소리를 들으면 스스로 찾아가고 남자를 밝힌다는 소문을 듣고 남자가 찾아오면 스스럼없이 받아들였습니다. 이렇게 음욕을 불태우다 마침내 성종 11년(1480년) 조정에서 문제가 되는데 이때 연루된 남자들의 면모를 보면 가관입니다. 《성종실록》을 그대로 옮깁니다.

> 의금부에서 아뢰기를 수산수 이기와 방산수 이난, 내금위 구전, 학유 홍찬, 생원 이승언, 서리 오종련, 감의형, 생도 박강창, 양인 이근지, 사노 지거비와 간통한 죄는 율(律)이 결장(決杖) 1백 대에, 유(流) 2천 리(里)에 해당합니다.

이기와 이난은 왕손이고 내금위는 왕궁 수비대입니다. 생원은 과거에 붙은 사람이고 생도는 과거에 응시하려는 선비입니다. 서리는 하급 관리고 양인은 일반 백성, 사노는 종입니다. 한마디로 사회 전 분야의 신분이 망라되어 있습니다. 이날 공초에 오른 남자 외에도 입에 오르내린 남자들이 수도 없습니다. 생육신의 한 사람인 남효온이 지은 《추강집(秋江集)》에 이런 글이 있습니다.

> 경자년(1480년)에 사족(士族)의 여인 어우동이라는 자가 사인(士人)들과 간음한 것이 헤아릴 수 없었다.*

---

* 《추강집》 7권, 잡저.

결국 성종은 어우동에게 교형(絞刑)을 명합니다. 원래 사형을 집행하려면 이유를 밝히는 교지가 있어야 합니다. 교지는 승정원의 담당 승지를 통하여 전달되는 왕의 명령문인데 어우동의 경우, 성종은 교지 내리기를 거부합니다. 승정원이 며칠을 조르는데도 성종은 끝내 묵묵부답, 교지를 내리지 않았습니다. 차마 자신의 입으로 왕가의 치부를 드러낼 수 없었기 때문입니다.

어우동을 보면 '탐할 부(姤)'는 그녀를 두고 만든 것이 아닌가 하는 생각이 들 정도입니다. 남자를 탐하되 눈살이 찌푸려지는 여자에 꼭 들어맞습니다. 어우동을 조금이나마 변호하고자 가족 이야기를 덧붙입니다.

어우동이 죽고 8년 후, 어미 정씨는 어우동의 오빠 박성근의 손에 목숨을 잃습니다. [성종 19년, 1488년] 박성근은 어렸을 때 어미가 외간 남자를 끌어들이는 것을 보고 사람들에게 말하기를, "나는 어미가 잠잘 때에 발이 넷이 있는 것을 보았다"고 했습니다. 이 소리를 들은 어미 정씨는 그 후 남자를 끌어들일 때마다 성근을 뒤주에 가두었습니다. 이에 원한을 품고 자란 성근은 장성한 후 하인 둘을 강도로 위장시켜 어미를 죽입니다. 이 일이 발각된 박성근은 취조를 받다가 옥사했습니다. 한마디로 콩가루 집안이었습니다.

어우동이 죽기 전에 그 어미 정씨가 한 말이 《조선왕조실록》에 기록되어 있습니다.

일찍이 말하기를, 사람이 누군들 정욕이 없겠는가? 내 딸이 남자에게 혹하는 것이 다만 너무 심할 뿐이다.*

남자 밝히기에 빠져 나중에 아들 손에 죽임을 당한 어미 눈에도 어우동의 행태

---

*《성종실록》 122권, 성종 11년 10월 18일.

는 심해 보였던 모양입니다.

한마디로 여자도 음욕을 갖고 태어날 수 있다는 말입니다. 타고났으니 어우동 스스로도 자신을 어찌하지 못했을 것입니다. 다만 그녀가 여자였기에 죽임을 당한 것을 생각하면 그 인생의 기구함이 측은하기 짝이 없습니다.

만일 여자가 세상을 다스리며 색대질* 하는 남자들에게 사형을 명한다면? 세상이 변했으니 죽는 남자 거의 없겠지요?

---

* 색대는 가마니 속의 곡식을 확인하기 위해 찔러보는 연장이다. 여자를 가마니로 보고 찔러대는 행위를 색대질이라 한다.

여자는 간사하다

간(姦), 간(奸), 녕(佞), 축(娹), 람(婪), 람(媣)

간음할 간(姦)

간(姦)은 '간음할 간'으로 읽지만 원래 '간사하다'란 뜻으로 만든 글자입니다. 여자를 비하하는 한자의 대표 격인 글자로 여자 셋을 겹쳐놓았습니다. 여기서 여자를 그린 그림에 담긴 여자의 모습을 다시 한 번 보겠습니다.

女: 한 여자가 홀로 다소곳이 무릎을 꿇고 있습니다. '여자 여(女)'입니다.

奻: 두 여자가 나란히 서서 드잡이를 하고 있습니다. '송사할 난(奻)'입니다.

姦: 두 여자를 세로로 겹쳐놓았습니다. '아리따울, 요염할 교(姦)'입니다.

姦: 세 여자가 보이는데 '간음할 간(姦)'입니다.

여자를 참 다양하게도 이용했습니다.

간(姦)은 사악한 인간, 법을 어기고 질서를 어지럽히는 사람을 가리키는 말이었습니다.[*]

이것이 남녀지사에 사용되면서 '간음하다'로 변질이 됩니다.

간음은 부정한 성관계를 가리키나 그 의미가 상당히 넓습니다. 폭행, 협박을 통했

---

[*] "邪惡小人 犯法作亂的人(사악소인 범법작란적인)",《관자(管子)》〈군신(君臣)〉.

다면 강간이 되고 위계나 위력으로 미성년자나 심신미약자에게 추행을 했다면 준강간, 미성년자 간음 등의 흉악한 범죄가 됩니다. 법적인 부부 중 한쪽이 배우자 이외의 남녀와 합의하에 관계를 갖는 것을 일컫는 간통과는 다른 말입니다. 간통에 대해서는 근대에 들어서며 많은 나라들이 관대한 쪽으로 해석에 변화를 가져오고 있지만 간음은 변함없는 범죄입니다. 간통은 쌍방의 합의가 전제되었지만 간음에는 그 전제가 없기 때문입니다.

그런데 이 흉악한 인간을 가리키는 데 왜 여자 셋을 그렸을까요? 사악한 여자, 법을 어긴 여자, 난리를 치는 여자… 이렇게 셋인가요?

한자에서 '셋'은 '많다'와 같은 개념입니다. 간혹 네 개까지 글자를 겹쳐 '많음'을 나타내는 경우도 있지만 대개 세 개면 '많다'로 인식하는 데 부족함이 없습니다. 학문적으로 동체회의(同體會意, 같은 글자를 모아 새로운 뜻을 만듦)에 해당하는 이런 글자들이 한자에 꽤 있는데(실제로는 70여 자), 셋을 뜻하는 삼(三), 물건을 뜻하는 품(品), 결정체를 가리키는 정(晶), 수풀을 뜻하는 삼(森), 여러 마리 벌레를 일컫는 충(蟲) 따위가 흔히 쓰입니다. 이들을 병첩어(竝疊語) 또는 중첩어(重疊語)라고 합니다.

중첩어는 대개 세 글자를 합쳐 만드는데 네 개를 겹쳐 만든 글자는 '물고기 성할 업(鱻)'과 '불 모양 역(燚)' '수다스러울 절(龖)' 외에는 보지 못했습니다. 절(龖)은 총 64획으로 한자에서 획수가 가장 많은 글자로 알려져 있습니다. '수다스럽다'를 용 네 마리로 표현한 것은 용이 등장할 때 폭우와 뇌성벽력을 동반한다고 여겼기 때문으로 보입니다. 사성을 쓰는 중국어로 수다를 떨면 여러 마리 용이 연상되는 모양입니다.

물고기 성할 업(鱻)　　　　　수다스러울 절(龘)

같은 64획으로 '흥할 흥(興)'을 네 개 겹쳐 만든 '정(𰌌)'이란 글자가 있는데 뜻이 알려져 있지
않고, 172획이나 되는 고대문자 '황' 등 몇몇 기한 한자들이 있다는데 글자로 볼 수 있을지
는 의문이다.

　　그렇다면 간(姦)은 두 가지로 해석할 수 있습니다. 하나는 여러 여자, 많은 여자가
작당하여 한 남자를 강간했다. 두 번째는 한 남자가 여러 여자를 강간했다. 어떤 것
이 있을 법한가요?

　　그런데 여자를 남자와 동등한 인격체로 전혀 치부하지 않았던 옛날에도 이런 글
자를 만들고 나니 남자들이 낯 뜨거웠던 모양입니다. 슬며시 다른 뜻을 덧붙입니다.
'간통하다'라고 말입니다. 성폭행범이 상대가 동의했다고 우기는 것과 똑같습니다.
또 '간사하다, 마음이 바르지 않다, 간악하다'라는 뜻까지 추가합니다. 위법의 원인
을 여자 탓으로 돌리고 있습니다. 어쩌면 남자들은 예나 지금이나 하나도 변함이 없
는지 신통할 따름입니다.

　　'간사하다'라는 뜻으로 만든 간(姦)이 주로 '간음'을 의미하는 용도로 쓰이자 원
뜻을 살리기 위해 따로 간(奸)을 만들었습니다. 그래서 자원(字源)을 찾으면 이 둘은
같은 글자라고 나옵니다.

간사할 간(奸)

여자 옆에 서 있는 간(干)은 '방패 간'입니다. 즉 간(奸)은 방패를 든 여인입니다.

레오나   원더우먼

방패 든 여인하면 제일 먼저 떠오르는 인물이 누구인가요? 게임을 즐기는 젊은 세대라면 〈LOL(League of Legend)〉의 캐릭터 레오나를 떠올릴 것이고 영화 팬이라면 원더우먼이 생각날 것입니다.

그러나 역사상 아테나 여신만큼 유명한 방패 여인은 없을 것입니다. 그리스의 수도는 아테네입니다. 태초에 여신 아테나와 바다의 신 포세이돈이 이 도시를 두고 서로 자기가 갖겠다고 다퉜습니다. 둘의 다툼이 좀처럼 끝날 기미가 보이지 않자 다른 신들이 인간에게 가장 유용한 선물을 주는 쪽이 이 도시를 갖는 것으로 하라고 제안했습니다. 둘이 동의했습니다. 포세이돈은 말을, 아테네는 올리브 나무를 각각 인간에게 주었습니다. 승자는 아테나가 되고 이 도시의 이름은 아테네(Athenae)가 되었습니다.

아테나는 지혜의 신이자 전쟁의 신이기도 합니다. 게다가 아름답기까지 합니다. '세상에서 가장 아름다운 여인'이라는 영예를 걸고 제우스의 부인 헤라, 미의 여신 아프로디테[비너스]와 겨뤘을 정도니 더 말할 나위가 없습니다. 그리스인들은 남자가 세상에서 바랄 수 있는 가장 이상적인 여인의 하나로 아테나 여신을 만들었습니다.

유네스코는 세계에서 가장 유명한 건축물 중 하나로 아테네 여신에게 봉헌된 파르테논 신전을 로고로 사용하고 있습니다.

아테네 학술원 중앙 건물 앞에 서 있는
아테네 여신상과 유네스코 로고

이처럼 방패를 든 여인은 그리스 신화에서 찬탄과 동경의 대상이었습니다. 그런데 이 방패 든 여인이 한자의 세계에 들어오자 간사하고 거짓된 여인이 됩니다.

간(奸)은 '간사할 간, 거짓 간, 간통할 간'입니다.

간(奸)의 금문

간(奸)의 전서

방패 옆의 여인이 아테나 여신처럼 당당한 모습이 아니라 무릎을 꿇고 있어서 그런가요? 무릎을 꿇었다고 무조건 간사하다고 보는 것은 논리적이지 않습니다. 그렇다면 간(干)이란 글자에 왜 그런 뜻이 붙었을까요?

간(干)은 '방패 간'으로 읽지만 원래 손에 들고 싸우는 도구가 아니라 적이 성문 안으로 들어오는 것을 막기 위한 방어 도구로 갈라진 나무 끝을 뾰족하게 깎은 다음 여러 개를 엮어 만든 방책이었습니다. 뾰족한 모양이 사슴뿔을 닮았다 하여 이를 녹각책(鹿角柵)이라고 불렀습니다.

간(干)의 갑골문

녹각책

국군을 나라의 간성(干城)이라 하고 몸에 들어오는 독성 물질을 처리하는 장기를 간(肝)이라고 합니다. 간(干)은 나라와 몸을 지키는 방패라는 뜻입니다. 이렇게 귀한 글자도 드뭅니다.

그런데 간(干)은 일차적으로 자신을 보호하는 도구지만 적을 공격하는 무기이기도 했습니다. 영화 〈원더우먼〉을 보면 방패가 아주 강력한 무기 구실을 합니다. 실제로 방패를 이용한 공격 기술은 옛날 병사들이 꼭 익혀야 하는 기본기 중의 하나였고 지금도 의무경찰이 되면 가장 많이 훈련하는 것이 방패술이라고 합니다. 살상의 위험을 최소한으로 줄이면서 상대를 제압하는 데 방패가 그만큼 효과적이라는 말입니다.

방패가 가진 이런 능력 때문에 간(干)은 '방어하다'란 뜻과 함께 '범하다, 요구하다'란 뜻을 함께 가집니다. 여기에 답이 있습니다. 간(奸)은 방패를 든 여자가 아니라 방패로 공격당한 여자입니다. 남자가 여자를 방패로 제압해 자신의 뜻에 따를 것을 요구하는 그림입니다. 간(奸)에 보이는 여자는 제압당한 여자인 것입니다.

방패를 든 여인

방패에 제압당한 여인

그렇다면 방패에 제압당해 추행을 당한 여자는 '불쌍할, 보살필' 간(奸)이 되어야 할 텐데 왜 간사하고 거짓되다고 했을까요?

여자가 누군가에게 강제적으로 추행을 당합니다. 그러면 남자들의 반응은 어떨까요? 의심부터 합니다. '여자가 그런 욕을 당할 만하지 않았을까?' 그 다음에는 책임을 여자에게 돌릴 궁리를 합니다. 그러기 위해 여자의 항변을 간사하고 거짓되다며 몰아붙입니다. 옛날에나 그랬다고 생각한다면 지금도 여성의 성적 피해 사건에 대해 하루가 멀다 하고 매스컴에 오르내리는 '2차 가해'라는 말을 생각해보십시오. 하나도 달라진 것이 없습니다.

'방패 간(干)'이 어디에 쓰이고 있는지 살펴보면 남자들의 편견이 여실히 보입니다.

刊(책 펴낼 간), 攼(구할 간), 迀(구할 간, 나아갈 간), 衦(옷 주름 펼 간), 竿(낚싯대 간), 酐(독한 술 항), 飦(죽 전).

어느 것을 보아도 간(干)은 여자(女)에 붙어 그토록 지독한 뜻을 나타낼 만한 글자가 아닙니다.

간(姧)은 간(奸)과 같은 글자(이체자)입니다. 두 여자를 범했다는 것인지 유혹하는 여자[㚻 교]를 범했다는 것인지 모르겠지만 여자를 향해 간사하고 거짓되다고 질타하는 남자의 모습이 보이기는 마찬가지입니다.

간(奸)은 '성폭행범 간', 간(姦)과 간(姧)은 '연쇄 성폭행범 간'으로 훈을 바꿔야 합니다. '간사하다'라는 뜻의 글자는 '간사할 사(邪)'로 충분합니다. 굳이 여자를 붙일 이유가 없습니다.

남자들의 속성이 어떠한지 방패 옆에 서 있는 여자가 웅변으로 증거하고 있습니다.

간사할 영, 녕(佞)

'아첨할, 간사할 영(佞)'입니다. 말 그대로 '아첨하다, 말주변이 좋다'란 의미로 쓰입니다. 그냥 말주변이 좋은 것이 아니라 남의 비위를 맞춰 홀리는 재주가 있음을 가리킵니다. 그런데 자세히 보면 이 글자가 '인자할 인(仁)'과 여(女)로 만들어져 있음을 알 수 있습니다.

인(仁)이라면 공자가 선의 근원이자 행의 기본이라고 역설한 유교 최고의 기본 사상입니다. 그러나 선의 근원이자 행의 기본이라 한 말 자체가 무척 어렵습니다. 인의 정체가 무엇인지 모호하기만 합니다. 인의 구현을 평생을 목표로 살았던 공자도 제자가 인이 무엇이냐고 묻자 한마디로 답을 못 합니다. 후대의 학자들도 이 인의 정체를 두고 설들이 분분합니다. 그만큼 어려운 개념입니다.

그렇다면 인(仁)과 여(女)가 합쳐진 영(佞)은 인의 정체를 아는 여인까지는 못되더라도 최소한 인자한 여자는 되어야 하는 것 아닐까요? 그런데 어찌 아첨이나 하고 말재주나 부리는 여자, 간사한 여자가 되었을까요? 여기에 남자들의 철저한 여성 비하 의식이 깔려 있습니다. "여자가 무슨 인(仁)을 논하는가? 여자가 그처럼 고상한 덕목을 입에 올리는 것은 결국 아첨 아니면 남자를 홀리려는 수단 아닌가?"

여자가 인을 거론하는 것 자체가 아니꼬웠던 것입니다. 그런데 간혹 인을 거론하는 여자가 있는데 말까지 잘합니다. 인을 들먹이는데 혹 인을 진짜 갖춘 듯 보이기도 합니다. 이쯤 되면 남자가 대적할 길이 없습니다. 그래서 영(佞)에 '홀리다, 미혹하다'란 뜻까지 들어갔습니다.

그렇다고 이 영(佞)이 여자에게만 쓰이는 것은 아닙니다. 말재주를 부려 사사로운 이익을 취하는 사람들을 일컬어 영인(佞人)이라 합니다.

후한의 학자 왕충은 사사로운 이익을 위함은 같으나 군주를 현혹시켜 국사를 망칠 정도로 언변이 뛰어난 자를 대녕(大佞), 그보다 재주가 떨어져 작은 이익을 취하는 자를 소녕(小佞)으로 나누며 간신 중에서도 특히 조심해야 할 인간으로 경계했습니다.[*]

그렇다면 영(佞)에 왜 여자를 갖다 붙입니까? '남자 남(男)'을 붙이든지 최소한 사람 인(人)을 붙여야 하는 것 아닙니까?

佞, 詓, 諓, 倿. 모두 춘추시대 각 나라에서 쓰던 간(佞)의 이체자입니다. 한결같이 '여자 여(女)' 자가 들어 있습니다. 사는 곳은 달라도 여자에 대한 인식은 똑같았다는 증거입니다.

아첨할 축(嬦)

남자들도 아첨을 싫어합니다. 사람들이 누군가를 아첨하는 남자라고 부른다면 그 남자는 낙인찍힌 것이나 마찬가지입니다. 최악의 경멸 대상입니다. 짐승이나 다름없습니다. 아첨하니 짐승이나 다름없는 인간. 그런 개념으로 글자를 만들었습니다. '아첨할 축(嬦)'입니다. 그런데 사람이 아니라 여자가 들어 있습니다. 여자는 가축과 동렬이었기에 이런 글자를 만들고도 남자들은 눈 하나 깜짝하지 않았습니다.

---

[*] 왕충, 《논형(論衡)》.

탐할 람(婪)

람(婪)은 '탐할 람'이라 읽습니다. 네이버 사전에는 "탐(貪)하다, 욕심 부리다"로 풀이되어 있습니다. 그러면서 림(林)은 발음을 나타내기 위해 가져온 글자라는 설명을 구성 원리라고 하고 있습니다. 구성 원리라면 발음을 나타내기 위해 왜 '수풀 림(林)'을 가져왔는지를 설명해야 합니다.

사전대로라면 람(婪)은 '간사하다'와는 관계가 없는 글자입니다. 그러나 람(婪)은 간(奸)과 통합니다. 그래서 이 항목에 넣었습니다.

간(奸)은 앞에서도 설명했다시피 여자를 강제로 제압해 범한다는 뜻의 글자입니다. 람(婪)은? 여자를 숲으로 끌고 간 글자입니다. 그러면서 '탐하다'라고 했습니다. 누가 누구를 탐했겠습니까?

남자들은 참 대범합니다. 이런 성범죄의 증거를 만천하에 드러내고 있으니 말입니다. 어리석은 것인가요? 설마 성범죄의 현장을 사진에 담는 성도착자들의 심리가 남자의 유전자에 새겨져 있는 것은 아니겠지요?

숲으로 끌고 간 여자가 또 있습니다.

예쁠 람(嬾)

이렇게 숲으로 끌고 간 여자는 예쁜 여자입니다. 밉게 보였으면 끌고 갔을 리 없습니다. '간사하다'와는 관계가 없지만 람(婪)과 맥락을 같이 하기에 덧붙였습니다.

여자를 '간사하다'고 한 글자는 이외에도 요(妖), 첩(倢) 등이 있는데 요(妖)는 3장의 〈여자는 유혹한다〉 편에, 첩(倢)은 2장의 〈첩〉 편에 넣었습니다.

여자의 조건

작아야 한다

약해야 한다

허리가 가늘어야 한다

단정해야 한다

가꿔야 한다

작아야 한다

묘(妙), 형(娴)

사람들이 갖고 있는 바람직한 남녀에 대한 대표적 이미지는 '남자는 강하고 여자는 예쁘다'일 것입니다. 남자 이야기는 접고 여자만 보겠습니다.

'예쁘다'는 무엇일까요? 국어사전의 정의는 "첫째, 생긴 모양이 아름다워 눈으로 보기 좋다. 둘째, 행동이나 동작이 보기에 사랑스럽거나 귀엽다"입니다. 그런데 의문이 생깁니다. '아름답다, 좋다, 사랑스럽다, 귀엽다'는 어떤 것일까요? 아름다운 것은 사랑스럽고, 사랑스러운 것은 귀엽고, 귀여운 것은 보기 좋은 것이다. 이런 식으로 설명하면 쳇바퀴를 돌게 됩니다. 허위 논증법의 대표 격인 전형적인 순환논법입니다. 이럴 때는 중첩되는 설명들을 과감히 쳐내야 합니다.

언어는 이렇게 설명을 쳐낸 단어들로부터 만들어집니다. 더 이상의 설명이 필요 없는, 감정적으로 분명한 단어들로부터 진화해갑니다. 여기에 해당하는 최초의 단어들에는 '왜'를 붙이지 않습니다. '예쁘다'가 그런 말입니다. 예쁘다는 말을 하기 위해 먼 길을 돌았습니다.

여자는 예쁩니다. 그런데 예쁜 것이 무엇인가는 정의하기 힘들지만 어떤 여자가 예쁜가는 설명이 가능합니다.

남자와 여자는 서로에게 거울과 같습니다. 여자는 남자라는 거울에 비친 모습으로 자신을 판단합니다. 남자라는 거울이 "마른 여자가 예쁘다"라고 하면 여자는 굶어 죽습니다. 남자라는 거울이 "각진 얼굴이 밉다"라고 하면 여자는 자신의 생뼈를 깎습니다.

남자들이 생각하는 예쁜 여자의 첫째 조건은 '작다' 입니다. 그 대표적인 글자가 바로 묘(妙)로 훈은 '묘할 묘'입니다.

이 '묘하다'라는 말이 또 묘합니다. 참으로 미묘(微妙)하고 오묘(奧妙)하고 절묘(絶妙)합니다.

묘할 묘(妙)

여자 옆에 붙은 소(少)는 '적다, 작다, 부족하다' 등의 뜻을 가졌습니다. 소(少)는 소(小)에서 비롯했습니다. 소(小)는 '작다'입니다. 형체가 조각 나 있습니다. 즉 무언가가 부스러진 모습입니다. 작고 힘없음을 그렸습니다.

소(小)의 갑골문　　　소(小)의 금문　　　소(少)의 갑골문　　　소(少)의 금문

소(少)는 소(小)에 부스러진 조각 하나를 보태 '적다'라고 의미의 외연을 넓혔지만 '작다'가 본뜻임에는 변함이 없습니다.

처음에 '묘하다'는 감정을 표현한 글자는 묘(妙)가 아니라 묘(竗)였습니다. 옆에 여자가 아니라 '설 립(立)'이 붙었습니다. '설 립(立)'은 존재를 가리킵니다. 부스러기라는 존재를 나타냈습니다.

이처럼 묘한 감정은 감정의 부스러기 같은데 말 그대로 묘해서 콕 집어 형용하기가 힘듭니다. 그래서 사람들은 부스러기처럼 '작은 것'을 '묘하다'의 본질로 봤습니다. 이 '작다' 즉 소(少)의 본질을 표현하고 있는 글자가 묘(緲)입니다. '아득할 묘'

라 읽습니다. 글자 그대로 눈[目]으로 가는[少] 실오라기[糸(가는 실 멱)]를 보니 있는지 없는지 아득하다는 뜻입니다.

그런데 '묘함'을 '작다'만으로 표현하기에는 뭔가 부족합니다. 글자를 만든 옛사람들도 그랬을 것입니다. 복잡 미묘한 '묘함'을 '작다'라는 하나의 뜻으로 나타내자니 좀체 성이 안 찼을 것입니다. 그렇다고 묘함에 담긴 그 온갖 오묘함을 다 나열할 수도 없습니다. 그렇게 머리를 싸매고 궁리한 끝에 답을 찾았습니다. 여자가 있었습니다.

여자야말로 '묘함' 그 자체였습니다. 여자 옆에 '작을 소(少)'를 붙여 '묘함'을 만들어내고 남자들은 쾌재를 불렀습니다. 이렇게 만들어진 묘(妙)는 묘(玅)를 밀어내고 '묘함'의 대표가 되었습니다. 묘(玅)는 이제 더 이상 쓰이지 않습니다. 묘(妙) 덕분에 보잘 것 없던 '작을 소(少)'는 '예쁘다'로 신분 상승을 했습니다.

덩치가 크면 미묘나 오묘는 날 샙니다. 키 큰 것이 선망의 대상이 된 것은 근자의 일이고 옛날에는 여자가 키가 크면 천벌을 받은 것으로 생각했습니다. 그 증거가 글자로 남아 있습니다.

키 클 형(娙)

요즘은 얼굴 예쁜 여자보다 키 큰 여자가 더 선망의 대상이 되는 것 같습니다. 미모야 성형으로 어느 정도 만회가 되지만 키만은 어쩔 수 없기에 그런 것 같습니다. 그러나 키 큰 여자가 이처럼 박수 받는 세상이 된 것은 참으로 얼마 되지 않았습니다.

요즘 세대에게는 낯설지 모르겠지만 우리나라 여자 농구에 박신자라는 선수가 있었습니다. 우리나라 여자 농구는 이 선수를 빼놓고는 이야기를 할 수 없습니다.

1960년대, 물건이라면 일제가 최고이고 재일 동포라면 무조건 최고의 신랑감이고, 일본이라면 이가 갈려도 막상 일본을 이길 것이 하나도 없어 속이 문드러지던 때, 일본 선수들을 박치기로 거꾸러뜨린 김일이라는 프로 레슬러와 함께 선진 일본 여자 농구를 납작하게 만든 선수가 있었으니 바로 박신자입니다.

1961년, 일본농구협회가 일본 실업팀 리그에 양념으로 초청한 한국의 상업은행이 9전 전승으로 일본 여자 농구를 초토화시키는 기적 같은 일이 발생했습니다. 상업은행 농구단이 귀국하는 날 김포공항은 꽃다발로 뒤덮였습니다. 그 상업은행 농구팀에 박신자가 있었습니다.

1964년 페루에서 열린 세계 여자 농구 선수권 대회에서 평균 득점 1위로 베스트 5에 선정되었던 박신자는 이듬해 은퇴를 합니다.* 그러나 박신자는 1967년 체코 세계선수권대회 때 복귀했습니다. 박신자 없이는 세계에 나갈 수가 없었기 때문입니다. 이 대회에서 한국 팀은 준우승이라는 기적을 연출했고 박신자는 우승팀에서 최우수 선수[MVP]를 뽑는 관례를 깨고 엠브이피(MVP)에 선정되었습니다. 그 후 한국 선수로는 처음으로 국제농구연맹[FIBA] 명예의 전당 선수 부문에 헌액되었습니다. 한마디로 불세출의 선수였습니다. 지금이라면 배구의 김연경 선수 이상의 인기를 얻었을 것입니다.

농구는 키 큰 선수가 절대적으로 유리한 스포츠입니다. 그런 농구에서 그만한 활약을 했으니 박신자는 얼마나 컸을까요? 176센티미터였습니다. 지금 같으면 농구팀에서 문전박대 받을 키입니다. 그런 키로 박신자는 센터였습니다. 176센티미터가 당시 우리나라 여자 농구 선수 가운데 제일 큰 키였습니다.

여자가 무려 176센티미터라니! 당시 사람들 중에는 박신자가 농구를 잘하는 건

---

* 박신자는 은퇴 후 주한미군 문관으로 근무하던 남편을 만나 행복한 가정을 꾸렸다. 한국여자농구연맹[WKBL]은 박신자 선수를 기리기 위해 2015년 '박신자컵 서머리그'를 창설, 이후 매년 대회를 치르고 있다. 현재는 국내 프로구단만 참가하지만 앞으로는 '박신자컵 국제대회'로 키울 구상을 하고 있다고 한다.

고맙지만 키가 너무 커 어찌 시집을 가나 걱정하는 이들까지 있었습니다. 불과 반세기 전 이야기입니다.

그러니 그 이전, 그것도 수천 년 전 사람들이 키 큰 여자를 어떻게 보았을지 짐작이 갑니다. 비정상이 아니라 벌을 받은 것으로 여겼습니다. 이처럼 키 큰 여자를 가리키는 글자가 형(娙)입니다. 다음이나 네이버의 중국어 사전에는 없고 《대한한사전》과 《한한최신대옥편》, 그리고 한전에 딱 한마디 '계집 키 클 형'이라 올라 있습니다. 네이버 한자 사전만은 '아름다울 형'으로 실었는데 무엇을 근거로 한 것인지 모르겠습니다. 혹시 키 큰 여자가 박수 받는 요즈음의 정서를 감안해 근자에 붙인 뜻이 아닌지 의심스럽습니다. 글자 자체를 보면 절대로 '아름답다'라는 뜻이 붙을 그림이 아니기 때문입니다.

'계집 키 클 형(娙)'을 보면 여자 옆에 '형벌 형(刑)'이 붙어 있습니다.

형(刑)은 무서운 글자입니다.

형(刑)은 '우물 정(井)' 자와 '칼 도(刀)' 자를 합쳐 만들었습니다. 정(井)은 옛날 우물을 파며 가장자리가 무너지지 말라고 나무로 짠 틀입니다. 이 틀과 강제한다는 뜻을 가진 칼을 합쳐 형벌이라는 뜻이 되었습니다. 우리나라에도 예전에는 죄수들에게 나무로 된 틀을 목에 씌웠는데 이를 칼이라 불렀습니다.

이런 그림을 여자 옆에 세우고 '계집 키 클 형'이라 했으니 형(娙)은 여자가 키가 큰 것은 벌을 받았다는 뜻으로 만든 글자임이 분명합니다.

형(刑)의 금문　　　형(刑)의 초계간백　　　형(刑)의 설문

여자가 키 큰 것은 죄나 스스로 지은 것이 아니니 누가 벌을 주겠습니까? 하늘입

니다. 그래서 형(嬲)에 들어 있는 형(刑)은 천벌입니다. 사람이 스스로 지은 죄는 속죄할 수 있는 방법이라도 있지만 하늘이 내린 벌은 어찌 벗어납니까? 키 큰 여자가 얼마나 싫었으면 이런 낙인을 찍었을까요?

남자들은 자신보다 우월한 존재를 싫어합니다. 자신이 쉽게 제어할 수 없는 상대를 만나면 피하든 싸우든 양자택일을 해야 하기 때문입니다. 싸워서 지면 사라지든지 굴복하든지 해야 합니다. 그러기에 남자들은 자기보다 뛰어난 남자가 한편이 아니면 본능적으로 좋아하지 않습니다. 그런 상대가 여자라면? 여자가 남자인 나보다 뛰어나다고? 그것도 키가 크다고? 있을 수 없습니다. 무조건 싫습니다.

키 큰 여자들이 선망의 대상이 된 세상에 살고 있다는 것이, 형(嬲)이란 글자가 사라진 세상에서 살고 있다는 것이 얼마나 엄청난 다행인지 요즘 여자들이 아는지 모르겠습니다. 형(嬲)이란 옹졸한 글자를 만든 남자들에게 더 다행인가요?

이렇게 작은 여자에게 붙여진 묘(妙)라는 글자를 사전에서 한번 찾아보십시오. 제일 먼저 '묘하다'라고 나옵니다. 당연하지요. 그런데 그 '묘하다'라는 말 옆에 괄호를 치고 이렇게 설명을 합니다. (말할 수 없이 빼어나고 훌륭하다.) 어떻습니까? 말로 표현할 수 없을 정도로 빼어나답니다. '예쁘다, 젊다'라는 부연 설명까지 붙어 있습니다. 이런데도 '작은 여자(妙)' 되길 거부하는 여자가 있을 수 있겠습니까?

남자들은 예쁜 여자의 본질은 '작음'이라고 묘(妙)라는 그림을 그린 후 스스로 이 그림에 도취했고 여자는 남자가 만든 이 그림의 노예가 되었습니다.

묘(妙)! 참으로 절묘(絶妙)합니다.

약해야 한다

요(嫋), 유(媰), 첨(姑), 섬(孅), 염(姌, 姢), 눈(嫩)

여자가 예쁠 조건을 찾는 것은 어렵지 않았지만 순서를 정하는 것은 만만치 않습니다. 일단 '작음'부터 시작했는데 다음 조건으로 '약함'을 골랐습니다. 사람마다 기준이 다를 터이니 순위에는 크게 의미를 두지 않았습니다.

'작음'과 '약함'은 비슷해 보이지만 다릅니다. '약함'도 가지가지입니다. 유약함은 병든 느낌이 들고 여린 것은 아슬아슬합니다. 가냘픈 것은 할 말이 많아 따로 모았습니다. 아무튼 이런 모든 느낌이 예쁜 여자의 조건 중 하나인 '약함'에 포함되어 있습니다.

예쁠 요(嫋)

여자가 예쁘려면 약해야 한다고 대놓고 못을 박은 글자입니다. 여자 옆에 붙은 글자는 '약할 약(弱)'입니다. 오른쪽은 약(弱)의 초기 모양입니다.

약(弱)의 전서

지금 우리가 쓰는 약(弱) 자와 다를 바 없습니다. 그런데 이 그림을 두고 설들이 많습니다.

첫째는 허신처럼 이 그림을 굽은 나무로 보는 견해입니다. 허신은 이 글자를 "굽은 나무다. 구부러진 모양을 본떴다"*고 했습니다. 쭉 뻗은 나무는 강하고 굽은 나무는 약하게 본 것입니다.

둘째는 이 그림을 새의 양 날개로 보는 견해입니다. 새끼 새의 연약한 날개를 본떴다고 해석합니다. 그러나 어디에도 새끼 새를 특정하는 부분이 없습니다. 그리고 날개라면 '연약하다'와는 거리가 멉니다. 오히려 '활개치다' '힘차다'라는 이미지가 더 강합니다. 이 그림을 날개로 보는 견해는 잘못입니다.

셋째는 이 그림이 활과 풀린 시위를 가리킨다는 설입니다. 그러나 전투를 대비해 시위를 풀어 놓은 활이 '약함'을 가리킨다는 견해 역시 수긍하기 어렵습니다. 그러나 이 그림이 활과 연관이 있다는 점은 맞습니다. '활 궁(弓)'의 초기 모습 때문입니다.

궁(弓)의 갑골문   궁(弓)의 금문   궁(弓)의 초계간백   궁(弓)의 전서

일부 갑골문과 금문을 빼면 모두 시위 없는 활을 그렸습니다.

獳은 '약할 약(弱)'의 전서체입니다. 갑골문이나 금문에는 발견되지 않았습니다. 이제 다시 獳을 보면 두 개의 활에 각각 실 가닥이 매달려 있음을 알 수 있습니다. 실은 끊어진 시위입니다. 풀어놓은 것이 아닙니다. 시위가 끊어져 터럭이 풀린 모습입니다. 활시위가 끊어져 다른 활을 쓰려고 보니 그것도 끊어져 있습니다. 싸울 힘이 약해질 수밖에 없습니다. 그래서 시위가 끊어진 두 개의 활을 겹쳐 '약할 약(弱)'을 만들었습니다. 이 약(弱)이 활과 연관 있다는 것은 '활 약할 약, 활 고를 악(䮓)'에서도 확인할 수 있습니다.

이렇게 시위가 끊어져 쓸모없게 된 활, 활의 기능이 사라져 군대의 힘을 약하게 만드는 글자 약(弱)이 여자에게 붙었습니다. 그런데 그 순간 '약하다'라는 의미는 온

---

* "橈也. 上象橈曲(뇨야. 상상뇨곡)",《설문해자》.

데간데없이 사라지고 여자는 '예쁜 여자'로 탈바꿈 합니다. 팽개쳐도 모자랄 약(弱)이 여자 옆에 붙었다는 이유만으로 남자 눈에 예쁘고 아리땁게 보이는 것입니다.

정말 여자를 보는 남자의 눈은 이해불가입니다. 인터넷 한자 사전에 실린 풀이를 감상해보시기 바랍니다.

요(嫋): 1. 예쁘다 2. 아리땁다 3. 바람에 산들산들 흔들리는 모양
4. 가냘픈 모양 5. 소리가 가늘고 길게 이어지는 모양

아름다울 유(姃)

유(姃)는 인터넷 사전에서 찾을 수 없습니다. 옛 자전을 봐야 나옵니다. 실용 한자로는 가치가 없지만 여자를 보는 남자의 시각이 아주 잘 나타나 있습니다. 유(姃)는 여자와 '어릴 유(幼)'가 합쳐진 글자로 '아름다울 유'입니다. 이 글자가 그런 뜻을 가진 이유를 캐려면 유(幼)의 뜻부터 알아야 합니다. 유는 다시 '작을 요(幺)'와 '힘 력(力)'으로 나눌 수 있습니다. '작을 요(幺)'부터 보겠습니다.

요(幺)의 금문

요(幺)의 전서

이 그림이 무엇일까요? 누에고치입니다. 양잠을 해본 분이라면 한눈에 알아볼 수 있을 것입니다. 누에고치에서 막 실을 한 오라기 풀어내는 모습을 그렸습니다. 한 개의 누에고치에서 풀려 나오는 명주실의 길이는 대략 1,200에서 1,500미터에 이른다고 합니다. 얼마나 가는지 짐작이 갑니다. 이 명주실이 가장 값비싼 옷감인 비단의 원료입니다.

비단은 기원전 6천 년 무렵에서 기원전 3천 년 무렵 사이 고대 중국에서 만들기 시작했습니다. 중국의 전설에 따르면 황제의 아내 누조가 처음 비단을 만들었다고

합니다. 빛을 산란하여 형형색색의 반사광을 만들어내는 비단은 왕과 귀족만이 사용하는 귀한 옷감이었습니다.

이 요(幺)가 힘[力 력]과 합쳐지자 비단은 사라지고 어린아이의 약한 힘을 가리키게 됩니다. 명주실처럼 가는 어린아이의 팔이 무슨 힘을 쓰겠습니까? 다만 약할 뿐이지요. 그래서 유(幼)는 '어릴 유'가 됩니다. 그런데 이 '어릴 유(幼)'가 여자에게 붙으니 여자가 아름답게 변합니다. 여자는 마술사입니다. 뭐든 탈바꿈시킵니다. 시위 끊어진 활도 힘없는 아이도 예쁘게 바꿔줍니다.

유(妼)는 여자가 어린아이 같아야 예쁘다는 것을 암시하고 있습니다. 남자 말이라면 천진난만한 어린아이처럼 아무 의심 없이 따르라는 암묵적 명령과 소망도 함께 담겨 있습니다.

약할 첨(姑)

첨(姑)은 '약할 첨, 가냘플 첨'입니다. 네이버 중국어 사전에는 없지만 네이버 한자 사전과 한전에 올라 있습니다. 여자 옆에 있는 글자는 점(占)입니다. 이 글자가 붙었는데 왜 '약하다'는 뜻이 생겼을까요?

점(占)의 갑골문

점(占)은 일반적으로 '점칠 점'으로 알려져 있지만 '점령할 점'이 먼저입니다. 점(占)에서 보이는 복(卜)은 점칠 때 쓰는 거북이 등껍질이 갈라진 모양을 그린 글자고 이를 둘러싸고 있는 것은 축문 그릇입니다.

고대에는 사전에 점을 치지 않고 전쟁을 한 예가 없습니다. 점을 봐서 길하다는 무녀의 말이 있어야 군대를 일으켰습니다. 이렇게 점을 본 후 그 결과물인 복(卜)을 축문 그릇에 꽂은 다음 항아리에 담아 묻은 것이 점(占)의 본래 모습입니다.

그런데 사람들이 이 글자를 점령한 땅[口]에 깃발[卜]을 꽂은 것으로 보면서 항아리가 사라지고 점(占)만 남았습니다. 아무튼 점(占)은 점령한 땅이니 그곳의 백성들은 약한 사람이 됩니다. 강했으면 점령을 당하지 않았을 테니까요. 따라서 점(占)의 본뜻은 '점령'입니다.

이렇게 점령당한 여자가 '약할 첨(姑)'입니다. 첨(姑)을 한전은 "작고 약하다"라고 풀고 있습니다. 작고 약해서 점령당한 것인지 점령당했으니 약한 것인지 모르겠지만 점령자가 피점령자에게 "너희가 점령당한 것은 약해서 그런 거야."라고 한다면 이중으로 모욕을 주는 것 같아 입맛이 씁니다.

가늘 섬(孅)

섬(孅)은 가늘다는 뜻일 때는 '섬', 교활하다는 뜻으로 쓸 때는 '첨'으로 읽습니다. 네이버 중국어 사전에는 없고 한전에는 "가늘고 연약하다"라는 뜻만 실려 있습니다

섬(孅)은 복잡한 모양을 하고 있습니다. 왼쪽부터 '여자 여(女)'와 '따를 종(从)' 부추 구(韭) 그리고 '창 과(戈)'로 이루어져 있습니다.

여자 여(女) + 따를 종(从) + 부추 구(韭) + 창 과(戈) = 가늘 섬(孅)

섬(孅)의 전서   부추 섬(韱)

여자를 뺀 섬(韱)은 '부추 섬'이라 읽어 채소인 부추를 가리키는 글자로 쓰이지만 실상은 전쟁터의 피비린내가 가득한 살벌한 글자입니다. 무기[戈]로 많은 사람들[从]을 죽여 그 시체가 부추 단처럼 널브러져 있는 모습을 그린 것입니다. 애당초 채소

238

를 가리키는 글자로 만들었다면 무기인 '창 과(戈)'를 넣을 필요가 없었습니다. 후세 사람들이 '부추 섬(韱)'의 머리 부분을 부추가 땅에서 솟아나오는 것으로 잘못 해석한 때문입니다. 머리 부분은 사람들입니다

아무튼 섬(孅)은 첨(姑)과 통하는 면이 있습니다. 첨(姑)은 점령당한 땅의 여자고 섬(孅)은 전쟁에 패해 들판에 널브러진 시체니 그게 그겁니다. 그래서 '가늘다, 가냘프다. 약하다, 자질구레하다, 작다'란 뜻을 가지고 있습니다. 그런 여자들이 교활해져 '교활할 첨'이란 훈도 생겼을 것입니다.

시대와 처한 환경에 따라 시체도 되고 교활하게도 되는 것이 여자입니다.

가냘픈 모양 염(姌)

잘 쓰이지 않는 글자지만 '가늘고 길고 유약한 모습*입니다. 여(女) 자 옆에 염(冉)이 붙어 있습니다. 염(冉)은 '나아갈 염'입니다.

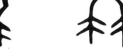

염(冉)의 갑골문   염(冉)의 금문

염(冉)의 초기 모양입니다. 수염을 그렸습니다. 빳빳한 턱수염이 아니라 양 볼을 타고 길게 늘어진 구레나룻입니다. 남자 얼굴에 나는 것도 수염이지만 메기나 용도 입가에 긴 수염이 있고 벼나 옥수수 끝에도 술이라 불리는 수염이 있습니다. '구레나룻 염(髥, 䫇)'에 그 본모습이 있고 '날름거리다, 흔들거리다'라는 확대된 개념이 舑(혀

---

* "細長柔弱貌(세장유약모)",《사기(史記)》〈사마상여열전(司馬相如列傳)〉.

를 내민 모양 담), 詽(수다스러울 염, 수다스러울 남), 茸(풀이 무성할 염) 등에 들어 있습니다.

수염은 스스로 제어 능력이 없습니다. 스스로 꼿꼿해질 수도, 구부러질 수도 없습니다. 그저 바람 부는 대로 하염없이 흔들릴 뿐입니다.

그렇게 염(冄)은 여자 옆에 붙어 '가냘픈 모양 염'이 되었습니다.

가냘픈 모양
염(姌)

'하늘거리는 여자'입니다 여자가 가냘파서 하늘거리는데 남자 눈에는 그것이 예뻐 보입니다. '부드럽고 연해' 보입니다. 수염이라는 본모습이 남아 '길고 예쁘다'라고도 했습니다.

그러나 염(姌)에는 '침범하다, 위태롭다'라는 뜻도 있습니다. 줏대 없이 흔들거리니 '위태롭고' '침범'을 당하는 것입니다.

휘청거릴 염(姃)

염(冄)은 염(冉)과 같은 글자로 쓰입니다. 그러나 염(冉)에 여자가 붙어 염(姃)이 되면 뜻이 약간 바뀝니다. 더 구체적으로 변해 '휘청거릴 염'으로 읽습니다. '휘청거리다, 연약하다, 가냘프다'라는 뜻을 가집니다. 염(姃)이 술 한 잔 걸친 모양입니다.

어릴 눈(嫩)

눈(嫩)은 '어릴 눈'입니다. 네이버 사전에는 "어리다, 연약하다, 미숙하다"로 나오고 한전에는 "부드럽다, 연하다, 섬세하다, 어리다"로 풀이되어 있는데 중국어 사전에는 "만만하다"라는 뜻이 추가되어 있습니다.

여자 옆에 붙은 글자는 '칙서 칙(敕)'입니다. 임금이 내리는 명령서입니다. 칙명(勅命)이라면 독약도 두말없이 마셔야 했을 만큼 칙(敕)은 어마어마한 권위를 지니고 있

습니다. 어째서 그렇게 막강한 위력을 지녔을까요? 칙(敕)을 보면 '묶을 속(束)'과 '칠
복(攵)'이 보입니다.

속(束)의 갑골문(사람을
꽁꽁 묶어놓은 모습)

복(攵)의 갑골문

복(攵)의 전서(오른손에
막대기를 든 모습)

칙(敕)의 금문

그림에서 보듯 칙(敕)은 사람을 묶어놓고 때리는 모습을 그린 것입니다. 꼼짝할 수
없는 글자입니다. 여자가 이런 글자 옆에 서 있습니다. 묶어 놓고 패는데 약해지지
않을 여자가 어디 있겠습니까? 중세 서양에서는 마녀라고 낙인찍힌 여자들이 수도
없이 죽었습니다. 모두 스스로 마녀라고 자복하고 죽었습니다. 그녀들이 진짜 마녀
여서 그랬을까요? 아닙니다. 매를 감당할 수 없어서였습니다. 묶어놓고 패면 어떤 여
자도 마녀로 만들 수 있었습니다.

그렇게 묶여 매질당하는 여자가 눈(嫩)입니다. 연약하고 만만한 여자가 되었습니
다. 그러면서 '미숙하다'란 뜻까지 붙였습니다. 이제 여자는 왜 작고 약해야 하는지
알겠습니다.

작으면 약하고, 약하니 다루기 쉽습니다. 자기보다 힘센 여자 좋아하는 남자, 잘
없습니다. 키야 타고나는 것이니 받아들인다 쳐도 여자가 남자보다 힘이 센 것은 다

른 문제입니다. 남자의 존재 가치가 위협을 느낍니다. 외적이 쳐들어오거나 맹수가 덤비는데 여자가 물리친다면 남자들의 자존심이 뭐가 되겠습니까? 그래서 여자들은 육체적인 힘을 기르는 것 자체를 피합니다. 요즘은 피트니스를 하며 근육을 키우는 여자들이 많습니다만 얼마 전까지만 해도 아령을 들면 알통이 생긴다고 여자들이 기구 운동을 하지 않았습니다. 여자가 피트니스를 하는 것도 몸매를 예쁘게 만들려는 목적이지 힘을 키우려고 하는 것이 아닌 줄 압니다. 알통 나온 여자, 힘세 보이는 여자, 남자 눈에 별로입니다. 남자가 기를 쓰고 근육을 키우고 싶어 하는 마음과는 정반대입니다.

때문에 여자는 작아야 하고 힘이 없어야 합니다. 힘이 있어도 없는 척해야 합니다. 남자에게 사랑받고 싶으면 여자는 장작 팰 일이 있어도 남자가 안 볼 때 패야 합니다.

요(嫋), 유(媃), 첨(姑), 섬(孅), 염(姌), 눈(嫩). 남자들은 이런 글자를 만들어놓고 여자는 약하다고, 약해야 한다고, 약해야 예쁘다고 외쳤습니다. 수천 년간 여자는 그리 알고 따랐습니다.

허리가 가늘어야 한다

차(嵯), **요**(娿, 要, 僄), **뇨**(嬲) **청**(婧), **현**(娹), **요**(腰), **규**(夔), **부**(婄)

차(嵯)

여자 옆에 차(差)가 붙어 있습니다. 차(差)의 본래 모습은 아래와 같습니다. 모두 금문입니다.

차(差)의 금문

왼쪽 두 그림의 상부에 보이는 것은 보리입니다. '보리 맥(麥)'에 그 모습이 남아 있습니다. 아래는 각각 왼손, 오른손과 축문 그릇입니다. 즉 차(差)는 축문 그릇[口]에 두 손으로 보리를 꽂는 그림입니다. 세 번째 금문을 보면 보리를 수레에 실었습니다. 여기서 알 수 있습니다. 이 보리는 일반 보리가 아니었습니다. 제사 의식에 쓰일 최고 품질의 보리였습니다. 들고 가지 않고 수레로 나를 만큼 최상의 대우를 받은 보리였습니다. 이렇게 선택되어 다른 것과 구별됨을 나타낸 그림이 '다를 차(差)'입니다.

이 차(差)가 붙었으니 차(嵯)에 등장하는 여자 또한 다른 여자들과 '다른' 여자였을 것입니다. 어떤 점이 달랐을까요? 선택받은 여자라면 좋아야겠는데 이 여자를 보고 있으면 뭔가 찜찜합니다. 바로 차(差)의 본모습에 들어 있는 제사 때문입니다.

갑골문이 만들어진 상나라 때는 인신공양의 최전성기였습니다. 역사서에 보면 상나라가 가장 중요시한 것이 제사와 전쟁이었습니다. 제사 때마다 인간 제물을 삶거나 피를 흘리게 했고 건축물을 지을 때는 기둥마다 사람 머리를 수십 두씩 묻었습니다. 상대 초기에는 그나마 희생자의 수가 비교적 적었는데 상대 후기로 오며 폭발적으로 늘어났습니다. 지금까지 은허 유적지에서 발견된 갑골문의 기록에 의하면 그 희생자의 수가 14,000구에 이릅니다. 인신공양이 가장 성했던 무정왕 시대에는 한 번에 500명의 희생이 동원되기도 했습니다.

이러한 제물을 구하기 위해 주변국에 끊임없이 희생을 요구했고 말을 듣지 않으면 무력을 동원했습니다. 이에 가장 큰 고통을 받은 것이 주변에 있던 주나라였습니다. 주나라는 수치를 무릅쓰고 자국민 중에서 희생을 골라 제물로 바쳐야 했습니다. 상나라의 멸망은 달기에 빠진 폭군 주왕의 학정 때문이라고 《사기》에 실려 있으나 실상은 지나친 인신공양으로 인한 주변국의 원한이 그 원인이었습니다. 이는 상을 멸망시킨 주나라가 상나라의 수도 은을 풀포기 하나 남기지 않고 갈아엎어 폐허로 만들고 떠난 것만 봐도 그 원한이 어떠했는지 알 수 있습니다. [덕분에 땅에 묻힌 갑골문들이 살아남아 수천 년 만에 발견되었다.]

그 포로들 중에 다른 여자들과 '다름'이 있어 희생물로 뽑혀 수레에 실려 가는 여자가 차(娈)였습니다.

그렇다면 이 여자는 다른 여자와 무엇이 달라 희생양으로 뽑혔을까요? 그전에 '수(羞)'라는 그림부터 살펴보겠습니다.

얼핏 보기에도 수(羞)는 차(差)와 많이 닮았습니다. 그도 그럴 것이 둘 다 제사와 관련이 있습니다. 차(差)는 앞서 살폈습니다. 그럼 수(羞)는 무슨 뜻으로 만든 글자일까요?

수(羞)가 들어간 단어로 우리에게 익숙한 단어가 수치(羞恥)와 진수성찬(珍羞盛饌)

입니다. 수치는 부끄럽다는 뜻입니다. 겸양으로 하는 말이 아니라 다른 사람 볼 낯이 없거나 스스로 떳떳하지 못해 진심으로 부끄러워하는 말입니다. 그런가 하면 진수성찬은 푸짐하게 잘 차려진 먹음직한 음식을 가리킵니다. 그런데 이런 자랑스러운 음식에 '부끄러울 수(羞)'가 들어 있습니다. 이상하다는 생각이 들지 않으십니까? 이 의문은 수(羞)의 본모습을 보아야 알 수 있습니다.

수(羞)의 상단은 양이고 하단 왼쪽의 삐침은 고삐, 하단 오른쪽의 축(丑)은 본래 오른손을 그렸지만 십이지에서 소를 가리킵니다. 이런 수(羞)의 원래 모습은 아래와 같습니다.

수(羞)의 갑골문

손으로 양을 끌고 가는 그림임을 한눈에 알 수 있습니다. 상나라 시대의 주요 가축은 양과 물소였습니다. 그전에는 돼지가 주였는데 기원전 5500년경에 태국에서 닭이 들어왔고 기원전 4천 년경에 양과 소가 서아시아에서 전래되었습니다.

고대에는 천자의 예라 하여 큰 제사에 익은 음식을 쓰지 않았습니다. 큰 소의 배를 갈라 받침틀에 엎어놓고 돼지도 한 마리, 양도 한 마리를 올렸는데, 이것이 제수의 전부였습니다. 이러한 제수를 태뢰(太牢)라 했는데 백관들에게는 그 고기를 나눠주어 각자 집에서 끓여 먹는 것으로 조정의 잔치 참석을 대신하도록 했습니다. '클 태(太)' 소 우리 뢰(牢)'를 쓰는 태뢰(太牢)는 나중에 호화로운 잔치라는 의미로 사용되는데 소가 빠지고 양과 돼지만 쓴 음식은 소뢰라 했습니다.

수(羞)는 이러한 제수의 대표로 양을 그린 것입니다. 가장 손쉽게 구할 수 있는 가축이라 그랬을 것입니다. 그렇다면 사람들은 이러한 희생물을 끌고 가며 어떤 생각을 했을까요? 당당했을까요? 의기양양했을까요? 아닙니다. 부끄러워했습니다.

구할 수 있는 최선의 공물이었지만 신께 바치기에는 너무나 초라해 보였습니다. 뿔이 곧고 잡털이 섞이지 않은 소를 골라 콩을 먹이고 등에는 비단을 둘렀지만 과연 흠향해주실까 두려웠습니다. 이런 마음이 담긴 그림이 수(羞)입니다. 수(羞)가 '부끄러움'과 '진수성찬' 양쪽에 다 들어 있는 이유입니다.

차(姹)는 이런 소 같은 여자, 축문에 꽂을 보리 같은 여자, 남들과 다름[差]이 있어 선택된 여자였습니다. 이 여자의 어떤 점이 다른 여자들과 달랐을까요? 한자의 훈에 답이 있습니다.

차(姹)의 훈은 '허리 가늘'입니다. 이 여자의 가는 허리가 다른 여자들과 '다름'이었습니다. 신께 바쳐도 부족함이 없는 여자였습니다.

20세기 중반에 들어서며 과거에 성행했던 미인 선발 대회가 많이 시들해졌습니다. 여성 단체들이 극력 반대해서입니다. 여자들이 선택된 여자의 의미를 알아서인 모양입니다.

차(姹)는 네이버 한자 사전과 중국어 사전에 오직 "여자의 자(字), 이름"으로만 올라 있고 한전에는 "옛 인명에 쓰인 한자, 여자의 용모"라고만 풀이되어 있으나 《대한한사전》을 보면 '여자 이름'은 없고 "허리 가늘 차, 허리 날씬할 차"라고 분명히 기록되어 있습니다. 행여 이 글자가 여자아이의 이름자에 쓰일까 두렵습니다.

그런데 여자의 허리는 왜 그렇게 특별했을까요? 이제부터 직접 허리가 들어간 그림들을 살펴보겠습니다.

가냘플 요(姚)

'가냘프다'하면 제일 먼저 떠오르는 것이 무엇인지요? 여자의 허리 아닌가요? 남자들은 그런 것 같습니다. '가늘다' 하면 여자의 허리부터 떠오릅니다. 여자들은 '가냘 프다'라고 하면 우선 '병약하다'가 연상되고, 코스모스 같은 여자라고 하면 '예쁘다' 보다 환자 이미지부터 떠오른답니다. 모두가 그런지는 확인할 수 없지만 남자와는 달라도 한참 다른 것 같습니다. 아무튼 한자를 만든 남자들은 '가냘프다'라는 그림 을 그리며 모델로 여자와 허리를 선택했습니다. 여자의 가는 허리는 신도 좋아하는 부위니까요.

'가냘플 요(嫋)'를 이해하려면 '허리 요(腰)'부터 봐야 하나 이 글자는 나중에 만 들어졌습니다. 처음에는 그냥 요(要)였습니다. 매우 중요(重要)합니다. 벌써 요(要)가 들어갑니다.

요긴할 요(要)

요(要)의 초기 그림부터 보겠습니다.

1. 갑골문   2. 금문   3. 전서

허신은 요(要)를 풀이하며 3번 전서를 참고했습니다. 그리고 이 글자를 여자가 양 손을 허리에 얹고 있는 모습이라 했습니다. 네이버 한자 사전에 올라 있는 풀이도 이를 따르고 있습니다. 참고로 옮깁니다.

要 자의 갑골문을 보면 허리에 손을 올린 여자가 그려져 있다. 무희(舞姬)가 춤

을 추고 있는 모습을 표현한 것이다. 要 자의 본래 의미는 '허리'나 '(허리를) 감싸다'였다. [하략]

일부 틀렸습니다. 금문의 여자가 머리에 손을 얹고 있는 것을 빼먹었습니다. 사람들은 허신의 의견을 좇아 허리가 매우 중요하기 때문에 "양손으로 감싸고 있다", 혹은 "양손으로 가리키고 있다"라고 해석합니다. 그렇다면 금문 2번이 이해가 되지 않습니다. 두 손이 감싸고 있는, 혹은 가리키고 있는 부위가 허리가 아니고 정수리이기 때문입니다. 신체에서 중요하기 때문에 감싸야 한다면 심장이나 유방이 있는 가슴으로 손이 가는 것이 정상입니다. 금문의 상단 중앙에 보이는 그림은 나중에 '정수리 신(囟)'이 된 머리의 최상부를 가리킵니다. 여자가 두 손을 머리 위로 올리고 있는데 허리라는 제목이 붙었습니다. 이유가 있습니다.

　여자가 허리를 돋보이고 싶어 할 때는 허리를 감싸는 것이 아니라 양손을 어깨 위로 올리기 때문입니다.

요(要)의 금문
(옆 그림과 같은 여자의 모습을 그린 문자)

물론 여자가 허리를 돋보이려 할 때, 허리에 양손을 올리는 포즈를 취하는 경우도 있습니다. 그러나 양손을 허리에 얹는 것은 일반적으로 허리보다 가슴을 강조하고 싶을 때 하는 행동입니다. 남자도 신체 일정 부위를 뽐내는 동작을 취할 때 흔히 허리에 양손을 올립니다. 가슴을 강조하는 포즈입니다. 결코 허리를 돋보이려는 자세가 아닙니다. 육체미 대회가 아니라면 남자는 위의 그림처럼 두 손을 머리 위로 올리는 포즈는 취하는 경우가 없습니다. 남자가 위와 같은 포즈를 취하면 자칫 여성 성향이 있는 남자 아닌가 하는 의심을 받을 수도 있습니다. 위와 같은 자세는 여자가 허리를 강조하고 싶을 때

만 하는 행동으로 보아도 무방합니다. 여자가 허리를 강조하고 싶은데 허리에 손을 얹었다면 짐짓 얌전을 떨고 있을 뿐입니다. 요(要)는 그런 그림입니다.

허신은 허리가 신체의 중심이기에 중요하다고 했지만 실상 남자들에게는 여자의 가는 허리가 예쁜 얼굴 못지않은 강력한 매력 포인트였기에 중요했습니다. 여자의 허리는 여자의 아름다움의 요체였습니다. 중요한 점이라는 뜻으로 요체(要諦)를 썼는데 여기도 역시 요(要) 자가 들어갑니다. 여자의 이 가는 허리 때문에 남자들의 세계에 파란이 입니다.

가는 허리로 역사에 이름을 남긴 여자가 한둘이 아니지만 제일 먼저 조비연을 꼽지 않을 수 없습니다.

조비연은 한나라 성황제의 첩으로 들어갔다가 용모가 뛰어나고 춤과 노래를 잘해 총애를 받은 여인입니다. 나중에 부인이 되어 효성황후에 올랐습니다. 본명은 조의주였으나 '나는 제비'라는 뜻의 별명 조비연으로 불렸습니다. 그런 별명을 얻게 된 연유가 재미있습니다.

하루는 황제가 호수에 배를 띄우고 선상연(船上宴)을 펼쳤는데 조의주가 춤을 추었습니다. 그런데 갑자기 강풍이 불어 그녀의 몸이 날아갔습니다. 그만큼 가냘팠습니다. 황제는 재빨리 그녀의 발목을 잡아 그녀가 물에 빠지는 것을 막았는데 그녀는 임금의 손바닥 위에서 계속 춤을 추었습니다. 그래서 '물 찬 제비' 또는 '나는 제비'라는 뜻의 조비연(趙飛燕)이라는 별명을 얻었습니다. 몸매가 어떠했는지 상상이 가시는지요?

또 하나, '가는 허리' 하면 빼놓을 수 없는 일화가 "세요궁"입니다.

중국 4대 미녀 중 하나로 꼽히는 우미인의 고국 초나라는 미인이 많기로 유명했습니다. 이 초나라의 영왕이 여자를 무척 밝혔는데 특히 허리가 가는 여자를 좋아했습니다. 그래서 많은 여자들이 가는 허리[細腰]를 갖겠다고 굶기를 밥 먹듯 해 후궁들 중에 영양실조로 죽는 이가 속출했습니다.* 그래서 사람들은 초왕의 후궁을 세요궁(細腰宮)이라 불렀고 여기서 초요(楚腰)란 말이 생겼습니다. 초나라 여인처럼 가는 허리라는 말입니다. 이처럼 가는 허리를 가진 여자가 추는 춤을 특별히 초요경무(楚腰輕舞)라 불렀습니다.**

우리나라에도 이 초요란 이름을 얻은 여자가 있습니다.

《조선왕조실록》에 보면 "경회루 잔치에 4기녀(妓女)를 불러 음악을 연주하게 하였다"는 기록이 보입니다.*** 이들 중 한 명이 초요갱(楚腰輕)인데 그녀를 둘러싸고 벌어진 스캔들이 16번이나 실록에 오릅니다. 단종 3년(1445년)부터 예종 1년(1468년)까지 무려 23년간이나 조정에 풍파를 일으켰습니다. 초요갱은 집안이 역모에 연루되어 몰락하는 바람에 관비가 되었는데 보는 남자마다 정신을 잃게 만드는 자태에 뛰어난 춤 솜씨와 절대음감****까지 갖췄다고 합니다. 지금이라면 K팝의 정상에서 전 세계를 휘어잡았을지도 모르는데 한낱 팜므 파탈로 갖은 풍파에 시달리다 역사의 뒤안길로 사라졌으니 시대의 사람 만듦이 이와 같습니다.

---

* 《사기(史記)》, 《한비자(韓非子)》.

** 《후한서(後漢書)》.

*** 《세조실록》 31권, 세조 9년 윤 7월 4일.

**** 초요갱과 왕손 간에 스캔들이 일어났을 때 죄를 묻자는 의견이 분분했으나 초요갱은 독보적인 춤 솜씨 덕분에 벌을 면할 수 있었다. 《단종실록》에 다음과 같이 기록되어 있다. "초요갱은 금수와 다름이 없으므로 족히 책할 것도 못 되나, 세종조에 새로 제정한 악무(樂舞)를 홀로 능히 전습(傳習)하였고 다른 사람은 이를 아는 자가 드무니 고향의 고을에 내칠 수가 없습니다." 《단종실록》 13권, 단종 3년 3월 9일.
박연은 한국 역사상 왕산악, 우륵과 함께 3대 악성으로 꼽히는 음악가다. 세종 때 활약하며 궁중음악을 아악 중심으로 정비했다. 이런 박연이 편경을 만들었는데 그 중 하나의 음이 잘못되었다고 초요갱이 잡아냈다. 초요갱은 악성을 능가하는 절대음감의 소유자였다. [성현, 《용재총화》]

이처럼 허리는 여자들에게 아주 중요한 신체 부위였습니다. 그런데 요(要)가 점점 '중요하다'라는 뜻으로만 쓰이자 허리를 가리키는 글자로 '허리 요(腰)'가, '가냘프다'라는 뜻으로 '가냘플 요(嫋)'가 따로 만들어졌습니다.

허리를 다시 한 번 보겠습니다.

요(腰)의 갑골문   요(腰)의 전서(《설문해자》)

그림의 허리 부위에 분명히 두 손이 보입니다. 여기서 잠시 남녀가 포옹하고 있는 장면을 떠올려 보겠습니다. 남녀가 키스하는 이미지는 아마 아래 그림이 대표적일 것입니다.

그림을 보면 여자의 손은 남자의 목덜미에, 남자의 손은 여자의 허리에 있습니다. 반대인 경우는 생각만 해도 어색합니다. 아무튼 남자가 여자를 얻으려면 허리를 제압해야 하고 여자는 남자의 목덜미를 감싸야 합니다. 둘 다 본능적으로 아는 모양입니다. 요령(要領)이란 말이 있습니다. 사물의 핵심을 짚어 잘 다룰 때 쓰는 말입니다. 그런데 이 요령의 요(要)가 허리를 가리키고 령(領)이 목덜미를 가리킨다는 사실을 알아야 합니다.

이 글자는 고대의 전쟁과 관련이 있습니다. 전쟁에 이긴 병사들은 도망가는 적국의 남녀들을 포로로 잡을 때 여자는 허리를 낚아채고 남자는 목덜미를 움켜잡았습니다. 그러면 힘을 못 쓴다는 것을 알았기 때문입니다. 그렇게 하는 것이 포로를 쉽게 제압하는 요령임을 오랜 경험을 통해 터득하고 있었던 것입니다.

위의 남녀가 포옹하고 있는 그림을 다시 보십시오. 서로 내 포로로 삼겠다고 여자는 남자의 목덜미를, 남자는 여자의 허리를 휘감고 있습니다. 이런 경우야 서로가 서로의 포로가 되고 싶을 테니 정겹게 볼 수도 있겠습니다. 그러나 갑골문을 보면 남자의 양손에 허리를 붙잡힌 여자만 보입니다.

요령(要領)

대부분의 자료들이 요(要)의 옛 글자에 보이는 허리 위의 두 손을 여자 자신의 손으로 설명하고 있지만 아닙니다. 남자의 손입니다.

고대의 전쟁 기록을 보면 허리가 굵어 낚아채기 힘든 여자는 그 자리에서 죽였다고 했습니다. 살려두면 결국 자신의 적이 될지도 모르는 자식을 생산할 테니 말입니다. 여자가 목숨이나마 부지하려면 무엇보다 허리가 가늘어야 했습니다. 허리가 가늘면 자칫 희생물로 뽑힐 지도 모르지만 어쨌든 당장은 안 죽었습니다.

지금도 여자들은 날씬한 허리에 목을 맵니다. 제물이 되건 말건 가는 허리에 대한 갈망은 아예 여자의 디엔에이(DNA)가 되었습니다. 남자들에 의해 후천적으로 새겨진 것인지, 제물이 된 옛 여인들의 원혼이 씌워서인지 아니면 다른 이유가 있는 것인지 모르겠습니다.

즐, 질(孞)

즐(孞)은 《한한최신대옥편》,《대한한사전》에도 올라있지 않고 다음 한자 사전, 인터넷 중국어 사전에서도 찾을 수 없습니다. 오직 네이버 한자 사전과 존 한자 사전에만 실려 있는데 네이버 한자 사전은 "삼가지 않을 질", 존 한자 사전은 "계집 방탕할 즐"이라 했습니다. 여기서 '삼가지 않다'는 몸가짐이나 언행을 조심하지 않는다는 뜻입니다. 그런데 《강희자전》은 이 글자를 요(要)의 옛 글자라 했습니다.

즐(孞)을 보면 위에 있는 것은 손, 아래는 여자입니다. 그러면서 '허리 요(要)'의 옛 글자라 했고 '삼가지 않을 질' '계집 방탕할 즐'이라 했습니다. 갑골문이나 금문이 없어 여자가 허리에 손을 얹은 모습인지 남자가 여자의 허리를 움켜쥔 모습인지는 명확하지 않습니다만 여자의 허리와 문란함을 연계한 것만은 분명합니다. 남자들의 눈이 여성의 허리로 가면서 짐짓 모든 허물은 여자에게 있다며 스스로를 감춘 글자입니다.

날씬할 요(偠)

'날씬할 요'입니다. 사람[人]과 중요[要]하다가 합쳐졌는데 날씬하답니다. '날씬하다'는 허리가 가늘다는 말이고 허리 가는 것은 바로 '예쁘다'로 연결됩니다. 한전에서 요(偠)를 찾으면 "자태가 아름답다"가 제일 먼저 나옵니다. 그런데 또 "얌전한 모양"이란 뜻도 있습니다. 날씬한 여자가 얌전하다니 이유가 뭘까요?

남자들은 수다스럽고 부산스러운 여자를 좋게 보지 않습니다. 수다스럽고 부산스러운 여자는 다른 남자들의 눈에도 뜨이기 때문입니다. 그것이 싫습니다. 남자들은 남자끼리의 경쟁을 두려워합니다. 예쁜 여자는 그것을 압니다. 얌전합니다. 나대지 않습니다. 가만있어도 남자들이 자기를 좋아할지 알기 때문에, 자신이 낭중지추(囊中之錐)임을 알기 때문에 얌전을 떱니다. 물론 남자들의 생각입니다.

이외에도 직접 요(要)가 들어가지는 않았지만 여자의 가는 허리를 강조한 글자들이 많습니다.

아름다울 뇨(嫋)

뇨(嫋)는 '아름다울 뇨'입니다. 그런데 '아름답다'뿐 아니라 '날씬하다, 허리가 가늘다'란 뜻이 함께 들어 있습니다. 옛사람들이 생각한 아름다움의 본질을 나타내고 있습니다. 뇨(嬝)는 '낭창거릴 요'입니다. 낭창거린다는 것은 탄력 있게 흔들거리는 모습을 뜻합니다. 시인 두보는 살랑살랑 불어오는 가을바람을 뇨뇨(裊裊)라고 읊었습니다.

뇨(裊)에 '말 마(馬)'가 보이는 데서 짐작할 수 있듯이 뇨(裊)는 안장을 고정하기 위해 말의 배에 두른 뱃대끈을 가리키나 원래는 중국 전설에 나오는 신마(神馬)로 이름이 요뇨(驍裊)였습니다. 황금색 입술에 붉은색 털을 가진 요뇨는 하루에 1만 5천 리를 달렸다고 합니다.

두보의 시 〈천육표기가(天育驃騎歌)〉에 요뇨가 나옵니다.

지금인들 어찌 요뇨와 화류 같은 명마(名馬)가 없으랴마는, 이제 말 잘 모는 왕량과 말 관상을 잘 보는 백락이 죽고 나니 모든 게 헛것이로구나.*

---

* "如今豈無驍裊與驊騮 時無王良伯樂死卽休(여금기무요뇨여화류 시무왕량백락사즉휴)"

요뇨처럼 날렵한 여자가 뇨(嬲)였습니다. 가는 허리를 지녔으니 또한 '아름답다' 했습니다..

날씬할 정, 청(婧)

청(婧)은 '정, 청' 두 가지로 읽습니다. '날씬하다'란 뜻입니다. 여자 옆에 있는 글자는 '푸를 청(靑)'입니다. 여자에 '푸를 청'이 붙었는데 왜 '날씬하다'란 뜻이 되었을까요?

이 청(靑)을 잘못 알고 있는 사람들이 의외로 많습니다. 적지 않은 책이나 블로거들이 이 글자를 '날 출(出)'과 '붉을 단(丹)'의 합자로 보고 "붉은 돌에서 나는 것은 푸르다"라고 풀고 있습니다. 이렇게 말한 사람들은 과연 자신이 무슨 소리를 하는지 알고 썼을까요? 붉은 돌에서 무엇이 나오고 그것은 왜 푸릅니까? 도무지 알 수 없는 소리들을 하고 있습니다.

그나마 좀 더 생각한 사람들은 "땅 위로 푸른 새싹이 뚫고 올라오는 모습"이라고 합니다만 이것도 아닙니다. 새싹의 빛깔은 청(靑)이 아니라 록(綠)입니다. 청(靑)의 옛 글자를 보겠습니다.

청(靑)의 갑골문

윗부분이 '날 출(出)'인 것은 맞습니다. 그러나 아랫부분은 '우물 정(井)'입니다. 첫 번째 글자를 보면 물웅덩이가 허물어지지 말라고 주변에 두른 나무틀이 선명하고 두 번째 글자에는 우물에서 물이 솟기를 기원하는 축문 그릇이 보입니다. 마침내 솟는 물을 점으로 표시한 것이 세 번째 글자입니다. 이 세 번째 글자의 아랫부분을 사람들이 '붉을 단(丹)'으로 오해합니다. 이상한 해석들이 나오게 된 이유입니다.

우물에 물이 고이면 하늘이 비칩니다. 파랗습니다. 청(靑)은 그렇게 '푸를 청'이 되었습니다.

그런데 우물을 파보면 서부영화에서 기름이 뿜어져 나오는 것처럼 갑자기 물이 솟구치는 경우는 거의 없습니다. 어릴 때 동네 어른들이 우물 파는 것을 구경한 적이 있습니다. 지하수가 있는 땅이라도 처음에는 물기만 맺히다가 아주 조금씩 물이 차기 시작합니다. 땅을 비집고 눈물처럼 배어 나오는 물이 그렇게 가냘가냘할 수가 없습니다. 그래서 중국어 사전에는 청(靑)과 여자를 붙여 만든 청(婧)에 "가냘프다"라는 한 가지 뜻만 올려놓았습니다. 그러나 한국의 자전이나 한전은 "날씬하다, 정갈하다"로 풀고 있습니다.

'가냘프다' '날씬하다' '허리가 가늘다'는 같은 의미로 쓰였고 허리 가는 여자는 모두 '예쁘다, 아름답다'라고 했습니다.

이런 여자의 허리를 쳐다보는 남자들의 시선은 어떠했을까요? 남자들은 그것까지 그려놓았습니다.

허리 가늘 현(娊)

여자 옆에 붙어 있는 글자는 '볼 견(見)'입니다. 허리가 안 보입니다. 그런데 훈이 '허리 가늘'입니다. 어째서 그런 훈이 붙었는지 그림부터 보겠습니다.

왼쪽은 여자[女], 오른쪽은 보는 눈[見]을 그렸습니다. 얼핏 왼쪽 그림이 지금까지 보아온 여자와 달라 보이지만 그

현(娊)의 금문

렇지 않습니다. '여자 여(女)'의 변화 모습을 보겠습니다.

| 갑골문 | 금문 | 초계간백 | 진계간독 | 전서 |

여자 그림은 초기의 갑골문부터 금문과 전서, 전국시대의 고문을 거치며 조금씩 그 모양이 변했습니다. 현(娹)의 왼쪽에 있는 여(女)는 3번 초계간백을 모델로 했습니다. 오른쪽은 '볼 견(見)'인데 이 역시 세월이 흐르며 변한 모습입니다. 아래는 '볼 견(見)'의 변화 과정입니다.

| 갑골문 | 금문 | 초계간백 |

역시 초기 갑골문이 금문과 초계간백에 이르러 상당히 변한 것을 알 수 있습니다. 현(娹)의 오른쪽 부분인 견(見)은 3번 금문이 모델입니다.

이제 현(娹)이 여자를 쳐다보는 모습임을 알 수 있습니다. 여자의 어디를 쳐다보는 것일까요? 이 글자의 훈이 '허리 가늘'입니다. 더 설명이 필요할까요?

요즘이라면 '허리 가늘 현'이 아니라 '성추행 현'이라 했을 것입니다.

멀리 바라볼 요(腰)

요(腰)는 안과 용어로 말하면 원시입니다. 요(要)가 들어가 있지만 현(娊)과 연관되기에 아껴 두었습니다. 남자는 여자의 날씬한 허리를 보면 절로 눈이 돌아갑니다. 멀리 있어도 예외가 없습니다. 그러다 보면 잠시 정신이 흐트러지는 남자도 있을 수 있습니다. 요(腰)는 그런 남자들에게 경고로 만든 글자가 아닌가 합니다.

세월이 흐르며 여자의 가는 허리는 남자들의 관상용을 넘어 여자의 모범으로 자리 잡습니다.

가는 허리 규(娊)

'가는 허리 규(娊)'의 여자 위에 있는 규(規)는 '법 규'입니다. 규(規)의 왼쪽에 있는 부(夫)는 관모를 쓴 남자 즉 성인 남자를 가리킵니다. 부부(夫婦)란 단어에서 남편을 가리키는 글자로 많이 쓰입니다. 부(夫)는 사회의 중추적인 존재입니다. 모든 세상사가 이들의 손으로 운용되고 이들의 관점에서 재단됩니다. 이런 부(夫)의 시각을 그린 것이 '지아비 부(夫)'와 '볼 견(見)'이 합쳐진 '법 규(規)'입니다. 규(規)는 모든 이에게 성인 남자 부(夫)가 정한 기준을 준수할 것을 명하고 있습니다. 규칙(規則), 규범(規範) 따위의 단어들을 보면 규(規)가 어떤 의미로 쓰이는지 알 수 있습니다. 규(規)가 여자 머리 위에 올라앉아 '가는 허리'란 그림이 탄생했습니다. 남자들이 여자에게 주문한 모범상(模範像)이 가는 허리를 가질 것이었습니다. 그렇게 가는 허리는 여자에게 선택 사항이 아니라 필수 조건이 되었습니다.

장형의 《남도부(南都賦)》에 "요초편연(偠詔便娟)"이란 시구가 있습니다. '몸매 날씬하니 모습 또한 예쁘구나'라는 뜻입니다. '날씬'이 먼저고 '예쁘다'가 나중입니다.

그렇다면 허리 굵은 여자는 남자들이 어떻게 보았을까요?

살찔 부(婄)

부(婄)는 '살찌다, 둔하다'란 뜻을 갖고 있습니다. 살이 쪘으니 둔하게 보일 수 있습니다. 보는 사람 마음이니 어쩌겠습니까? 그러나 보는 사람들의 따가운 시선에 대해 "하루 이틀 당한 것도 아닌데 괜찮아요"라고 한다면 큰 오산입니다.

부(婄) 옆에 붙어 있는 부(咅)는 원래 '살구 행(杏)'입니다. 살구는 생각만 해도 입에 침이 고입니다. 조조가 군사를 이끌고 행군하던 중 물이 떨어져 병사들이 고생하자 "곧 매실나무 숲이 있다"고 외칩니다. 입에 침이 고인 병사들은 힘을 내어 행군을 계속했습니다.

입에 침이 고이면 뱉습니다. 그래서 행(杏)에서 부(咅)라는 글자가 파생되며 새로운 뜻이 붙습니다. '침 부, 침 뱉을 투(咅)'. '침을 뱉다'와 함께 '거절하다'란 뜻도 함께 들어갔습니다. 이 글자가 살찐 여자 옆에 붙었습니다. 그래도 괜찮겠습니까? 살찐 여자가 맘에 안 들면 안 보면 그만이지 왜 침을 뱉습니까?

여자의 허리와 관련된 여러 문자들을 살펴보았습니다. 이제 알겠습니다. 남자들에게 있어 가장 중요한 것은 여자의 허리였습니다. 하늘도 땅도 아니고 나라도 왕도 아니었습니다. 부모 자식도 아니고 친구도 아니었습니다. 도덕도 아니고 학문도 아니었습니다. 여자의 허리였습니다. 그래서 중요하다는 개념을 그려 글자로 만든 최초의 화가는 그 상징으로 여자의 허리를 택했고 이에 모든 남자들이 박수로 화답했습니다. 여자들은 가는 허리에 목숨을 걸고 남자들은 허리 가는 여자가 지나가면 저도 모르게 고개가 돌아갑니다. 예나 지금이나 하나도 변한 것이 없습니다.

단정해야 한다

필(妶), **거**(姖), **착**(姣, 姤), **정**(妌), **람**(姲)

남자들이 존재가 드러나는 여자, 남의 이목을 끄는 여자를 어찌 생각하는지 앞에서 살폈습니다. 그렇다면 자기 집안 여자들에게는 어떻게 하라고 했을까요?

단정할 필(妶)

여자들이 철들기 전부터 귀에 못이 박히도록 듣는 소리가 "여자는 단정(端正)해야 한다"는 말입니다. 단정함은 다른 어떤 것보다도 우선시되는 여자의 덕목이었습니다.

　단(端)이라는 글자는 끝, 처음, 실마리, 예복, 생각 등 여러 가지로 쓰이나 '단정하다'라는 말로 쓰일 때는 예복을 가리킵니다. 단정은 예복의 끝[단]이 올바르게 마무리됐다는 의미로 만들어졌습니다. 옷의 가치는 마무리로 결정됩니다. 재료가 아무리 좋아도 소용없습니다. 소위 명품이라는 옷들은 실밥 한 오라기만 삐져나와도 불량품 취급 받습니다.

　마무리 잘된 옷을 가리키는 낱말로 만들어진 단정이란 말이 몸가짐뿐 아니라 마음가짐에까지 그 통제의 영역을 넓혀가다가 결국에는 '말이나 행동 따위가 사회적인 규범이나 사리에 어긋나지 아니하고 들어맞다'란 의미로 정착합니다.

　남자들은 여(女) 자 옆에 '반드시 필(必)'을 붙여놓고 '단정할 필(妶)'이라고 이름 붙였습니다.

　'반드시 필(必)'이 무엇을 그렸는지는 아직 정설이 없습니다.

(必)의 갑골문 　　　　필(必)의 금문 　　　　필(必)의 해서

이 필(必)을 두고 해석이 분분합니다.

1. '마음 심(心)'에 '삐침 별(丿)'이 관통된 형상을 하고 있다. [이는 해서체를 보고 내린 해석으로 마음에 새겼다는 의미로 보는 견해인데 해서체 이전의 갑골문이나 금문을 보면 '마음 심(心)'과는 아무 관련이 없습니다.]

2. 갑골문을 보면 국자다. 제사용 술을 퍼 담는 용도로 만든 것이다. 일정한 양을 담아야했기 때문에 '반드시'라는 의미가 파생되었다. [국자로 보기에는 무리일 뿐 아니라 '반드시 일정한 양'과 결부시킨 것도 너무 억지스럽습니다. 무엇보다 중국어로 국자는 필(必)이 아니고 작(勺)입니다.]

3. 갑골문을 창이나 도구로 보고 금문을 그 창이나 도구를 반듯하게 만드는 도지개가 함께 있는 그림으로 본다. [많은 글들이 이 설을 따르고 있으나 선뜻 수긍이 안 갑니다.]

'반드시'와 같은 추상 개념을 그림으로 나타내는 것은 참으로 어려운 일입니다. 가장 단순하게 생각할 수 있는 것은 반드시 지켜야 할 무언가를 약속할 때 모두가 인정하는 상징물을 내세웠을 것이라는 가정입니다. 기독교인이라면 십자가를 걸고 무슬림이라면 코란에 손을 얹고 맹서를 할 것입니다. 그렇다면 갑골문을 만들 당시에는 무엇으로 그런 역할을 삼았을까요? 신목(神木)입니다. 신목은 신령이 강림하는 통로로 이용하거나 그곳에 머물러 있다고 믿어지는 나무를 말합니다. 단군신화에 등장하는 신단수(神壇樹)가 그런 나무입니다. 신목 신앙은 고대사회에서 일반화된 현상이었습니다. 필(必)은 그런 신목이 서 있는 곳을 가리킵니다. 그런 곳에서 '반드시' 지켜야 할 맹세들이 이루어졌습니다.

이런 필(必)이 붙으면 이미 인간의 영역을 벗어난 약속이고 명령이었기 때문에 빼도 박도 못합니다. 꼼짝없이 지켜야 합니다.

이런 글자를 여자 옆에 붙여 놓고 '단정하다'라고 했습니다. 여자들에게는 단정할 것 외에는 선택의 여지가 없었습니다.

부모들이 딸들을 집안에 꽁꽁 박아놓은 것도 나돌아 다니다 행여 단정치 못한 여자 소리를 들을까 염려해서였습니다. 여자들은 이를 당연하게 여겼습니다.

《태종실록》에 내은이라는 여인이 나옵니다. 내은이 나이 16세에 부모가 연이어 죽자 데리고 있던 종이 자기 아우가 사는 시골에 내려가 살자고 합니다. 이에 내은이가 한 말을 그대로 옮깁니다.

여자의 도리는 안방 문을 나가는 것이 아니다.*

얼마나 교육을 잘 시켰으면 이런 말을 했겠습니까?

'여자 여(女)' 자 옆에 '권할 권(勸)' 자를 붙여 '단정하다'란 글자를 만들었어도 그대로 따랐을 텐데 '반드시 필(必)' 자를 붙여 놓았으니 여자들이 어찌 딴생각을 품을 수 있었겠습니까?

---

* "女道不出閨門(여도불출규문)", 《태종실록》 7권, 태종 4년 2월 27일.

단정할 거(姖)

거(巨)는 '크다, 많다'를 뜻하는 글자입니다. 그렇다면 거(姖)는 키 큰 여자나 몸집이 큰 여자일까요? 아니면 우러러볼 만큼 위대한 여자인가요? 아닙니다. 거(姖)의 훈은 '단정하다'입니다. 생뚱맞은 느낌이 들지 않으십니까?

'크다'라는 의미의 거(巨)가 붙은 거(姖)가 어떻게 '단정하다'란 의미를 갖게 되었을까요? 거(巨)를 '크다'라고 해석하면 답이 안 나옵니다.

거(巨)는 애초에 '크다'란 의미를 나타내기 위한 글자가 아니었습니다.

거(巨)의 금문

이것이 거(巨)의 본래 모습입니다. 1번과 2번은 도구고 3, 4번은 사람이 이 도구를 들고 있는 모습입니다. 이 도구는 무엇이었을까요? 자[尺, ruler]였습니다.

자질구레한 것들이야 대충 눈대중으로 만들 수 있지만 규모가 큰 것을 만들려면 정확한 치수를 알아야 합니다. 아마 소도구나 가구를 만들기 시작하면서부터 필요하게 된 '자'가 집을 짓게 되면서 점점 커지고 정밀해졌을 것입니다. 그 '자'가 '거(巨)'였고 점차 '크다'라는 의미를 갖게 되었습니다. '거(巨)'가 '크다'라는 의미로 더 많이 쓰이게 되자 나중에 순수하게 자를 가리키는 글자로 '모날 구(矩)*'를 따로 만들었습니다. 홍수로 골머리를 앓던 순(舜) 임금이 나중에 하나라의 비조가 된 우(禹)에게 치수를 명합니다. 이후 우의 손에는 구가 떠나지 않았다고 합니다.** 그 용도

---

* 규(規)는 원을 그리는 도구이고, 구(矩)는 네모를 그리는 도구이다.

** 《사기: 본기》 3권, 〈은본기(殷本紀)〉.

가 치산치수였으니 금문에서 보듯이 만만한 크기가 아니었을 것입니다.

여기서 자가 어떤 용도로 쓰이는 도구인지 다시 한 번 생각해보겠습니다. 자는 길이를 재는 기구이니 정확함이 생명이고 또 모두 똑같아야 합니다. 즉 자는 획일화된 규격품을 만들 때 사용되는 도구라는 것입니다.

남자들은 여자에게 거(巨)를 붙이면서 남자들이 지정한 생활 방식 즉 단정함을 정확히 지킬 것과 다른 여자와 달리 행동하지 말 것을 주문했던 것입니다.

'단정할 거(姖)'는 결코 단정하다고 여자를 칭찬하는 글자가 아닙니다. 여자에게 남자들이 정한 기준에서 한 치도 벗어나지 말라고 채운 족쇄이자 잊지 말라고 찍은 낙인이었습니다.

필(妼)과 거(姖), 참으로 보기만 해도 숨이 막힙니다. 그래도 필(妼)과 거(姖)는 양반입니다. 넌지시 압박하고 있습니다. 강요함에는 틀림없지만 그래도 폭력만은 쓰지 않고 있습니다. 그러나 착(娖)은 다릅니다.

삼갈 착(娖, 妲)

착(娖)은 여자에게 언행을 조심하고 몸가짐을 제대로 하라는 말입니다. 여자 옆에 붙은 속(束)은 묶는다는 뜻입니다. '묶다'는 여러 상황에 쓸 수 있는 말이지만 애초에는 보따리를 그렸습니다.

속(束)의 갑골문 　　　　　　　　속(束)의 금문

무엇을 담기 위해 가죽이나 천의 아래 위를 묶은 모습입니다. 세로로 그은 선은 보따리를 들거나 메고 가기 위해 꿴 막대기입니다. 아무튼 포대의 아래 위를 꽁꽁 묶은 것이 속(束)입니다. 이것이 사람에게 쓰이면 무서운 글자가 됩니다. 사람의 행동이나 의사의 자유를 제한하거나 속박하는 것을 구속(拘束)한다고 합니다. 양손이 묶인 듯 아무것도 할 수 없을 때 속수무책(束手無策)이라고 합니다. 이런 글자를 여자 옆에 붙여놓고 "몸가짐을 삼가고 언행을 조심하라"고 했습니다. 착(竦). 여자를 꽁꽁 묶어놓은 그림입니다.

갑골문　　　　　　　금문　　　　　　　해서

착(竦)은 착(竦)과 같은 글자입니다. '묶을 속(束)' 대신 '발 족(足)'을 썼습니다. 착(竦)과 마찬가지로 '삼가다'는 뜻이나 특히 걸음걸이에 신경 쓰라는 세부 행동 강령이 담겨 있습니다. 여자의 걸음걸이가 조신하지 않으면 집안에 망조가 든다고 남자들이 호통을 쳤습니다.

착착(竦竦)은 일이나 행동을 삼가는 모양을 가리키는 말입니다. 일이 차질 없이 착착 진행된다고 할 때의 '착착'이 네이버 국어사전에는 착착(着着)으로 올라 있습니다.

착(着)은 '붙을 착'이니 일이 착착 달라붙듯 진행된다는 의미일 것입니다. 그러나 혹 착착(姡姡)에서 비롯된 것은 아닐까 생각해볼 만합니다. 일을 조심스럽게 진행하면 차질이 안 생길 테니 말입니다.

아무튼 여자들은 이 글자를 볼 때마다 매사에 삼가지 않으면 묶여 매질을 당할 것을 생각하며 공포에 떨었을 것입니다.

남자들은 이런 주문이 정당하다고 믿었습니다. 그 증거가 정(姃)입니다.

단정할 정(姃)

여자에게 단정함을 강요한 또 다른 그림이 '단정할 정(姃)'입니다.

정(正)은 '바를 정'입니다. "정(正)이 무엇인가?"라고 물었을 때 정당(正當)하고 정확(正確)하고 정의(正義)로운 글자라고 하면 정답(正答)이 될 것입니다. 과연 그런지 생각해보겠습니다.

정(正)은 고대에 전쟁을 하면서 그린 그림입니다. 정(正)의 갑골문을 보면 뜻밖의 모습을 하고 있습니다.

정(正)의 갑골문　　정(正)의 금문

위의 동그라미는 땅이고 그 아래 보이는 와 는 모두 멈춰 선 발로 나중에 '멈출 지(止)'가 된 그림입니다. 즉 정(正)은 눈앞에 펼쳐진 땅을 보고 멈춰 선 모습을 그린 것입니다.

이것이 '바르다'라는 뜻을 갖게 된 것은 그 땅이 남의 땅이고 멈춰 선 목적이 바야흐로 침략을 위한 멈춤이었기 때문입니다. 침략과 '바르다'는 얼핏 반대 개념같이 보이지만 필연적인 관계가 있습니다.

남의 땅을 침략하기 위해 가장 필요한 것은 무엇일까요? 강력한 군대. 맞습니다. 그러나 그보다 더 우선하는 것이 있으니 바로 명분입니다. 아무리 강해도 명분이 없으면 사람들이 호응을 안 합니다. 침략에 성공해도 손가락질을 받습니다. 그래서 침략자들은 남의 땅에 들어가기 전에 먼저 명분을 만들었습니다.

명분을 내세워 중국 역사를 바꾼 최초의 인물이 상나라를 세운 탕(湯)입니다. 하나라의 마지막 왕이었던 걸(桀)은 폭군의 전형이었습니다. 상 부족의 우두머리며 하나라의 신하였던 탕은 걸의 폭정이 계속되어도 꼼짝하지 않습니다. 기다립니다. 마침내 백성들의 원성이 극에 달하자 군사를 일으키며 이렇게 말합니다.

"이리 가까이 오라, 너희 여러 군사들아. 이리 와서 모두 짐의 말을 경청하라. 나 소자가 감히 반란을 일으키려는 것이 아니라 상제의 뜻을 두려워하여 하나라를 감히 정벌하지 않을 수 없도다. 지금 죄를 너무 많이 저지른 하나라의 걸을 하늘이 명하여 죽이도록 하셨기 때문이다."*

즉 자신이 반란을 일으키는 것은 사리사욕에서 비롯했음이 아니라 하늘의 뜻이라는 말입니다. 여기에 모든 제후들이 동조하여 마침내 하나라를 멸망시키고 새 나라를 만들 수 있었습니다.

근세사를 봐도 알 수 있습니다. 1937년, 일본 제국은 중국을 침략하기 위해 루거우차오[蘆溝橋, 노구교] 사건을 일으킵니다. 중국군이 먼저 일본군을 공격했기 때문에 자위 차원에서 군대를 파견한다는 명분을 얻기 위해 일본은 베이징 근처의 작은 도시 루거우차오에서 자작극을 벌입니다. 루거우차오 근처에서 군사 훈련을 하던 일본군은 7월 7일 밤, 허공에 10여 발의 총을 쏩니다. 그러고는 그 사격이 중국군에 의한 것이라며 중국군을 공격, 다음날 루거우차오를 점령했습니다. 중국군한테서 선제

---

* 《사기: 본기》 3권, 〈은본기〉.

공격을 당했다는 일본군에게는 단 한 명의 사상자도 없었습니다. 중국은 억울하기 짝이 없었지만 힘이 달려 어쩔 수 없이 물러섰습니다. 그러자 기다렸다는 듯 일본은 군대를 증파, 베이징과 텐진에 총공격을 시작하고 이어 12월에 난징에서 20만 명의 양민을 학살하기에 이릅니다. 그러면서 모두가 중국이 먼저 루거우차오에서 일본군을 공격했기 때문에 자위 차원에서 비롯된 행동이라고 억지를 부렸습니다.

이처럼 전쟁을 일으키려면 억지고 뭐고 명분이 절대적으로 필요했습니다. 그 명분이 인정을 받으면 성전이 되고 아니면 침략이 됩니다. 근대사에서 전쟁을 일으킨 독일과 일본에게는 전범국이란 오명이 영원히 따라다닐 것입니다. 정당한 명분이 없기 때문입니다.

정(正)은 바야흐로 쳐들어갈 남의 땅을 앞에 두고 자신의 행동이 정당하다는 것을 천하에 고하는 말입니다. "지금 나의 침략 행위는 올바르다"고 천명하는 것입니다. 이것이 '바를 정(正)'입니다.

정말 올바르다면, 전쟁을 일으키는 자가 전부 무왕(상나라를 세운 탕) 같다면 누가 뭐라겠습니까? 그러나 인간의 역사를 보십시오. 누가 전쟁을 일으킵니까? 대부분 올바른 자가 아니라 욕심 많고 강한 자가 일으킵니다. 약한 자는 올바름에 상관없이 질 것이 뻔하기 때문에 못합니다. 전쟁은 강한 자가 일으키고 대개는 강한 자가 이깁니다. 그 강한 자가 침략하기 전에 부르짖는 것이 바로 정(正)입니다.

2022년 2월 푸틴은 우크라이나를 침략하며 "나치 박멸"을 명분으로 내세웠습니다. 그러면서 자신의 행위를 정당하다고 외쳤습니다. 강한 자의 명분이 이와 같습니다. 정(正)을 행동으로 옮긴 것이 정(征)입니다. 정벌(征伐)이란 말로 익숙한 낱말입니다.

거듭 강조하지만 정(正)은 결코 하늘의 올바름이 아닙니다. 정복자의 올바름입니다.

"강한자의 말이 옳다." 프랑스 작가 라퐁텐(1621~1695)의 우화집 중 〈늑대와 어린 양〉에 나오는 말입니다. 태양왕이란 별명으로 위세가 하늘을 찌르던 루이 14세를 풍자한 것으로 늑대가 온갖 말도 안 되는 이유를 들어 어린 양을 잡아먹는 내용을 담았습니다.

남자들은 '바를 정(正)'을 여자 옆에 세워 정(姃)이란 그림을 그리고 '단정하다'고 했습니다. 여자는 단정한 것이 '옳다'는 말입니다. 이 말이 왜 늑대의 억지처럼 들리는지 모르겠습니다.

그릇할 람(嚂)

이 글자는 다음 한자 사전이나 네이버 중국어 사전에는 없고 오직 네이버 한자 사전과 한전 그리고 옛 자전에만 살아 있습니다.

람(嚂)의 옆에 '볼 감(監)'이 붙어 있습니다.

'볼 감(監)'은 여인이 그릇에 담긴 물에 자기 얼굴을 비쳐보는 그림입니다. 여기서 거울이라는 뜻이 생겼습니다. 청동으로 만든 거울을 '거울 감(鑑)'이라 했습니다. 본보기를 일컫는 귀감(龜鑑)이란 말로 우리에게 익숙한 글자입니다.

꿇어앉은 여인이 그릇 ⼭을 들여다보고 있습니다. ⼭은 나중에 '그릇 명(皿)'이 되었습니다. 금문에는 이 그릇에 담긴 물까지 보입니다.

그런데 여인이 무릎을 꿇고 자신을 비쳐보니 거울은 "네가 하는 말이나 행동이 사리에

감(監)의 갑골문   감(監)의 금문

맞지 아니하다"고 합니다. '그릇할 람(嚂)'입니다. 여인의 잘못을 꾸짖고 있습니다. 여기에 '탐하다, 예의에 어긋나다, 행동이나 생각이 분수에 지나치다'란 뜻까지 덧붙였습니다.

여자가 거울에 얼굴을 비쳐보는데 왜 그릇되다고 합니까? 예쁘다고 할 수는 없습니까? "눈썹 그린 것이 짝짝이네?"라든지 "뺨에 얼룩이 졌네"라고 알려주면 안 되나요? 네이버의 풀이를 옮깁니다.

람(嬠): 1. 그릇하다, 잘못하다 2. 탐하다(어떤 것을 가지거나 차지하고 싶어 지나치게 욕심을 내다) 3. 실례하다(말이나 행동이 예의에 벗어나다) 4. 외람하다(하는 행동이나 생각이 분수에 지나치다) 5. 즐기다 6. 희롱하다(말이나 행동으로 실없이 놀리다)

심하지 않습니까?

람(嬠)은 직접적으로 여자에게 단정하라고 말하고 있지 않습니다. 그러기에 더 가증스럽습니다. 자신을 비추어볼수록 여자는 움츠러듭니다. 거울을 볼 때마다 몸가짐 조심하고 예의 반듯하고 분수에 맞게 행동하라는 남자의 행동 강령이 떠오릅니다.

하루도 거울 안 보는 여자는 없습니다. 남자들은 그 거울에 낙인을 새겼습니다.

가꿔야 한다

균(姁), 주(姝), 장(妝), 장(奘), 시(餻)

화장을 뜻하는 영어 코스메틱(cosmetic)은 그리스어 코스모스(kosmos)에서 비롯했습니다. 우주의 질서를 뜻합니다. 혼돈, 카오스(chaos)에 반대되는 개념으로 그리스인들이 여성의 화장을 어떻게 생각했는지 잘 보여주고 있습니다.

벨라스케스가 그린 〈화장하는 비너스〉*는 서양 미술사상 가장 도발적인 누드화중 하나로 꼽힙니다. 비너스가 화장한 자신의 모습에 도취해 있는 모습이 화장의 본질과 여성의 성정을 대변하고 있습니다. 손거울을 든 비너스[♀]는 자연스럽게 여성의 상징이 되었습니다.

사람이 다른 생명체와 구별되는 특징 중 하나가 아름다움에 대한 감각입니다. 사람 이외의 동물이 스스로를 예쁘게 보이기 위해 화장을 한다는 이야기는 들어본적이 없습니다. '예쁨'을 인식하는 것은 사람만의 독특한 성정입니다. 이러한 성정이사람들로 하여금 자신을 예쁘게 단장하고 화장하도록 만들었습니다.

사람이 단장을 하고 화장을 하게 된 것은 제사를 드리면서부터입니다. 사람들은신 앞에 나아갈 때 보다 예쁘게 보이고 싶어서, 인간의 부끄러운 면을 감추고 싶어서 단장을 했습니다. 이러한 행동이 점차 기호가 아니라 의무가 되었습니다.

이러한 단장 행위 중에 특히 얼굴 꾸미는 행위를 화장이라고 부릅니다. 화장의 일부는 일상생활에 스며들어 종족과 신분을 나타내는 치장의 일부가 되었다가 언제

---

* 책머리에 참고 사진 수록.

부턴가 남자의 시선을 *끄는* 여자의 무기로 변합니다. 지금은 남자들이 화장하는 것이 이상한 일이 아니지만 오랫동안 남자들이 화장을 하면 여자 같다고 놀림을 받았습니다. 그러나 영어의 관용어 "grease a person's palm"을 보면 남자들도 한때 화장을 즐겨 했음을 알 수 있습니다. 단어대로 해석하면 '손에 윤활유를 발라준다'지만 '뇌물을 주다'라는 의미로 쓰이는 말입니다. 그런데 이 뇌물이 남자의 화장품이었습니다. 중세의 기사들은 귀부인들에게 잘 보이기 위해 화장을 했는데 그 정도가여성 못지않았다고 합니다. 이들이 가장 선호한 화장품이 적당히 향을 가미한 거위기름(spiced goose grease)이었습니다. 기사에게 무언가를 부탁할 일이 생기면 이 화장품을 건넨 데서 "grease a person's palm"이란 관용구가 생겼습니다.

화장을 하면 스스로 아름답다고 느낍니다. 자존감이 올라갑니다. 자존감이 올라가면 성취욕이 높아지고 삶의 질이 향상됩니다. 그런데 이 자존감이 스스로의 힘만으로 생기는 것이 아니라는 점, 자존감의 높낮이가 전적으로 남의 시선에 의해 결정된다는 점, 그 시선이 동성이 아니라 이성의 것이라는 것이 아름다움에 숨어 있는그늘입니다.

처음 화장할 균(姁)

균(姁)은 '처음 화장할 균'입니다. 풀이가 상당히 낯섭니다. '처음'이란 단어와 '화장하다'라는 단어의 조합이 얼른 와닿지 않습니다. 처음 하는 화장이란 행위가 따로글자를 만들어야 할 만큼 중요한 이유가 무엇이었는지 궁금합니다.

이 글자의 풀이는 네이버 한자 사전도 한전도 "여자가 처음 화장하다"가 전부입니다. 왜 이런 뜻으로 이 글자를 만들었는지에 대한 단서가 한 조각도 보이지 않습니다.

우선 균(勻)부터 살펴보겠습니다. 균(勻)은 '고를 균'입니다. 균(勻)의 옛 글자는 아래와 같습니다.

금문　　　　초계간백　설문-전서　　해서

　허신은 전서에 들어 있는 이(二)를 소량으로 보고 포(勹)를 무언가를 싸는 보자기로 봤습니다. 그래서 소량이니 '적다'로 풀이하고 그 보자기는 펼치면 커지니 '두루 퍼지다'라는 뜻을 갖는다고 해석했습니다. 이를 《옥편》*이나 《광운》**이 그대로 따랐고 그 후 수천 년간 아무도 의심하지 않았습니다. 하지만 이런 해석은 전적으로 오류입니다. 그전의 고문을 보지 못한 탓입니다. '왜'라는 눈으로 보지 않아서입니다.

　'적다'가 왜 하필 하나가 아니고 둘[二]인가? '둘'을 감싸고 있을 뿐인데 무엇이, 왜 고른가? 허신이 이 글자를 보며 '고르다'는 의미에 들어맞는 해석을 하기 위해 스스로도 납득이 안 가는 풀이를 하면서 얼마나 고뇌했을지 눈에 선합니다. '쌀 포(勹)'가 무언가를 싸는 보자기로 밖에는 안 보였을 테니 무리도 아닙니다. [포(勹)에는 '가지런하다, 두루 퍼지다'라는 뜻이 있다.]

　네이버 한자 사전도 마찬가지입니다.

　勻: 고를 균, 나눌 윤, 운 운

　　1. 고를 균　a. 고르다, 같다(=均)

　　2. 나눌 윤　a. 나누다 b. 균형(均衡)이 잡히다 c. 가지런하다

---

*《옥편(玉篇)》: 고야왕(顧野王 519 ~ 581)이 편찬한 자전. 30권, 16,917자 수록. 우리나라에서는 한자 사전의 대명사가 되어 흔히 자전을 '옥편'이라 하는데 엄밀히 따지면 잘못이다. 옥편은 고유명사이며, 중국은 엄격히 구분해 부른다.

**《광운(廣韻)》: 송나라의 진팽년(陳彭年), 구옹(邱雍) 등이 편찬한 발음서. 약 26,000자의 한자가 실려 있다.

d. 두루 미치다(영향이나 작용 따위가 대상에 가하여지다)

e. 흩어지다

균(勻)이 어째서 이런 뜻을 갖게 되었는지 설명하는 대목이 하나도 없습니다.

이 글자를 둘[二]과 보자기[勹]로 보면 해석이 안 됩니다. 금문에 보이는 는 오른손입니다. 갑골문을 보면 왼손은 ⿂, 오른손은 ⺋로 그렸습니다. 오른쪽을 뜻하는 글자 우(右) 자체가 오른손으로 축문 그릇을 감싸고 있는 모습입니다.

우(右)의 금문

그렇다면 균(勻)의 금문은 오른손으로 점 두 개를 감싸고 있는, 혹은 점 두 개를 가지고 무언가를 하고 있는 모습입니다. 점 두 개는 무엇이고 무엇을 하는 것일까요? 아래 그림을 보겠습니다.

안족

안족 올리기

가야금을 보면 줄[弦 현]을 지탱하고 있는 나무 조각이 있습니다. 이것을 안족(雁足)이라고 합니다. 모양이 기러기발을 닮았다고 해서 붙여진 이름으로 우리말로는 '기러기발'입니다.

금문에 들어 있는 점 두 개는 안족이고 손은 안족 올리기를 하고 있는 모습입니다. 허신이 금문을 봤다면 바로 알아봤을 텐데 전서밖에는 참고할 글자가 없었으니 알 리가 없었겠지요.

안족은 왜 만질까요? 소리를 고르게 하기 위해서입니다. 줄을 고르게 맞추어 다른 줄들과 소리의 균형을 잡고 이윽고 널리 퍼지게 하니 바로 '고를 균, 나눌 윤, 운 운'이라는 의미에 딱 들어맞습니다. '고르다. 균형을 잡다'라는 추상 개념을 이렇게 적확하게 표현한 옛사람들의 천재성이 놀라울 따름입니다.

그 천재들이 균(勻)과 여(女) 자를 합쳐 '처음 화장하다'라는 뜻의 글자를 만들었습니다. 아직도 이해하기 쉽지 않습니다. 여기 책의 한 구절을 인용합니다.

> 많은 이들이 차별과 편견이라고 하면 보통 연령차별과 인종차별, 그리고 성차별에만 집중하지만, 사실 거의 알려져 있지 않았으면서도 가장 두드러지고 만연된 편견 중 하나가 외모 편견이다.

경영심리학자 토마스 차모로 프레무지크가 저서 《위험한 자신감》에서 직장에 존재하는 '매력의 편향'을 설명하며 한 말입니다.

여자들은 본능적으로 이를 감지합니다. 때문에 여자아이는 가르치지 않아도 어느 날 화장을 시작합니다.

이렇게 어린아이가 화장을 시작하면서 여자가 됩니다. 아이인 줄 알았던 옆집 소녀가 어느 날 화장을 한 모습으로 나타납니다. 소년은 그때의 그 표현할 수 없는 서늘한 신비감을 잊지 못합니다. 그렇게 소녀와 소년은 어른이 됩니다.

여자는 화장을 하는 순간부터 소녀에서 여인이 되고 연애와 사랑의 대상이 되고 이윽고 누군가의 아내가 되고 엄마가 됩니다. 그러면서 뭇 여인들과 같은 줄에 섭니다.

이제 '처음 화장할 균(勻)'과 같은 글자가 왜 생겼는지 알겠습니다. 남자들은 말합니다. "그래 화장하는 걸 보니 너도 이제 여자가 되었구나."

치어가 자라 식용에 적합한 크기가 되었음을 보고 입맛을 다시는 남자들의 속내가 보인다고 하면 지나친 말이라 하시겠습니까?

"화장하지 않은 여성은 소금 치지 않은 음식과 같다." 로마의 희극작가 플라우투스(기원전 254?~184)가 한 말입니다. 이런 말을 했다고 플라우투스를 삼류 작가로 치부하면 안 됩니다. 운율의 극적 효과를 높이는 그의 독특한 기법은 셰익스피어와 몰리에르에게까지 영향을 끼쳤습니다.

예쁠 주(姝)

화장을 시작하는 여자가 제일 먼저 하는 행위는 얼굴에 붉은 칠을 하는 것입니다. 여자아이는 자라면서 자연스럽게 엄마 화장대에 눈길이 갑니다. 그중에서 제일 먼저 호기심을 보이는 것이 립스틱입니다. 빨간 립스틱을 입 주위 가득 발라보지 않고 자란 여자는 없을 것입니다. 주(朱)는 '붉을 주'입니다. 연지를 가리키기도 합니다.

미인을 보는 눈은 예나 지금이나 변함이 없습니다. 우선 얼굴이 희어야 합니다. 그래서 춘추전국시대 이전부터 사람들은 얼굴에 백분을 발라 하얗게 보이려고 애썼습니다. 백분을 바르는 화장법은 여자에만 국한하지 않았습니다. 반고가 지은 《한서》에 벼슬아치들이 분을 바르고 다녔다는 글이 있고 《후한서》에는 남자들이 유지와 분을 섞어 만든 호분(胡粉)으로 화장을 했다는 기록이 남아 있습니다. 그러나 어디에도 남자가 입술을 붉게 칠하고 다녔다는 이야기는 없습니다. 그만큼 입술에 붉은 연지를 바르는 것은 여자들만의 특권이었습니다.

남자들은 이렇게 연지를 발라 붉은 입술과 발그스레한 뺨을 가진 여자를 가리키는 글자로 주(姝)를 만들고 '입술연지를 바르다'가 아니라 '예쁘다'라고 했습니다.

남자들이 예쁘다고 하니 여자들은 화장을 안 하려야 안 할 수가 없습니다.

그렇게 화장을 한 여자는 이윽고 누군가의 아내가 됩니다. 그리고 남편을 위해 단장을 하고 화장을 합니다. 그 모습을 그린 그림이 장(妝)입니다.

단장할 장(妝)

장(妝)은 '단장할 장'으로 단장하고, 꾸미고, 화장한 여자를 그렸습니다. 오른쪽은 이 장(妝)의 옛 모습입니다. 여자가 왜 단장을 하는지 보여주고 있습니다.

갑골문 장(妝)의 왼쪽에 있는 그림 '爿'은 큰 널빤지에 다

장(妝)의 갑골문

리를 달아 만든 침상입니다. 온돌이 없는 중국에서는 침상이 일상적인 잠자리였습니다. 잘 때는 눕혀 사용하고 일어나면 방 한 구석에 옆으로 세워 놓았습니다. 장(爿)은 세워놓은 침상을 그린 것입니다.

그런데 장(妝)의 갑골문을 보면 침상에 여인이 무릎을 꿇고 앉아 있는데 '단장하다, 화장하다'랍니다. 자기 전에 침상을 정돈하는 것이라면 어째서 '화장하다'라는 뜻이 들어갔을까요? 잠자는데 무슨 단장을 합니까? 잠자리에 들며 화장을 왜 합니까? 단장은 풀고 화장은 지우고 침상에 들어야 이치에 맞는 것 아닌가요?

장(妝)에 등장하는 여인은 남편이 안아주길 기다리며 화장을 한 아내입니다. 남자에게는 침상이 있으면 아내가 있어야 했습니다. 부부의 백년해로를 기원하는 사자성어로 상불리처(床不離妻)라는 말이 있습니다. 침상과 아내는 떼려야 뗄 수 없다는 말입니다. 각방을 쓰는 요즘의 부부들이라면 한 번쯤 새겨볼 만한 글자입니다. 이를 더 확실하게 보여주는 글자가 장(婆)입니다.

꾸밀 장(妝)

장(妝)역시 '꾸미다, 화장하다'란 뜻입니다. '꾸미다, 화장하다'란 뜻으로 장(粧)이 있는데 왜 장(妝)이란 글자를 또 만들었을까요? 더구나 장(妝)에 보이는 장(壯)은 '장할 장'입니다. 그렇다면 '장한 여자' '씩씩한 여자'라는 뜻을 가져야 할 텐데 '화장하다'랍니다. 도무지 어울려 보이지가 않습니다.

우선 장(壯)의 옛 그림을 보겠습니다.

장(壯)의 전국시대 후기 금문

장(壯)의 초기 금문

사람들은 이를 장(爿)과 '선비 사(士)'의 합자라고 합니다. 허신이 《설문해자》에서 "장(壯)은 크다는 것이다. 사(士)로 이루어지고, 장(爿)이 소리다"라고 했기 때문입니다. 생긴 모양이 그럴 만합니다. 그런데 침상과 선비가 왜 '장하다'일까요? 설명이 없습니다. 때문에 이 글자를 두고 "장(爿)은 무기다" "사(士)가 무기다" "사(士)는 남근이다" 등 갖가지 해석들이 난무하고 있습니다.

그러나 초기 금문은 후기 금문과 전혀 다른 모습을 하고 있습니다.

초기 금문의 오른쪽 사람 𠆥이 세월이 지나며 ⼟로 변했음을 알 수 있습니다. 𠆥는 선비가 아닙니다. 그래서 이 그림의 의미를 '선비 사(士)'에서 찾으면 안 되는 것입니다. 그렇다면 𠆥는 누구일까요? 왕입니다. 갑골문을 보면 명확히 알 수 있습니다.

왕의 갑골문

갑골문을 만든 사람들은 왕을 두 가지로 그렸습니다. 하나는 왕의 폐슬(蔽膝)(1, 2 번)을 강조했고 또 하나는 왕을 상징하는 도끼(3번)를 그렸습니다. 이 두 그림이 혼용되면서 왕(王)이라는 모양으로 정착했습니다.

아래 짙은 부분이 폐슬.

폐슬은 무릎 가리개를 말합니다. 주로 헝겊이나 가죽으로 만들어 관복이나 갑옷 등의 하반신을 가리는 용도로 썼습니다. 특히 임금의 정복에 무릎을 가리는 폐슬을 적불[赤韍('韍'은 폐슬 불)]이라고 했습니다.

𤴐의 밑에 있는 가로선이 바로 이 폐슬입니다. 따라서 장(牀)의 초기 금문 그림인 𣎴은 침상과 왕을 그린 것입니다.

이제 장(婶)을 다시 보겠습니다. 장(婶)은 장(妝)과 같이 쓰이지만 갑골문과 금문에서는 찾을 수 없고 10세기에 지은 《집운(集韻)》에 처음 실렸습니다. 장(婶)은 왕의 잠자리를 위한 여인으로 나중에 생겼기 때문입니다. 일반 백성이 데리고 자는 여인과 왕의 여인을 한 자리에 두자니 왕의 심기를 거슬릴까 두려웠던 모양입니다.

왕의 침상을 장식할 여인이 치장하지 않았을 리 없습니다. 장(婶)이 '꾸밀 장'이 된 이유입니다.

엄마 연지 몰래 찍어 바르던 철부지 아이가 화장을 시작하더니 남자를 위해 곱게 단장하고 침상에 앉아 있습니다. 이것이 화장의 본모습입니다.

그러나 모든 여자가 남편을 위해, 왕을 위해 단장을 한 것은 아니었습니다.

치장할 시(餯)

시(餯)는 '치장할 시'입니다. 같은 뜻으로 식(飾)이 만들어진 이후 쓰이지 않는 글자로 네이버의 중국어 사전에는 없고 자전이나 한전에 '장식(粧飾)'이라고 딱 한마디의 풀이만 나와 있습니다. 장(粧)은 '화장할 장'이니 알겠는데 시(餯)에서 '밥 식(食)' 옆에 붙어 있는 妻에 대한 풀이는 찾을 수 없으니 그 뜻을 헤아리기 위해 역시 '꾸미다, 단장하다'라는 뜻으로 만들어진 '꾸밀 식(飾)'을 보겠습니다.

네이버 한자 사전은 식(飾)의 금문을 큰 식기와 빗자루로, 식(飾)의 전자(篆字)는 밥과 사람 그리고 행주로 보고 각각 "제사 전에 식기 주변을 정돈하는 모습"과 "제사 전에 식기를 닦는 모습"으로 풀이하고 있습니다.

식(飾)의 금문　　식(飾)의 전자

일단 금문의 오른쪽 그림 禾을 '수건 건(巾)'으로 보고 있으나 잘못입니다. 빗자루로 본 것도 잘못입니다. 식(餯)은 식(食)과 禾의 합자가 아니라 餯과 大의 합자입니다. 餯는 '먹일 사(飤)'로 빗자루와는 아무 관련이 없습니다.

식 (飾, 餯)은 큰 사람[大]에게 식사를 대접[餯]하는 그림입니다. 그림을 처음부터 잘못 보고 있으니 이상한 해석들이 나오는 것입니다.

그런데 대(大)는 평범한 사람을 가리키는 인(人)이나 비(匕)와 달리 힘 있는 사람, 훌륭한 사람, 높은 사람 등을 가리키는 글자입니다. 갑골문을 보면 그 차이를 알 수 있습니다. 사람인(人)은 사람의 구부정한 옆모습이고 비(匕)는 일반적으로 '비수 비, 숟가락 비'로 알려져 있으나 원래는 가슴에 손을 모으고 있는 사람입니다. 가슴을 펴고 두 팔을 벌리고 선 '큰' 남자[大]가 아닙니다.

인(人)　　　비(匕)　　　대(大)

이제 식(飾)의 뜻을 알겠습니다. 높은 사람에게 식사를 대접하기 위해 나름 정성을 들여 차린 밥상을 내놓는 모습입니다. 그러니까 장식은 애초 상차림을 말한 것이었습니다. 그러던 것이 사람을 꾸미는 뜻으로 전용된 것입니다.

그렇다면 시(餕)는 어떻게 보아야 할까요? '밥 식(食)' 옆에 선비[士]와 여자[女]가 보입니다. '선비 사(士)'는 관리나 벼슬아치를 칭하기도 합니다. 따라서 대(大)의 신분을 보다 구체적으로 설명한 것으로 볼 수 있습니다. 그렇다면 시(餕)는 벼슬아치를 대접하기 위해 상차림을 하듯 단장시킨 여자가 됩니다.

대접하기 위해 단장시킨 여자. 화장한 자신의 모습에 스스로 도취했던 비너스가 아니라 스스로의 감정을 분칠해 지우고 고개를 떨군 여인의 모습이 보입니다.

여자가 화장을 안 하면 어떨까요? 본바탕이 예쁘고 기품이 넘치면 굳이 화장을 할 필요가 있을까요? 여기 대한 답으로 얼핏 떠오르는 것이 논어에 나오는 공자의 말씀입니다.

공자께서 말씀하시기를, 바탕이 꾸밈을 이기면 야해지고, 꾸밈이 바탕을 이기면 사해진다. 꾸밈과 바탕이 조화를 이룬 뒤에야 군자라고 할 수 있다고 하셨다.[*]

공자가 제자들에게 좋은 문장 쓰는 법을 가르치며 한 말입니다. 여자의 화장에도

---

[*] "子曰 質勝文則野 文勝質則史 文質彬彬 然後君子(자왈 질승문즉야 문승질즉사 문질빈빈 연후군자)"

이 말을 적용할 수는 없을까요? "화장을 해도 본색이 드러나면 야해지고 화장이 본색을 이기면 가식이 된다. 따라서 화장은 적당히 해야 한다"라고 말입니다. 물론 '적당히'가 개인마다 다를 테니 필경 하나마나한 소리겠습니다.

여자는 아름답다

미의 역사

아름다운 여자

미의 역사

미(美), **강**(羌), **미**(媄), **강**(姧, 姜)

여자하면 가장 먼저 떠오르는 단어는 '아름답다'입니다. 아름다운 여자를 만나보기 전에 '아름다움'이 무엇인지부터 살펴보겠습니다.

객관적인 아름다움의 대명사로 한자에 가장 많이 사용된 글자는 꽃도 여자도 아니고 옥(玉)입니다. 옥 돌의 아름다움을 가리키는 글자만도 '아름다운 옥 유(瑜)' '아름다운 옥 근(瑾)' '아름다운 옥 기(琪)' '아 름다운 옥돌 진(瑨)' 등 40여 개가 넘습니다.

옥(玉)의 깁골문

허신이 옥(玉)을 왕(王) 부수에 넣은 바람에 사람들이 혹 옥과 왕에 무슨 연관이 있지 않을까 하는 의혹을 갖지만 둘은 전혀 연관이 없습니다. 옥은 옥구슬을 끈에 꿴 모습일 뿐입니다.

만일 남자들이 여자의 아름다움에 절대적인 기준 을 부여했다면 여자 옆에 옥을 그려 오른쪽과 같은 그림을 만들었을 것입니다.

그러나 이런 그림은 존재하지 않습니다. 옥의 아름다움은 객관성을 가지나 여자 의 아름다움은 주관적이었기에 의사소통의 도구로서의 보편성이 없었기 때문입 니다.

높은 산은 사람에게나 짐승에게나 다 높습니다. 낭떠러지는 사람에게나 짐승에 게나 다 위험합니다. 그러나 굶주린 짐승의 눈에는 양귀비나 토끼나 다 먹이일 뿐입니다. '옥 같은 여자'하면 미인인 줄 알겠으나 '여자 같은 옥'하면 무슨 말인지 의사 전달이 안 됩니다.

누구는 마른 여자를 예쁘다 하고 누구는 통통한 여자가 예쁘다고 합니다. 누구는 키 큰 여자가 좋다 하고 누구는 아담한 여자가 맘에 든다고 합니다. 남의 부인을 보고 '어떻게 저런 여자가 예뻐 보여 결혼을 했을까' 하는 의문을 가지는 남자들도 있습니다.

여기서 객관적으로 '여자가 아름답다'라는 말은 존재하지 아니함을, 아름다운 여자는 오직 남자의 주관 속에만 존재함을 알 수 있습니다. 당연히 여(女)를 이용해 만든 모든 '아름답다'라는 그림은 남자들의 주관으로 그린 것입니다.

그렇다면 남자들이 생각한 '아름다울 미(美)'는 무엇일까요? 글자에 여(女) 자가 들어 있지 않으니 이 책의 여자들 틈에 낄 자격이 없을까요? 그렇지 않습니다. 미(美)에는 여(女) 자가 없지만 미(美) 자체가 여자입니다.

아름다울 미(美)

사람들은 미(美)를 '양 양(羊)'과 '클 대(大)'가 합해진 글자로 알고 있습니다. 미(美) 속에 여자가 숨어 있음은 알아보는 이는 거의 없습니다. 그런데 '아름답다'와 양이 무슨 관계가 있습니까? 양의 어떤 면이 '아름답다'를 대표할 만큼 아름답습니까? 차라리 양 대신 앞에 나온 옥(玉)을 그렸더라면 "아하! 옛날 사람들 눈에는 옥이 세상에서 제일 아름답게 보였나보다"라고 수긍할 수도 있습니다. 그런데 왜 양입니까? 개나 소나 말이 아니고 왜 양입니까? 꽃은 왜 아니고 별은 왜 아닌가요? 이상하지 않은가요?

그러나 美(미)의 머리 부분과 羊(양)의 모습이 똑같아 보이기 때문에 아무도 의심하지 않았습니다. 허신이 《설문해자》에서 미(美)의 윗부분을 양의 큰 뿔로 보고 '상서롭다'라고 못을 박았기 때문에 더욱 그랬습니다. 미(美)와 양(羊)을 비교해보겠습니다.

미(美)의 전서　　　양(羊)의 전서　　　미(美)의 해서　　　양(羊)의 해서

흡사합니다. 미의 전서를 보면 양의 전서와 똑같습니다. 전서 외의 증거가 없다면 미(美)의 머리 부분이 양과 다름을 주장할 근거가 없습니다. 그래서 허신을 비롯한 그 아무도 이 아름다움이 강족 여인과 관계있는 줄은 꿈에도 몰랐습니다.

오랑캐 강(羌)

강족(羌族)은 그 기원이 전설 속 염황(炎黃)시대까지 거슬러 올라가는 중국 토박이 민족입니다. 고대 중국의 역사는 강족과 황하 유역에 살던 원주민과의 전쟁으로 점철되어 있습니다.

최초의 중국 왕조인 상나라는 무려 13번이나 수도를 옮겼습니다. 하나의 나라가 이렇게 많이 수도를 옮겨 다닌 예는 비견할 만한 역사가 없습니다. 상나라가 이렇게 수시로 수도를 옮긴 이유가 강족 때문이었습 니다.

강족은 은나라 때 서쪽에서 이주해온 티베트계 민족으로 일부는 티베트 고원에서 동쪽으로, 일부는 위수를 거쳐 동쪽으로, 일부는 황하를 건너 산시성 방면으로, 일부는 양자강 중류부터 하류까지 진출하며 끊임없이 중국을 괴롭혔습니다.

때문에 당시 중국 땅에 살고 있던 부족들은 강족에 대한 원한이 하늘을 찔렀습니다. 그 원한을 풀고자 각종 제사의 희생물로 반드시 강족의 머리를 바쳤습니다. 상나라의 수도 은허 유적지를 발굴하면 한결같이 강족의 머리가 발견되고 있습니다.

중국의 힘이 강해진 삼국시대(220년) 이후 강족들에 대한 정벌이 본격화되면서 강족은 점차 세력이 약화되어 현재는 중국 쓰촨성의 자치구에서 소수민족의 일원으로 명맥을 이어가고 있습니다. 그러나 갑골문에는 강족을 가리키는 글자가 무려 215종이나 들어 있습니다. 고대 중국에서 강족과 한자를 만든 족속이 얼마나 밀접한 관계였는지 이 사실만 보아도 알 수 있습니다.

이제 이 강족을 그린 그림들과 양을 그린 그림, 그리고 미를 그린 그림들을 비교해보겠습니다.

강(羌)의 갑골문 강(羌)의 금문 강(羌)의 전서 강(羌)의 해서

양(羊)의 갑골문 양(羊)의 금문 양(羊)의 전서 양(羊)의 해서

미(美)의 갑골문 미(美)의 금문 미(美)의 전서 미(美)의 해서

허신이 미(美)를 큰 양이라고 단언한 이유를 아시겠나요? 전서만 본 허신은 미(美)의 윗부분이 강족이라는 사실을 꿈에도 몰랐습니다. 양(羊)으로만 보였습니다. 갑골문을 보지 못했으니 허신을 탓할 수 없습니다. 하지만 지금도 그의 주장이 주를 이루고 있음은 뭘까요?

민족 의상을 입은 강족 여인(출처: 바이두)

미(美)의 갑골문과 금문을 보면 양을 그린 것이 아님이 분명합니다. 강족을 그린 것입니다. 강족의 어떤 모습이 그토록 아름답게 보였을까요? 강족은 중국 내륙에 살던 부족들이 한 번도 본 적이 없는 화려한 복식을 하고 있었고 특히 여자들의 머리 장식은 보는 이의 넋을 빼놓았습니다.

그리고 강(羌)의 3번 갑골문 ✿과 2번 금문 ✿을 보면 하단에 ✦, ✦. 이런 그림이 보입니다. 옷에 달린 장식입니다.

이런 강족 여인을 형상화한 것이 오른쪽 그림입니다.

이와 같은 강족 여인을 그린 갑골문이 나중에 '아름다울 미(美)'가 되었습니다. 직접적으로 강족 여인을 그린 그림, 미(媄)가 이를 증거하고 있습니다.

미(美)의 갑골문

아름다울 미(娓)

초계간백에서 찾을 수 있는 미(娓)의 여러 모습

빗으로 머리카락을 쓸어 넘기는 강족 여인을 그렸습니다. 그러면서 '아름답다'란 제목을 붙였습니다. 강족 여인의 머리치장이 얼마나 매혹적이었으면 하나같이 이런 그림을 그렸겠습니까? '孈, 㜷, 㜷(아름다울 미)'가 모두 娓(미)와 같이 쓰인 이체자들입니다.

그러나 강족 여인을 오로지 아름답다고만 했을까요? 여자가 아름답다고 수백 년간 자신들을 괴롭힌 강족에 대한 원한을 깡그리 잊었을까요? 그럴 리가 없습니다. 손가락질하는 한마디를 덧붙입니다.

문란할 강(姜)

강(姜). 강족 여인은 '아름답다' 했으니 이 글자의 여인도 아름다운 여인일까요? 아닙니다. 이 그림의 제목은 '문란할 강(姜)'입니다. 네이버 중국어 사전에는 없고 한전에는 "난모(亂貌)"라고 딱 한마디가 올라 있는데 '어지러울 난(亂)'에는 음란하다는 뜻도 들어 있습니다.

중국 사람들은 강족 여인을 정조를 지킬 줄 모르는 여인, 아무나와 잠자리를 하는 여인이라고 손가락질했습니다. 여인이 아름다우니 주위를 배회하는 사내들이 끊이지 않습니다. 그 틈에 끼지 못하고 바라만 보고 있는 못난 남자들의 질투가 배어 있습니다. 못 먹는 포도를 시다고 하는 여우가 보입니다.

'아름다울 미(媄)'와 '문란할 강(姜)' 모두 강족 여인을 그린 그림입니다. 그러나 강족 여인을 대표하는 글자는 따로 있습니다. 강(姜)입니다.

성씨 강, 생강 강(姜)

강(姜) 역시 강족 여인을 그린 그림입니다. 이 글자는 고대의 대표적인 성(姓)이었습니다. 한자를 만든 민족 속에 자리한 강족 여인의 위상을 알 수 있습니다.

중국 신화에 신농씨(神農氏)가 있습니다. 황제(黃帝)와 더불어 중국인의 시조로 모셔지는 인물입니다. 불을 다스렸기 때문에 염제(炎帝)로도 불립니다. 이 신농씨의 성이 강(姜)입니다.

현대 중국의 10대 성은 다음과 같습니다.

이(李), 왕(王), 장(张, 張), 류(刘, 劉), 진(陈, 陳), 양(杨, 楊), 조(赵, 趙), 황(黃), 주(周), 오(吳).

그러나 고대에는 달랐습니다. 모두 살던 곳의 땅이나 강 이름을 따서 성씨로 삼았는데 모두 '여자 여(女)'가 들어 있습니다. 모계사회의 잔재입니다. 다음은 상고시대의 중국 8대 성입니다. 희(姬), 강(姜), 규(嬀), 영(瀛), 사(姒), 길(姞), 요(姚), 운(妘).

강족이 살던 곳의 강(江) 이름을 아름다운 강족 여인을 본떠 강(姜)이라 했고 이를 이 강가에서 태어나 중국 민족의 시조가 된 신농씨가 성으로 삼았습니다.

강(姜)은 '생강 강'으로도 읽습니다. 원래 생강은 생강(生薑)입니다. '생강 강(薑)' 대신 후세 사람들이 강(姜)을 쓰기도 한 것을 보면 아름다운 강족 여인의 성질이 보통이 아니었던 모양입니다.

미(美)의 역사가 이러합니다.

이제 드디어 아름다운 여인들을 만나 보겠습니다.

아름다운 여자

가(嫼), 가(覼), 결(妜), 고(姻), 과(姱), 광(姽), 료(嫽), 구(姤), 궤(嫢), 근(嫤), 나(娜), 눈(嫩), 단(媠), 답(嫆), 래(婡), 연(變, 戀), 묘(媌), 류(姻), 봉(夆), 부(妋), 약(爍), 섭(嫹), 성(娍), 아(婀, 嫛, 姭), 엄(嫱), 연(嬿, 嫛), 와(娃), 원(嫚), 추(娵), 치(姼), 타(媠), 핍(妼), 험(嫛), 화(娪), 화(姡), 후(姁), 희(嬉)

지금까지 수많은 여자들을 만나보았습니다. 그중에 '아름답다'고 불린 여인들이 많습니다. 하지만 그들이 과연 아름다운 여인들이었나요?

아름다운 여인은 노예였습니다.

아름다운 여자는 첩이었습니다.

아름다운 여자는 무녀였습니다.

아름다운 여인은 남자를 유혹하는 존재였습니다.

아름다운 여인은 질투하는 여자였습니다.

아름다운 여인은 작고 약한 여자였습니다.

아름다운 여인은 남자 말에 순종하는 여자였습니다.

그렇다면 순수하게 아름답기만 한 여인은 어디 있을까요? 그런 여자가 있기는 한 걸까요? 하나하나 만나보겠습니다.

고울 가(嫭)

가(叚)는 '빌리다, 빌려주다'라는 의미입니다. 따라서 가(嫭)는 빌리는 여자, 빌려주는 여자를 말합니다. 고운 여자만이 그런 대상이 됩니다. 여자가 물건, 재산으로 취급받은 노예 시절에 만들어진 글자입니다.

사람이 무언가를 빌리고 돌려주지 않거나, 빌린 것을 감추고 안 빌렸다고 오리발을 내미는 것이 사람인(人)이 추가된 '거짓 가(假)'입니다.

계집 얼굴 꾸밀 가(齫)

이 치(齒) + 옳을 가(可) + 여(女).

어떤 여자일까요? 단순호치(丹脣皓齒)란 말이 있습니다. '붉은 입술에 하얀 치아'란 뜻입니다. '맑은 눈동자에 하얀 치아'란 뜻의 명모호치(明眸皓齒)란 말도 있습니다. 모두 미녀를 가리킵니다. 이처럼 '하얀 치아'는 아름다운 여자의 절대적인 조건 중 하나였습니다. 그렇다면 이 그림은 가지런하고 하얀 이를 지닌 예쁜 여자를 그렸음을 쉽게 짐작할 수 있습니다. 그런데 왜 훈이 '예쁘다'가 아니라 '계집 얼굴 꾸밀'일까요?

말을 고를 때 가장 먼저 보는 것이 이빨입니다. 나이와 건강 상태를 알 수 있습니다.

여자를 말로 본 것이 가(𡜟)입니다. 노예 시장에 내놓을 여자 이를 반짝반짝 닦아 줍니다. 그래서 '계집 얼굴 꾸밀'이 된 것입니다. 디지털 세계에서는 찾을 수 없지만 《한한최신대옥편》에 살아 있습니다. 수많은 여자들이 여전히 옛 서적 속에서 울고 있습니다.

예쁜 모양 결(姣)*

여자 옆에 있는 그림 '쾌(夬)'는 '터놓을 쾌'입니다. '터놓다'는 마음에 숨김없이 드러냄을 가리킵니다. 속내를 드러내고 나와 터놓고 사귀는 여자, 예쁩니다. 나와 트지 않은 여자는? 예쁘지 않습니다. 어떻게 생겼든 관계없습니다. 여자의 아름다움 여부는 나와의 관계가 좌우합니다. 아름다움의 속성조차 남자 마음에 달렸음을 은연중에 과시하고 있는 글자입니다.

연모할 고(姑)

고(姑)를 보면 여자 옆에 고(固)가 붙었습니다. 고(固)는 안에 고(古)가 들어 있습니다. 각각 옛 그림을 보겠습니다.

고(古)의 갑골문   고(固)의 금문

고(固)의 금문을 두고 네이버 한자 사전은 구(口)가 성이고, 고(古)는 '옛날'이니 고(固)는 오랫동안 단단함을 유지하고 있는 성벽처럼 '굳다'라는 의미를 갖는다고 했습니다. 대부분의 풀

---

* 결(姣)을 '양미간'의 뜻으로 쓸 때는 '얼'로 읽는다.

이들이 비슷합니다. 과연 그럴까요? 같은 사전의 고(古)에 대한 풀이를 보겠습니다.

古의 위는 방패고 아래는 입이다. 오래전의 전쟁 이야기를 하고 있는 모습에서 '오래다'라는 의미가 되었다. 방패 모습이 소전체로 오면서 '十'로 변했다. 이는 '열 십'으로 10대(오랜 세월)에 걸쳐 이야기가 내려오고 있으니 역시 '오래'다. 이 해석은 《설문해자》를 따른 것이다.

"소설 쓰고 있다"는 말이 절로 나옵니다. 고(古)의 갑골문은 축문 그릇에 기원하는 글을 적은 부적, 혹은 국가의 중대사를 적은 문서가 들어 있는 모습이고 고(固)는 이를 담은 용기를 함께 그린 것입니다. 갑골문에 고(古)가 "(왕을 위해) 어떤 일을 처리하다"*라는 의미로 사용한 기록이 있습니다. 이러한 축문이나 기록은 오래 보관되었고 이를 넣은 용기는 단단히 봉해졌습니다. 고(古)와 고(固)에 각각 '오래되다'와 '굳다'라는 의미가 생긴 연유입니다. 고(古)를 풀이할 때 방패나 입이 들어가면 전부 잘못 본 것입니다.

이 용기를 여자가 지키고 있습니다. 고(姑)입니다. 이 여자는 누구이겠습니까? 무녀입니다. 무녀는 모든 남자들의 사랑을 받는 여자였습니다. 한전에 고(姑)와 호(婟)는 같은 글자라고 올라 있습니다. 고(姑)는 1장의 〈무녀〉 편에 등장한 바 있는 아름다운 무녀 호(婟)였습니다. 모든 남자들이 연모하는 어여쁜 여자였습니다.

아름다울 과(婐)

'미인'을 가리킵니다. 여자 옆에 붙어 있는 과(夸)는 '자랑할 과'입니다.

---

* 《은허서계전편(殷墟書契前編)》.

과(夸)의 갑골문을 보면 왼쪽은 발음을 나타낸 그림이고 (丂 [kǎo]) 오른쪽은 뻐기고 서 있는 남자입니다. 자체로 '아름다울 후'란 훈도 있습니다.

과(夸)의 갑골문

그러나 과(夸)는 자랑할 만한 글자가 아닙니다. 중국어로 허풍 치는 것을 부과(浮夸)라 하고 거드름 피우는 것을 과오(夸傲)라 합니다. 우리말에도 무언가를 부풀리는 것을 과장(夸張)한다고 합니다. '거만하다'란 뜻도 있습니다. 《조선왕조실록》에 다음과 같은 글이 보입니다.

　　희일의 사람됨은 욕심이 많고 인색하며 또 재주를 믿고 거만한 습성[과오지습
　　(夸傲之習)]이 있었기 때문에 끝내 이로써 낭패하였다.*

그러나 이 글자가 여자 옆에 붙으면 이야기가 달라집니다. 여자가 양순하면 남자의 흥미를 끌지 못합니다. 언제든 손에 넣을 수 있을 듯 보이기 때문입니다. 그러나 자신의 미모를 자랑하는 여자, 거만한 여자는 남자에게 꺾고 싶은 욕망을 불러일으킵니다. 아름답다는 착각을 불러일으킵니다. 남자들이 침을 흘리는 미녀들은 한결같이 몸을 곧추세우고 시선은 하늘로 향하고 있습니다. 미인치고 땅만 쳐다보고 걷는 여자, 단언컨대 없습니다.

과(姱)가 아름다운 여인으로 보이는지요? 하긴 남자가 아름답다고 착각한다면 그것만으로 충분할 테니 아름다운 여자가 맞는 듯싶습니다. 여자들이 미녀가 되고 싶으면 모름지기 자랑하고 거만해야 합니다. 그림이 증명하고 있습니다.

---

*《인조실록》 37권, 인조 16년 8월 20일.

아름다울 광(姚), 예쁠 료(嫽)

광(姚)은 여자와 '빛 광(光)'을 합해 만들었습니다.
그런데 '빛 광(光)' 자체에 여자가 들어 있음은 잘
알려져 있지 않습니다. '빛 광(光)'은 머리 위에 불을
얹은 여자를 그린 것입니다.

광(光)의 갑골문

　이 여자는 누구일까요? 어떤 여자이기에 머리에 불이 있을까요? 불처럼 빛나는
여자였을까요? 머리에 불이 붙은 여자였을까요? 이 의문을 해결해주는 글자가 료
(嫽)입니다.

　료(尞)는 횃불이고 료(嫽)는 횃불을 든 여자입니다. 이 글자는 갑골문이나 금문에
없습니다. 나중에 만들어졌다는 이야기입니다. 처음 광(姚)에 보인 여인이 들고 있는
것이 횃불임을 확실히 한 글자입니다. 이 여자는 왜 횃불을 들고 있을까요? 종이기
때문입니다.

　종이 주인의 밤길을 밝히기 위해 등불을 들고 앞서가는 모습이 광(姚)과 료(嫽)입
니다. 이 여인이 나중에 아름다운 여인이 되었습니다. 주인을 위해 위험한 밤길을 앞
서가니 아름다웠을까요? 아니면 어두운 밤, 불빛에 비치는 여자 종의 얼굴이 예뻐
보였던 걸까요? 하긴 캠프파이어를 하며 둘러앉은 여자 중에 예뻐 보이지 않은 여자
가 있었는지 모르겠습니다.

만날 구(姤)

2장의 〈왕의 여자〉 도입부에 잠깐 나온 구(姤)입니다. 여자 옆에 있는 후(后)는 원래
'뒤'를 뜻하는 글자로 만들었으나 '제후 후(侯)'와 발음이 같아(둘 다 [hòu]) 나중에

사람들이 군주 또는 그의 부인을 가리키는 글자로 썼습니다. 구(姤)에 이런 후(后)가 들어 있지만 황후와는 관계가 없습니다. 첫째 뜻이 '만나다'고 둘째가 '우아하다, 아름답다', 셋째가 '추하다, 보기 흉하다'입니다. 이상하지 않습니까? 하나의 글자에 어쩌면 이렇게 정반대되는 개념들이 들어 있을까요?

구(姤)가 주역의 44번째 괘 천풍구(天風姤)에 쓰였기 때문입니다. 하늘에서 불어오는 바람이 천지를 다니며 만물과 만나는 것을 말하고 있는데 여기서 '만남'의 뜻으로 구(姤)를 썼습니다.

천풍구의 괘사는 이러합니다. '여자가 강성하니 취하지마라. [姤 女壯 勿用取女(구 여장 물용취녀)]'
효의 형상이 다섯 남자[양]와 여자[음] 하나 모양입니다. 다섯 남자를 상대할 정도니 장(壯)이라 했고 그러니 "데리고 살 생각 마라"라고 했습니다.

구(姤)

장(壯)은 주로 남자에 쓰입니다. '장하다, 굳세다, 씩씩하다, 크다' 등등. 남자들이 여자에게서 기대하는 성정은 하나도 없습니다. '우아하고 아름답지만 보기 흉하다'라는 뜻이 생긴 이유입니다. 중국에서는 '만나다' 외에 '중혼(重婚)' '어질다'라 했습니다. 모진 본처와 살다가 어진 여자를 '만나면' 이중결혼[重婚]을 해도 다들 이해한 모양입니다. 옛날에 왜 '강샘할 투(妬)'와 같이 썼고 '보기 흉하다'란 뜻이 들어갔는지 알 만합니다.

자늑자늑 걷는 모양 궤, 좋을 궤(媿)

자늑자늑은 '한가하다'란 뜻의 순수 우리말입니다. 여간 예쁜 말이 아닙니다. 네이버 중국어 사전은 "얌전하게 걸을 궤"라 했습니다. 그래서 이 글자에 '얌전하고 아름답다'라는 뜻이 들어갔습니다. 여자가 얌전하게 걸으니 좋고 아름답습니다. 그런데 궤(媿)를 보면 여자 옆에 뜻밖에도 '위태로울 위(危)'가 붙어 있습니다.

아래 그림을 보면 날카로운 무언가가 들어 있는 구덩이 위를 사람이 엉거주춤, 조심조심 건너가고 있습니다. 위태위태합니다. 오른쪽 그림은 절벽 위에서 어떤 사람이 아래를 내려다보고 있습니다. 아슬아슬합니다.

여자 옆에 이런 글자가 붙었는데 '얌전하게 걸으니 좋고 아름답다' 했습니다. 이 여자가 어떤 여자였기에 이런 훈이 붙었을까요?

위(危)의 갑골문

2장의 〈첩〉 편에서 언급한 양수마를 기억하십니까? 자기를 첩으로 삼으려 찾아온 남자 앞에서 여자가 자늑자늑 걸으며 자태를 뽐냅니다. 남자의 마음이 흡족합니다. 그러다 문득 남자 마음속에 집에 있는 본처 생각이 납니다. 양수마의 자늑자늑한 걸음걸이 속에 도사리고 있는 정체불명의 위험이 느껴집니다. 본처의 시샘이 불러일으킬 풍파가 어렴풋 느껴집니다. 그렇다면 이 양수마는 예쁜 여자일까요, 위험한 여자일까요? 망설이던 남자들은 결국 예쁜 여자로 결론을 내립니다. 첩이 위험하다는 생각을 하는 남자라면 아예 양수마 시장을 찾지 않았을 것입니다. 자늑자늑 걷는 여자는 아름답습니다. 단 '위험할 위(危)'를 넣어 남자 스스로를 경계했습니다.

예쁠 근(嫤)

근(嫤)은 여자 이름에 쓰인 글자입니다. 여자 옆에 서 있는 글자는 근(堇)으로 네이버 사전에 '진흙 근'으로 나옵니다. 이 글자를 진흙으로 봐서는 근(嫤)이 예쁜 여자로 보일 리 없습니다. 혹 머드팩을 한 여자로 보일 수 있지만 머드팩을 했다고 다 예쁘지는 않겠지요?

근(堇)은 제비꽃, 영어로 바이올렛(violet)입니다. 그래서 근색(堇色)하면 옅은 자주색을 가리킵니다.

장미처럼 화려하지도 않고 백합처럼 귀티가 나지도 않지만 왠지 모르게 애틋합니다. 그래서 자주제비꽃의 꽃말은 '겸양'이고 흰 제비꽃은 '소박함'입니다.

제비꽃 같은 여자, 남자들이 예뻐할 만합니다. 나댐 없이 남자의 처분만 기다리는 다소곳한 자세이기에 더욱 그러했을 것입니다.

아름다울 나(娜)

여자와 팔짱을 끼고 있는 나(那)는 '어찌 나, 어조사 나'로 중국에서는 주로 '저것'이란 의미로 쓰입니다. 이 글자가 아름답다는 뜻을 갖게 된 것은 나(那)가 '나아갈 염(冄)' 자와 '고을 읍(邑)'으로 이루어진 글자이기 때문입니다.

염(冄)은 수염입니다. 수염 중에서도 양 볼을 타고 길게 늘어진 구레나룻입니다.[*] 중앙아시아를 포함한 중국의 서쪽에 이런 구레나룻을 기른 사람들이 살았습니다. 읍(邑)은 이런 사람들이 사는 서쪽 지방을 가리켰고 이들을 서역인(西域人)이라 불렀습니다. 그런데 이 서역 지방의 여인들이 눈이 크고 코가 오뚝합니다. 허리까지 잘록

---

* 4장 〈약해야 한다〉 참조.

합니다. 예쁩니다.

　이들을 '저것'들이라고 불렀습니다. 아마 본처가 들을까 봐 그랬던 모양입니다. 아름다운 '저것' 나(娜)입니다.

고울 눈(嫩)

눈(嫩)에 보이는 欶는 '기침할 수, 빨아들일 삭'입니다. 여자가 기침을 하려면 입을 가리고 머리를 숙이고 합니다. 교양 있어 보입니다. 조신해 보입니다. 곱게 보였습니다. 여자는 매사에 삼가야 했습니다.

아름다울 단, 오로지 전(嫥)

단(嫥)은 '아름다울 단'입니다. 어떻게 아름다운지 오른쪽에 있는 전(專)에 단서가 있습니다. 專을 '오로지 전'으로 읽으면 '전문적이다'라는 뜻으로 쓰이지만 '모일 단'으로 읽으면 '특별하다'라는 뜻을 가집니다. '전문적이다' '모이다' '특별하다'가 다 연관이 있습니다.

　길쌈은 고대 여인들에게 있어 가장 일상적이면서도 전문적인 작업이었습니다. 전(專)은 길쌈하는 여인이 손으로 방추(紡錘)를 쥔 모습입니다. 방추는 길쌈할 때 누에고치나 목화에서 뽑은 실을 감는 도구입니다. 뽑을 실을 방추에 감고 계속 한 방향으로 돌리면 볼록하니 실이 모입니다. 여기서 '전문적' '오로지 (한 방향)' '(실이) 모이다' 등의 뜻이 생겼습니다.

전(專)의 갑골문

　누구나 길쌈을 했지만 훌륭한 옷감은 숙련된 기술을 지닌 여인의 손에서 나왔습니다, 그런 여인은 존경과 사랑을 받았습니다. 결국 노동에 찌든 여인이었지만 '아름답다' 했습니다. 그나마 보상이라고 만든 그림입니다.

예쁠 답(婚)

답(婚)에 들어 있는 답(苔)은 '좀콩 답'입니다. 팥을 뜻할 때도 있습니다. 그러나 답(婚)에 있는 답(苔)을 콩으로 보면 답이 안 나옵니다. 이 글자는 답(答)입니다. 예전에는 이 둘을 같이 썼습니다. 둘 다 발음도 [dá]로 같습니다.

답(答)은 '대답하다, 응낙하다'란 뜻입니다. 그래서 답(婚)은 '좀콩' 같은 여자가 아니라 '답'하는 여자입니다. 여자에게 말을 거니 응답을 합니다. 추파가 통하니 예쁩니다. 남자가 말을 걸어도 대꾸 없는 여자를 남자가 예쁘게 볼 리 없습니다. 여인의 아름다움은 남자를 대하는 태도에 달렸습니다.

예쁠 래(姝)

예쁠 래(姝)는 '여자 여(女)'와 '올 래(來)'의 합자입니다. '올 래(來)'는 사람인(人) 부수에 들어있으나 사람과는 아무 관련이 없습니다.

허신은 《설문해자》에서 이 글자를 다음과 같이 풀었습니다.

래(來)는 주나라 사람들이 받은 상서로운 보리인 래모(來麰)다. 두 개의 봉우리와 깔끄러운 가시를 그렸다. 하늘로부터 온 것이다. 이 때문에 '오고 간다' 할 때 '온다'가 되었다. 시에 "우리에게 보리를 보내 주시네"라고 하였다. 래(來) 부에 속한 글자들은 모두 이 의미를 따른다.

원래 보리를 그렸다는 말은 맞습니다. 그러나 보리를 하늘이 주셨기 때문에 '오다'라는 뜻이 되었다고 하는 것은 억지입니다. 래(來)를 '오다'라고만 알고 있다 보니 '보리 맥(麥)'과 연관 있음을 눈치 채지 못했습니다.

래(來)와 맥(麥)의 옛 그림을 보겠습니다.

래(來)의 갑골문   래(來)의 금문   래(來)의 설문

맥(麥)의 갑골문   맥(麥)의 금문   맥(麥)의 설문

맥(麥)을 보면 래(來) 밑에 치(夂)가 있습니다. '뒤쳐져 올 치'로 발을 그린 글자입니다. 그래서 '뒤쳐져 오다, 천천히 가다'라는 뜻을 갖습니다. 이 치(夂)에 래(來)가 '오다'라는 뜻을 갖게 된 이유가 담겨 있습니다.

연맥(燕麦), 모맥(麰麥), 숙맥(宿麥)으로 불리는 보리와 소맥(小麥)으로 불리는 참밀은 재배 방법이 벼농사와 다릅니다. 이들은 씨를 뿌린 후 해동 전에 밟아주어야 뿌리를 내립니다. 즉 씨를 뿌리고 일정 기간이 지난 후 다시 와야 한다는 말입니다. 보리밟기, 밀밭 밟기라는 말이 그래서 생긴 것입니다. '오다'라는 뜻은 여기서 비롯한 것입니다. 그러다가 래(來)가 보리라는 뜻보다 '오다'라는 뜻으로 더 많이 쓰이게 되자 '다시 와서 밟아주다'라는 원뜻을 살리기 위해 발(夂)을 추가해 맥(麥)을 새로 만든 것입니다.

그러나 사람들은 허신이 알려준 대로 보리를 하늘이 주신 것으로만 알았습니다. 그런 보리 옆에 여자를 세우고 하늘이 내게 주신 여자라는 의미로 래(娒)를 만들었습니다. 얼마나 예쁘게 보았을지 상상이 갑니다.

아름다울 련, 연(䜌, 戀)

여자와 함께 있는 '變(연)'과 '戀(연)'은 참 아름다운 글자들입니다. 둘 다 '그리워할 연'입니다. 갑골문과 금문에는 보이지 않습니다. 남자가 여자를 탈취하던 시대에는 필요 없는 글자였기 때문입니다. 남자가 여자를 그리워할 일이 뭐 있었겠습니까? 힘이 있으면 잡아오고 돈이 있으면 사오면 되는데.

그러다 시대가 변합니다. 무턱대고 여자를 취할 수가 없습니다. 마음에 드는 여자가 있어도 마음대로 손에 넣을 수가 없습니다. 남자가 안달이 납니다. 그리운 마음이 솟습니다. 어떻게 해서든 인연을 맺고 싶습니다.

연(戀)의 전서도 똑같습니다. 여자를 심장으로 바꾼 것은 나중입니다. 먼저 윗부분부터 보겠습니다. 좌우에 ⅋이 있습니다. 누에고치를 그린 것으로 실을 뜻합니다. 가운데는 䜌이 자리 잡고 있습니다. 䜌의 본래 모습은 𧮫입니다. 위는 '매울 신(辛)'으로 포로의 몸에 문신을 새길 때 쓰는 도구고 아래는 '입 구(口)'입니다. 𧮫는 입으로 새기는 말, 즉 '말씀 언'입니다. 이렇게 '실'과 '말'이 어우러져 '연(䜌)'이 됩니다.

연(䜌)에는 두 가지 뜻이 있습니다. 하나는 양쪽에서 서로 자기 말만 하니 정신 사납다는 뜻의 '어지러울 련(난)'이고 또 하나는 말과 말을 실로 묶듯 엮어 대화를 나누니 '이을 연'입니다.

연(變)의 전서

이 글자가 '그리워할 연(戀)'에 쓰일 때는 대화를 나눈다는 뜻입니다. 이 글자와 여자가 합쳐져 '아름다울 연(孌)'이 되었습니다.

처음 보는 남녀가 호감을 가집니다. 서로의 마음에서 솟아나는 첫 번째 감정은 '말을 걸고 싶다'입니다. 이렇게 말을 걸고 싶은 여자가 '연(孌)'이고 그런 마음을 그린 것이 여자 대신 심장을 그린 연(戀)입니다. 연(孌)은 그런 마음이 향하는 여자입니다. 아름다울 수밖에 없습니다.

연(戀)하면 떠오르는 단어가 연애(戀愛)입니다. 연(戀)은 무슨 뜻인지 알았습니다. 그럼 애(愛)는 뭘까요? 둘 다 사랑인가요? 차이가 없을까요? 있습니다. 연(戀)은 사랑이 아니라 그리움이고 애(愛)는 사랑입니다. 어떻게 다를까요? 연(戀)은 알았으니 애(愛)를 보겠습니다.

애(愛)의 전서

애(愛)의 가운데 보이는 것은 심장이고 위아래에 보이는 것은 손입니다. 애(愛)는 두 손으로 심장을 쥐어짜는 모습을 그렸습니다. 사랑의 참모습을 이보다 더 애절하게 그린 그림을 보셨습니까?

연(戀)은 '그리움'으로 어서 빨리 만나 말을 섞고 싶은 마음이고, 애(愛)는 보고파 심장을 쥐어짜는 모습입니다. 연(戀)은 마냥 아름다운데 애(愛)는 짠합니다.

현대 중국 사람들이 애(愛)가 쓰기에 복잡하다고 애(爱)로 바꾸어 놓았습니다. 간체자입니다. 심장과 손이 들어 있던 자리에 친구[友 우]가 들어갔습니다. 친구 간의 사랑도 남녀 간의 사랑 못지않다고 우기고 있습니다. 심장을 쥐어짜는 감정은 온데간데없습니다. 한자라는 명화에 간체자가 먹칠을 해버렸습니다.

애(爱). 이 그림에서 심장을 쥐어짜는 느낌이 전해옵니까?

이런 감정이 들어 있는 연(孌)과 연(戀)은 모처럼 여자에 대한 비하 의식이 들어 있지 않습니다. 순수한 인간 본연의 감정만 묘사되어 있습니다. 그런 면에서 참 드문 그림입니다.

예쁠 묘(媌), 류(嫏)

묘(媌)와 류(嫏)는 이체자로 같이 쓰입니다. 묘(苗)는 모종입니다. 모종은 온 식구가 한 해 먹을 양식을 싹 틔울 소중한 존재입니다. 애지중지할 수밖에 없습니다. 그런 여자가 '예쁠 묘(媌)'입니다.

묘(苗)의 금문
(밭에 심은 모종 모습)

묘(媌)의 설문
(모종처럼 예쁜 여자)

묘목 대신 버드나무를 그린 류(嫏)도 묘(媌)와 함께 '예쁘다'로 쓰였습니다. 발음 때문입니다. 묘(卯)의 중국 발음은 [mǎo]고 묘(苗)는 [miáo]입니다. 아름다운 여자인 묘(妙)의 발음도 [miáo]입니다.

예쁠 봉(娝)

봉(娝)의 여자 옆에 보이는 글자는 '끌 봉(夆)'입니다. 갑골문을 보면 오른쪽과 같이 생겼습니다.

봉(夆)의 갑골문.
손(夂)과 이삭(￦)

손으로 이삭을 줍는 모양입니다. 주 운 이삭을 모아 묶은 다음 끌고 가는 모습에서 '끌다'라는 뜻이 생겼습니다. '끌다'

의 대상이 사람이 되면 '꾀다'로 바뀝니다. 봉(㛀)은 남자가 꾀어 끌고 가는 예쁜 여자입니다. 묘목이었던 여자가 여기서는 한낱 이삭 취급을 받고 있습니다.

아름다울 부(㜤)

부(㜤)의 윗부분은 '줄 부(付)'로 '주다, 맡기다, 의지하다'란 뜻입니다.

부(付)의 금문

부(付)의 금문을 보면 왼쪽의 사람에게 무언가를 건네는 손이 그려져 있습니다. 사람은 당연히 남자입니다. 여자는 여자[女]로 표시하지 사람[人]으로 그리지 않았음을 잊으면 안 됩니다. 그러니 부(㜤)는 남자가 맡은 여자, 남자에게 맡겨진 여자, 남자에게 의지하는 여자입니다. 여자가 자신을 의탁하니 아름답게 보였나 봅니다. 여자가 아름답게 보이려면 남자에게 기대는 수밖에 없었습니다. 설령 여자가 남자에 의탁하지 않아도 좋을 만한 능력을 갖췄더라도 말입니다.

예쁠 약, 삭(嫭)

즐거움[樂]을 주는 여자, 예쁜 여자입니다. 여기 보이는 '즐거울 락(樂)'이 음미할 만합니다. 이 글자를 보면 음악(音樂)이 떠오릅니다. 그럴 수밖에 없는 것이 락(樂)은 악기이기 때문입니다.

갑골문은 나무에 실을 여러 가닥 맨 모양을 그렸습니다. 금문에는 가운데 ◬ 이런 그림이 추가되었습니다. 이 그림을 두고 여러 설들이 있습니다. 혹자는 거문고 줄을 짓는 술대 역할

락(樂)의 갑골문

락(樂)의 금문

을 한 도구라 하고 혹자는 도토리라 주장합니다. 피크라고 하는 분들은 아마 기타를 배운 분들 같습니다. 얼핏 기타 칠 때 사용하는 피크와 비슷해 보입니다. 그렇다고 사람들에게 기타를 그리라고 하면 피크를 한 가운데 놓고 그릴까요? 그렇게 피크가 중요한가요? 클래식 기타에서는 아예 피크를 사용하지 않습니다. 도토리라고 주장하시는 분들은 이 도토리를 통에 넣고 흔들어 소리를 내는 데 썼다고 합니다.

음악에 박자(拍子)가 있습니다. 음악의 흐름을 시간적으로 구성할 때 쓰이는 단위입니다. 이때 박(拍)의 본래 모습은 아래와 같습니다.

어떻습니까? 왼쪽은 손인데 오른쪽이 피크라면 피크로 박자를 맞추나요? 도토리로 무엇을 하며 박자를 맞추나요?

박(拍)의 갑골문

이것은 북입니다. 북이니 자연히 치겠지요. 그래서 박(拍)은 '칠 박'입니다. 락(樂)은 속을 파낸 나무통에 가죽을 씌운 후 끈으로 묶어 만든 북을 나무 위에 올려놓은 그림입니다. 북은 애초에 신호 용도로 만들었습니다. 신호가 다양해지면서 리듬이 생겼습니다. 그 리듬에 맞춰 가락이 생겼습니다. 음악(音樂)은 그렇게 태어났습니다.

약(嬠)은 북에 빗댄 여인, 음악에 빗댄 여인입니다. 음악을 뜻하는 영어, 뮤직(music)은 그리스의 여신 뮤즈(muse)가 그 기원입니다. 약(嬠)이 그런 뮤즈였습니다. '예쁘다'라는 이름을 붙이기에 조금도 아깝지 않습니다.

아름다울 섭(嬺)

섭(嬺)은 여자와 '소곤거릴 섭(聶)'으로 이루어져 있습니다. 섭(聶)은 '귀 이(耳)'를 세 개 겹쳐 그렸습니다. 귀 세 개로 들어야 들릴 만큼 작은 소리로 소곤거리는 모습입니다. 별로 오래전도 아닙니다. 집 안에서 여자가 큰소리를 내면 어른들이 꼭 한마디 했습니다. 여자답지 않다는 것이지요. 남자들은 오랫동안 여자들이 자기주장 내세우는 것을 원천 봉쇄해왔습니다. 남자 귀에 바짝 입을 대고 소곤거리는 여자가 아름다운 여자라는 글자를 만든 이유입니다. 이 글자는 《한한최신대옥편》에만 보입니다.

일본 여성들은 애교가 많다고 알려져 있습니다. 태생이 그래서가 아닙니다. 일본 남자들은 여자가 큰소리 내는 것은 말할 것도 없고 입만 크게 벌려도 나무랐습니다. 상놈 집안 출신이나 그런 짓을 한다고 했습니다. 자연히 일본 여자들은 입을 오므리고 속삭이듯 말하는 것이 체질화되었습니다. 그것이 애교로 보인 것이지요. 일본 여자들이 평생 얼마나 참고 살았겠습니까? 일본에서 황혼 이혼이 급격히 늘어난 이유를 알 듯합니다. 그러나 예부터 섭(嬽)이라는 그림이 있었던 것을 보면 이런 현상이 비단 일본에만 국한된 것은 아니었던 모양입니다. "암탉이 울면 집안이 망한다"는 약과이고 "여자가 큰소리 내면 집안도 나라도 망한다"는 말이 지금도 들리고 있으니 말입니다.

아름다울 성(娍)

고대의 가장 아름다운 건축물은 성(城)이었습니다. 이 성처럼 아름다운 여자가 성(娍)입니다. 다소곳한 아름다움이 아니라 당당한 아름다움입니다. 그래서 '헌걸차다'란 뜻도 있습니다. '헌걸차다'는 '풍채가 매우 좋고, 의기가 당당하고. 기운이 매우 장하고. 키가 매우 크다'는 뜻입니다. 현대 중국어에서는 사라졌고 한전에 다만 "옛날에 여자의 이름자로 썼다"라고만 올라 있습니다. 아무래도 인기가 없었나 봅니다. 키 큰 여자를 가리키는 '형(娙)'을 만들며 여자 옆에 '형벌 형(刑)'을 갖다 붙인 남자들에게 말입니다.

아리따울 아(娿, 婴, 妸)

세 글자 모두 같이 쓰입니다. 여자와 함께 있는 가(可)는 '옳다, 허락하다'라는 뜻을 가졌습니다. 사물에 '가하다'라는 말을 쓰면 '자기 뜻에 맞아 좋다'는 의미입니다. 양수마를 고르는 남자들이 만든 말인지 아니면 여자가 남자의 청을 허락해서인지는 모릅니다. 아무튼 아(娿, 婴, 妸)는 한마디로 맘에 드는 여자입니다. 당연히 아리땁게 보였을 것입니다.

아름다울 엄(嬿)

엄(嬿)은 제대로 설명한 글이 안 보입니다. 그도 그럴 것이 여자 옆에 있는 글자가 '술맛 쓸 염(𪗪)'이기 때문입니다. '지금 금(今)'과 술 단지를 그린 글자 '유(酉)'로 이루어진 염(𪗪)은 '지금 술맛을 봤더니 쓰다'라는 뜻입니다. 이 글자가 여자 옆에 붙었는데 '아름다울 엄(嬿)'이라니! 사람들이 연결고리를 찾지 못해 헤매고 있는 것이 이해가 갑니다. 사랑을 안 해봐서 그렇습니다.

　아픔 중에 실연보다 더한 것은 없습니다. 약도 없습니다. 찢어진 심장은 반창고로 붙여도 소용이 없습니다. 모 여가수가 부른 노래처럼 "총 맞아 구멍 난 심장에서 추억이 흘러" 넘칩니다. 천하장사도 견딜 재간이 없습니다. 몸부림을 치며 한숨을 내쉬다 아직 익지도 않은 술을 들이킵니다. 술맛이 좋을 리 없습니다. 소태맛입니다. 술동이를 다 비워도 달라지지 않습니다. 여자가 아름다우면 더합니다.

　익지도 않은 술을 퍼마시게 하는 여자, 얼마나 아름다웠을까요? '아름다운 여자

엄(嬮)'입니다.

아름다울 연(嬿, 嬓)

연(嬿)은 제비를 닮은 여인입니다. 4장의 〈허리가 가늘어야 한다〉 편에서 조비연을
만나 봤습니다. 임금의 손바닥 위에서 춤을 출 정도로 가벼웠다는 여자. 본명은 조
의주였으나 '나는 제비'라는 뜻의 비연(飛燕)이란 별명을 얻어 조비연이 된 여인입
니다. 연(嬿, 嬓), 조비연에 비견되었으니 아름다울 것은 불문가지입니다.

예쁠 와(娃)

여자 옆에 있는 규(圭)는 상서로운 구슬을 가리키기도 하지만 원래는 왕이 손에 들
고 있던 도구입니다. 1번 갑골문에서 보듯 위가 뾰족하고 아래는 네모진 형태였는데
강산을 손에 쥐고 사방을 안정시킨다는 의미가 담겨 있었습니다. 이것에 왕이 제후
에게 나누어 줄 땅의 이름을 적으면서 '땅 토(土)' 두 개를 겹친 규(圭)라는 2번 그림
이 생겼습니다. 처음에는 왕의 비망록으로 쓰였는데 나중에는 비망록 용도는 사라
지고 둥근 옥으로 만들어 천자의 상징물이 되었습니다.

이처럼 왕만이 가질 수 있는 물건 옆에 서 있으니 얼마나 빼어났을지 가히 상상
이 갑니다.

아름다울 원, 업신여길 만(嫚)

여자 옆에 있는 글자는 만(曼)입니다. 네이버나 다음 사전에는 '길 만', 즉 무언가를 길게 늘인다는 의미로 나와 있습니다. 밀가루 껍질(피)을 길게 늘여 만드는 만두에 쓰는 글자, '만두 만(饅)'에 만(曼)이 들어 있습니다. 그러나 중국에서는 '동작이 부드럽다, 가볍다, 목소리를 길게 뽑다'의 뜻으로 씁니다. 그렇다면 어떤 여자인지 바로 연상이 됩니다. 부드러운 동작으로 가볍게 날아와 소리를 길게 늘여 말을 합니다. 전형적인 애교 모드입니다. 원(嫚)이 아름다운 여인인 것은 당연합니다.

그러나 같은 여자 눈에도 그렇게 보일까요? 원(嫚)에 '업신여길 만'이라는 훈이 있는 것을 보니 아무래도 아닌 것 같습니다. 원(嫚)이 첩을 업신여기는 본처인지, 남자의 마음을 뺏었으니 본처를 업신여기는 첩인지 그것까지는 모르겠습니다.

예쁜 여자 추(娵)

여자 옆에 취(取)가 있습니다. '취할 취'라 읽습니다. 취(取)는 '귀 이(耳)'와 '손 우(又)'로 만들었습니다. 이것이 어떻게 무언가를 취한다는 뜻이 되었는지부터 살펴보겠습니다.

'취하다'와 '귀'는 무슨 상관이 있을까요? 어떤 물건이 좋은지, 혹은 싼지 귀로 듣고 취한다는 뜻일까요? 귀에 걸 귀걸이를 산다는 말일까요? 아닙니다. 말 그대로 '귀'를 '취한' 것입니다.

고대에는 병사들에게 잘라온 적군의 귀를 기준으로 포상을 했습니다. 목을 베는 것은 상대가 알 만한 장수일 경우뿐이었습니다. 일반 군졸들까지 일일이 목을 베어 가져가기에는 너무 거추장스러웠습니다. 손가락이 간단하긴 한데 너무 많은 데다 구분이 안 됩니다. 그래서 귀를 잘랐습니다. 귀는 두 개를 잘라야 1인분이라 좀 불편

했지만 딱히 취할 것이 귀밖에 없었습니다. 코가 하나니 제일 간단했지만 그래도 코를 베어 얼굴을 손상하는 짓은 피했습니다. 죽은 자에 대한 최소한의 예의였습니다.

그러나 임진왜란 때 조선에 쳐들어온 일본군들은 조선 군인의 코를 베어 갔습니다. 군인뿐 아니라 일반 백성들의 코도 베어 소금에 절여 본국으로 보냈습니다. 조선 침략을 획책한 도요토미가 전과 보고용으로 이같이 지시했기 때문입니다. 무려 30여 만 개의 조선인 코가 일본 땅으로 실려 갔는데 도요토미는 자신의 업적 과시용으로 일본 곳곳에 코 무덤을 조성했습니다. 원래 '코 무덤'이었으나 코를 베었다고 하자니 차마 못할 짓을 했다는 거리낌이 들었는지 '귀 무덤'이라는 이총(耳塚)으로 명칭을 바꿨습니다. 일본인들이 존경해 마지않는 에도시대의 유학자 하야시 라잔의 아이디어입니다. 일본인들의 잔인하고 간사함이 이와 같습니다.

'에비~'란 말이 있습니다. 아이들의 위험한 행동을 말릴 때 어른들이 겁주는 소리입니다. 이 '에비'는 '이비(耳鼻)' 즉 귀와 코를 가리키는 말입니다. 아픈 역사를 안다면 쓰고 싶지 않은 말입니다. "눈 감으면 코 베어 간다"는 말도 이때 생겼습니다.

여자 옆에 이런 취(取)를 붙여 '예쁜 여자 추(娵)'라 했습니다.* 손에 넣으니 예뻤나 봅니다. 설마 이 여자의 코는 그대로 붙어 있겠지요?

아름다울 치(姓)

앞서 누차 나온 이야기지만 남자는 자기 여자가 나돌아다는 것을 제일 싫어합니다. 불안해 견딜 수가 없습니다. 그러니 여자가 집안에 가만히 들어앉아 있으면 더 바랄

---

* 네이버 한자 사전은 '별이름 추' '장가들 취'라 했으나 자전《대한한사전》에 '젊을 추' '예쁜 여자 추'로 올라 있다.

것이 없습니다.

이러한 남자들의 욕심이 여자들에게 어떤 영향을 미쳤는지 잘 알 수 있는 고사가 《춘추공양전(春秋公羊傳)》에 실려 있습니다.

송백희(宋伯姬)는 노나라 선공의 딸로 송나라 공공에게 시집갔다. 시집간 지 6년 만에 공공이 죽자 34년 동안 홀로 살았다. 그러던 어느 날 자신의 집에 불이 나자, 주변 사람들이 모두 피할 것을 청하였으나 백희는 "부인의 도리는 보모가 없이는 밤에 당(堂, 대청마루)을 내려가지 않는 것이다"라며 끝내 불에 타 죽었다.

그러면서 "백희가 법도를 지키기 위해 화재를 피하지 않고 죽은 것을 어질게 여겼다"고 했습니다. 집에만 꼭 붙어 있는 여자, 치(姹). 남자 눈에 아름다울 수밖에 없습니다.

계집 얼굴 꽃 같을 타(媠)

타(媠)의 훈은 《한한최신대옥편》의 첫 번째가 "계집 얼굴 꽃 같을"이고 두 번째가 "헤아릴"인데 네이버 사전에는 훈이 "헤아리다" 뿐이고 "아름답다"는 두 번째 뜻풀이에 나옵니다. 더 이상의 설명이 없습니다. 이것만 봐서는 '헤아리다'와 '아름답다'가 어떻게 연결되는지 '헤아리기' 쉽지 않습니다. '꽃'을 빼면 안 됩니다.

여자 옆에 있는 타(朶)는 '늘어질 타'인데 꽃이 잔뜩 달려 휘늘어진 가지를 그렸습니다. 꽃송이가 많으니 꽃송이를 세는 단위로도 쓰입니다. 그 꽃이 여자라면? 그렇습니다. 타(媠)는 점호 받으려고 늘어서 있는 미녀들입니다. 어떤 여자들이 해당될까요?

예전에는 관가마다 관기라 불리는 기생들이 있었는데 매월 두 차례씩 점고를 했습니다. 점고는 명부에 일일이 점을 찍어가며 사람의 수를 세는 것을 말합니다. 《목민심서》에 아래와 같은 글이 있습니다.

무릇 기생이란 요염한 것이니 눈짓을 주고받아서는 안 된다. 초하루 보름의 점고(點考) 때를 제외하고서는 일체 문 안에 들어오게 해서는 안 된다.*

꽃처럼 예쁘지만 점고를 받아야 하는 여인이 타(娧)였습니다. 예쁘다고 함부로 좋아할 일이 아닙니다.

예쁠 핍(妞)

핍(妞)이 왜 예쁜 여자인지 제대로 설명한 글이 안 보입니다. 핍(乏) 자 때문에 어려운 모양입니다. 핍(乏)은 '막힐 핍, 모자랄 핍'입니다. 예쁜 여자와 거리가 멀어 보입니다.

지(之)의 갑골문   핍(乏)의 금문

핍(乏)은 조심스럽게 걷는 모양입니다. 핍(乏)의 아래 있는 글자는 '갈 지(之)' 자로 뒤꿈치를 땅에 대고 있는 발을 그린 것입니다.

지(之)는 막 걸음을 떼기 직전의 모습입니다. 그런데 이 걸음을 무언가가 가로 막습니다.

발걸음을 옮기려는데 무언가에 걸린 모습입니다. '막힐 핍, 모자랄 핍'이라 불리는 이유입니다. 이처럼 행여 뭔가에 걸려 넘어질까 조심조심 발을 떼는 여자가 핍(妞)입

---

* 《목민심서》 율기(律己) 6조 제1조 칙궁(飭躬).

니다. 남자 앞에서 조심스럽게 행동하는 여자, 예쁜 여자입니다. 4장의 〈단정해야 한다〉 편에서 본 '자늑자늑 걷는 여자 궤(姽)' '소곤소곤 속삭이는 여자 섭(囁)' 모두 한 부류입니다.

이쁠 험(嫛)

력(力)은 힘입니다. 알통을 그렸습니다. 힘이 여럿 모이면 '힘을 합하다'라는 뜻이 됩니다. 협력(協力)은 '여럿이 힘을 합하다'라는 뜻으로 쓰이는데 협(協)만 써도 충분합니다. 협(劦)도 '(힘을) 합할 협'입니다.

 그러니 험(嫛)은 남자 일에 힘을 합해 도와주는 여자입니다. 예쁘다고 칭찬해야 일을 더 잘했을 것입니다.

예쁠 화(妔)

화(妔)는 우리나라에서 만든 한자입니다. 중국어 사전에는 없고 한전에도 한국에서 만든 글자로 올라 있습니다.

 여자 옆의 글자는 '꽃 화(花)'입니다. 화(花)는 나무에 핀 꽃입니다. 여자에 가장 많이 빗대는 말이 꽃입니다.

 한자에도 꽃 같은 여자가 있습니다. 그렇지만 우리나라에서 만든 글자의 꽃과는 다른 꽃입니다. 한자의 '꽃 같은 여자'를 가리키는 글자 '탐스러울 화(嬅)'를 알아보겠습니다.

탐스러울 화(嬅)

화(花)는 나무에 핀 꽃이고 화(華)는 풀에 핀 꽃입니다. 그런데 화(姹)는 예쁜 여자이고 화(嬅)는 탐스러운 여자입니다.

나무에 피었건 풀에 피었건 꽃의 아름답기에 무슨 차이가 있겠습니까? 그런데 우리는 그 꽃을 '아름답다' 했는데 중국인들은 '탐스럽다' 했습니다. '탐스럽다'는 '갖고 싶다'라는 마음이 전제되어 있습니다. 우리처럼 그냥 감탄만 하기에는 성이 안 찼던 모양입니다.

아름다울 후(姁)

여자 옆에 구(句)가 붙어 여자가 아름다워졌습니다. 구(句)가 어떤 글자기에 그럴까요?

1
구(句)의 갑골문

2
구(句)의 금문

3
후(姁)의 금문

구(句)는 '글귀 구, 올가미 구'로 읽습니다. 그러나 올가미는 글자 모양을 보고 나중에 붙인 말이고 원래는 '글귀' 하나만 가리켰습니다.

1번 갑골문과 2번 금문을 보면 입에서 나오는 말을 감싸서 보듬는 모습입니다. 이렇게 정성껏 만들어진 말이 '구(句)'이고 입에서 이런 구(句)가 나오는 여자가 3번 후(姁)입니다. 사려 깊고 세련된 말을 구사하는 여자, 아름다울 수밖에 없습니다.

네이버 한자 사전은 구(句)를 이렇게 설명하고 있습니다.

뒤 → 뒤 句 자는 '글귀'나 '굽다'라는 뜻을 가진 글자이다. 句 자는 勹(쌀 포) 자와 口(입 구) 자가 결합한 모습이다. 그러나 句 자의 갑골문을 보면 니(얽힐 구) 자사이에 口 자가 그려져 있었다. [뒤] 이것은 말뚝에 끈을 묶어놓은 모습을 표현한 것이다. 그래서 句 자는 끈으로 말뚝을 휘감았다 하여 '굽다'나 '휘어지다'라는 뜻으로 쓰였었다. 그러나 금문에서부터는 끈의 형태를 勹 자로 표현하게되었고 의미 역시 여러 글이 뒤섞여 있는 것을 뜻하는 '글귀'나 '구절'을 뜻하게되었다.

어떻게 하면 이런 설명을 만들어 낼 수 있는지 감탄할 따름입니다. '굽다'를 표현하려면 꼬불꼬불한 산길을 그리면 되는데 왜 말뚝에 줄을 휘감아 놓고 '굽다'라고하나요? 그리고 글귀에 뭐가 뒤섞여 있습니까? 이런 해석으로 후(姁)가 '아름답다'라는 뜻을 가진 것을 설명할 수 있나요? 도무지 알 수 없는 풀이입니다.

'감쌀 포(勹)'를 갈고리로 보고 남자를 갈고리에 건 여자로 보아도 무방합니다. 남자가 여자에 미치면 아름다움에 홀리나 갈고리에 걸리나 그게 그겁니다.
후(姁)에 할머니란 뜻이 들어간 것은 다만 포(勹)가 굽은 허리처럼 보여서입니다.

아름다울 희(嬉)

여자 옆에 있는 글자는 '기쁠 희(喜)'입니다.
희(喜)의 윗부분은 악기로, 주(壴)라는 이름의 '북'이고 아래는 '입'입니다.

희(喜)의 갑골문

주(壴)의 갑골문　　　　은허 유물, 주(壴) (출처: 바이두)

주(壴)를 연주하는 모습

주(壴)에 북채를 더한 것이 '북 고(鼓)'입니다. 그러니 희(喜)는 북과 입을 그려 장단에 맞춰 노래하는 모습을 그린 것임을 알 수 있습니다. 이 아니 기쁘고 즐겁겠습니까? 여기에 여자가 붙은 것이 희(嬉)입니다. 남자 앞에서 춤추며 노래하는 여자입니다. 여자가 즐거웠을까요? 그런 여자들이 있어 즐거운 것은 항상 남자들 아니었나요? 이런 즐거움을 주는 여자가 어찌 아름답지 않겠습니까?

마침내 틀에 넣을 수 있는 여자와 '아름답다'라는 소리를 듣는 여자들을 모두 만나보았습니다. 이제 알겠습니다. 여자는 남자의 눈에 들었을 경우에만 예쁘다는 소리를 들었다는 것을요.

이제 마지막 한 무리의 여자들이 남았습니다. 추(醜)함에 동원된 여자들입니다.

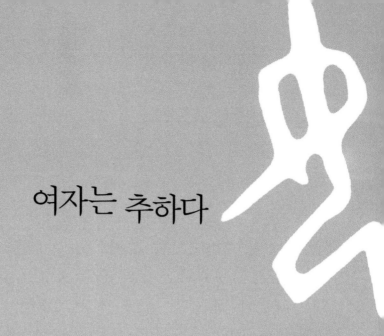

여자는 추하다

중국의 4대 추녀

더러운 여자

추한 본성

중국의 4대 추녀

추(醜), 모(嬤)

남자는 여자를 세 종류로 구별합니다. '예쁜 여자'와 '관심 없는 여자' 그리고 '추한 여자'입니다. 이를 구별하는 기준은 자신이 소유할 수 있는가의 가능성 여부입니다. 실제로 얼마나 예쁘고 미운가는 별 상관이 없습니다. 가능성이 있으면 관심이 생깁니다. 텔레비전이나 영화를 보면 꽃 같은 여인들이 넘칩니다. 이런 여인들이 남자에게 환상을 불러일으킵니다. "언젠가 난 당신의 여자가 될지 몰라요"라며 유혹을 합니다. 남자들이 환성을 지릅니다. 화려한 스포트라이트를 받는 여인이 침침한 방구석에 처박혀 있는 나 같은 남자의 품에 안긴다고? 말이 안 될 것 같지만 세상일을 어찌 압니까? 내가 전생에 호동왕자였을 수도 있고 오늘밤 난데없이 우렁각시가 나타날지도 모르는데? 여자들이 더 환호를 한다고요? 당연합니다. 환호를 받는 주인공에게서 투영된 자신을 보는데 어찌 좋아하지 않을 수 있겠습니까?

그렇기 때문에 여자에 대한 남자들의 관심은 그 여자가 남의 여자가 되는 순간 아침 안개처럼 사라집니다. 환상이 사라지기 때문입니다. '관심 없는 여자'가 됩니다. 그 여자를 소유한 남자와 결투를 벌이지 않는 이상 소유할 가능성이 없으니까요.

가능성이 있는 '예쁜 여자'와 가능성이 사라진 '관심 없는 여자' 그 다음에 '추한 여자'가 남습니다. 추한 여자는 어떤 여자일까요? 이 질문은 결국 '추하다'가 어떤 것인가로 귀결됩니다. 그런데 이 개념이 단순하지가 않습니다. 미학에서는 '추'를 아름다움, 즉 '미(美)'의 대립 개념으로 본다는데 당연한 듯 보이는 이 개념의 설명이 거의 암호 수준입니다. 움베르토 에코는 《추의 역사》에 온갖 난해한 문장으로 미주 알고주알 설명해놓았는데 차라리 옛날 사람들의 설명이 간단명료합니다.

추할 추(醜)

추(醜)의 갑골문입니다. 왼쪽은 술 항아리고 오른쪽은 귀신
입니다. 즉 술 취한 귀신입니다. 귀신만 해도 감당이 안 되는
데 그 귀신이 술에 취했으니 어떤 추태를 부릴지 가늠이 될
리 없습니다. 움베르토 에코가 《추의 역사》에서 어렵게 풀어
놓은 추의 개념을 딱 그림 한 컷으로 대신했습니다.

추(醜)의 갑골문

우선 이 귀신 형상에서 '못생겼다'라는 말이 나왔습니다. 겉모습입니다. 그 다음
에 속, 즉 본성에 대한 개념이 도출됩니다. 《설문해자》에서 허신은 "악하다"고 했고
사마천은 친구에게 보낸 편지 《보임소경서(報任少卿書)》에서 "더럽다"고 했습니다. 고
대의 백과사전인 《이아(爾雅)》는 "무리 중(衆)"으로 풀었는데 이때 말한 무리는 적대
적인 부족의 '포로'를 말합니다. 한마디로 옛사람들이 생각한 '추'는 겉으로는 술 취
한 귀신 형상이요 속으로는 악하고, 더럽고, 적대적인 것이었습니다.

겉만 추한 경우는 때에 따라 그다지 불쾌감을 주지 않을 수 있습니다. 오히려 귀
한 대접을 받을 수도 있습니다. 돌도 식물도 물고기도 못생길수록 인기를 끌고 못생
긴 캐릭터들도 하는 행동이나 심성이 고우면 사랑받습니다. 허신이나 사마천이 추
를 설명하며 겉모습에 대한 이야기는 한마디도 없었음을 주목해야 합니다. 또 '못생
겼다'라는 말이 어떤 특정한 사물을 대상으로 한 것이 아니라는 점도 잊어서는 안
됩니다. 그런데 이 단어가 인간에게 적용되면 유독 여자, 그중에서도 여자의 외모를
가리킨다는 무의식적인 공감대가 남녀 모두에게 형성되어 있습니다.

남자에게는 '못생겼다'는 말이 자랑은 아니지만 오히려 험악하다는 이미지로 치환되어 '사납다' '용맹스럽다'라는 남성다움의 징표로 인식될 수 있습니다. 그러나 여자는 '못생겼다'는 말을 듣는 순간 끝입니다. 치명적입니다. 이를 만회할 수 있는 대안이 전무합니다. 겉이 못생긴 여자는 추한 여자가 되어 본래 '추함'에 들어 있던 '악하다' '더럽다'라는 개념까지 뒤집어쑵니다.

남자들의 눈에 못생긴 여자는 더 이상 여자로서의 존재 가치가 없기 때문입니다. 똑똑한 사람, 충직한 사람, 열심히 일하는 사람은 남자들 중에 얼마든지 찾을 수 있는 반면 여자는 오로지 예쁜 것 외에는 취할 이유가 없었기 때문입니다.

그렇다면 이런 여자는 사회에서 모두 없어져야 할까요? 그럴 수는 있는 것일까요? 생김새는 하늘이 정해준 것이니 인간의 뜻으로 어찌 바꾸겠습니까. 설령 남이 볼 때 못난 생김새로 태어난 자식이라 해도 고슴도치 새끼입니다. 추함을 느끼는 것은 개개인의 기준에서 비롯된 것일 뿐 일률적으로 적용할 수 없다는 것을 남자들은 알고 있었습니다. 여기서 남자들은 추녀, 곧 못생긴 여자들을 위한 구제책을 마련합니다. 그 대표적인 여인이 모모(嫫母)입니다.

동서양의 고대 신화

모모(嫫母)를 만나기 전에 잠시 동서양의 고대 신화를 살펴보겠습니다. 대략 5천 년 전쯤, 막 청동기, 철기시대를 끝내고 혈거 생활에서 벗어나 부락이라는 공동체를 이루기 시작한 인류는 스스로의 생활 방식에 당위성을 부여하기 위해 전설들을 창조하기 시작합니다. 기록 수단이 생기기 전이라 선사시대로 불리는 이때를 배경으로 태어난 전설들은 기록이라는 수단을 거치며 신화로 자리 잡습니다. 말하자면 신화나 전설은 후대의 인간사가 거꾸로 투영된 것들입니다. 이 점이 중요합니다. 왜 중요한지는 차차 알아보도록 하겠습니다.

이러한 신화의 대표적인 것이 서양의 그리스 신화와 동양의 삼황오제 전설입니다. 그리스 신화는 12명의 대표적인 신이 확고하지만 삼황오제 전설은 그 구성 인물이 중구난방입니다. 특히 삼황에 대한 설이 갖가지인데 복희씨와 신농씨에 대해서는 이론이 없으나 나머지 한 명을 두고 역사서 《풍속통의(風俗通義)》는 여와를, 《통감외기(通鑑外紀)》는 공공을, 《백호통(白虎通)》은 축융을 꼽고 《십팔사략(十八史略)》과 《세본(世本)》은 황제*를 꼽습니다. 여와나 공공, 축융은 인간을 창조했다는 엄청난 업적 때문에, 황제는 인간 사회에 끼친 막대한 영향 때문에 각기 삼황 중 하나로 추대되고 있습니다. 누가 진정한 삼황에 어울리는지는 크게 중요한 문제가 아니니 각자가 판단해도 좋습니다. 아무튼 이들과 인간의 관계를 그리스 신화와 비교해보면 비슷한 점이 매우 많습니다.

우선 복희씨는 인간에게 낚시하는 법과 사냥 법, 불을 사용하는 법과 가축 기르는 법을 알려주었다는 점에서 그리스 신화의 아르테미스, 헤파이토스와 비슷하고 신농씨는 농경을 가르쳤다는 점에서는 데메테르, 상업을 가르쳤다는 점에서는 헤르메스와 닮았습니다. [신농씨는 그 외에도 우물 파는 법, 야금술을 가르쳤으며 물물교환에 편리하도록 시장도 마련해주었다고 한다.]

세 번째 황제(皇帝)로 꼽히는 인물 중 황제(黃帝)가 인간사와 가장 인연이 깊습니다. 황제는 옷 짜는 법을 가르쳤다는 점이 아테나 여신과, 의술을 펼쳤다는 점에서는 아폴론과 그 역할이 같습니다. 제우스나 하데스처럼 천계와 지하 세계를 관장하

---

* 삼황의 황은 皇으로 황제를 가리키나 여기 나오는 황제는 黃帝로 '누를 황'을 쓴다. 자칫 헷갈리기 쉽다.

는 일은 황제의 손자인 전욱이 맡았으며 음악은 증손자인 제곡이 관장했습니다. 그 밖에 황제는 수레를 발명했으며 의학에도 조예가 깊었고 그의 신하 창힐을 시켜 글자도 만들었다고 합니다. 한나라 시대에 정립된 한의학의 원전에 《황제내경(黃帝內經)》이란 이름이 붙은 것도 이러한 전설에서 비롯된 것입니다. 황제뿐 아니라 그의 부인들도 상당한 업적을 남겼습니다.

우선 잠신(蠶神)으로 추앙받고 있는 첫째 부인 누조 서능씨는 양잠법을 발명했습니다. 그녀가 없었다면 비단도 실크로드도 없을 뻔했습니다.

둘째 부인 여절 방뇌씨는 빗을 발명하여 사람들에게 꾸밈의 중요성을 알렸습니다.

셋째 부인 여오 동어씨는 고기를 불에 구워먹으면 맛도 좋고 건강에도 좋다는 것을 사람들에게 알려주었습니다. 불판에 손을 데지 말라고 젓가락까지 발명했습니다.

넷째가 축녀 모모입니다.

모모(嫫母)

모모는 황제 헌원씨의 넷째 부인입니다. [모모가 둘째 부인이라고 말하는 문헌도 《사물기원(事物紀原)》, 《여씨춘추(呂氏春秋)》 등 여럿 있다.] 그런데 모모는 또 다른 이름으로도 불렸는데 축녀(丑女)입니다. 이 축(丑)이 무슨 뜻인지 보겠습니다.

축(丑)은 소를 가리키는 글자로 많이 쓰이나 원래는 '추하다'는 의미로 만든 글자입니다. 그런데 이 추함에는 생김새가 '못생겼다'보다 '싫다' '역겹다'라는 느낌이 강하

축(丑)의 갑골문　　축(丑)의 금문

게 들어 있습니다. 그 이유가 그림에 들어 있습니다. 무언가를 움켜잡은 손이 보입니다. 남을 꼼짝달싹 못하게 만들고 있습니다. 이 때문에 사전에 '수갑'이란 풀이가

들어 있는 것입니다. '소'라는 의미는 이 그림을 고삐를 잡은 손으로 본 데서 나왔습니다. 여담이지만 우리말에 '소'와 '고랑(수갑)'이 합쳐진 '쇠고랑'이란 말이 있는 것을 보면 이 그림의 뿌리가 우리말과도 어떤 연관이 있지 않을까 하는 생각이 듭니다.

어쨌든 쇠고랑이 기분 좋은 뜻으로 쓰이는 글자가 아닌 것만은 분명합니다. 축(丑)이 여자에게 사용되면 어떤 의미가 될까요? 용모가 못생겼을 뿐만 아니라 역겨운 여자가 됩니다. 그래서 축(丑)은 중국어에서 추(醜)와 같은 자로 쓰입니다. 축(丑)이 붙은 여자[女], 축녀의 대표적인 인물, 아니 축녀와 동일시된 여자가 모모(嫫母)입니다. 어떤 여자였기에 그랬을까요? 모(嫫)는 무슨 뜻일까요?

추녀 모(嫫)

모(嫫)는 여자와 '없을 막(莫)'이 합쳐진 글자입니다. 막(莫)은 '없다' 외에 '저물 모' '덮을 멱'이라고도 합니다. 사람들은 이런 개념을 나타내기 위해 저물어가는 해가 수풀 속으로 사라지는 모습을 그렸습니다.

수풀 한가운데 해가 있습니다. 해가 수풀 속으로 숨으니 빛이 '없어지고' 날이 '저물고' 이윽고 어둠이 땅을 '덮는' 것입니다. 이렇게 저무는 해 밑에 여자를 세워 그린 것이 모(嫫)입니다.

막(莫)의 전서   모(嫫)의 전서

그렇다면 이 여인은 석양의 여인일까요? 아닙니다. '추녀 모'입니다. 어둠으로 덮어버릴 정도로 못생겼다는 말입니다. 못생긴 여자를 콕 집어 만든 글자입니다.

모모가 얼마나 못생겼기에 축녀(丑女)라 불리고 이름에 모(嫫)가 들어갔을까요? 또 그런 여인이 어떻게 황제의 부인이 되었을까요?

모모는 황제가 지방을 순시하던 중 발견한 여자입니다. 황제가 뽕밭 근처를 지나는데 갑자기 여인의 비명소리가 들립니다. 한 여자가 뱀에 물린 것입니다. 사람들이 어쩔 줄 몰라 하는데 한 여인이 나서더니 사태를 수습합니다. 몇몇 여자에게는 약초를 가져오게 시키고 자신은 뱀에 물린 여인의 상처 부위를 맑은 물로 닦은 후 입으로 독을 빨아냅니다. 이윽고 여인의 혈색이 돌아오자 자신의 치맛자락을 찢어 상처를 싸매줍니다. 멀리서 이 광경을 보던 황제가 감탄합니다. 돌발 상황을 깨끗이 마무리하는 여인의 지식과 통솔력에 보통 여자가 아님을 직감합니다. 황제는 그 여인을 가까이 불렀습니다. 그런데 가까이 보니 용모가 차마 형언하기 어려울 정도로 기괴했습니다.* 《조옥집(琱玉集)》**에 그 형상이 기록되어 있는데 다음과 같습니다.

"이마는 망치 같고 찡그린 콧대는 굵은 방추***같다. 몸은 비대해 상자 같고 안색은 옻처럼 검다." 황제가 기가 막혀 한마디 합니다. "진짜 못생겼구나****" 그런데 황제는 이 여인을 아내로 삼습니다. 이를 이해하려면 당시의 사회상을 알 필요가 있습니다.

황제가 지도자로 있을 당시에는 부족 간의 약탈혼이 일상이었습니다. 약탈혼은 말 그대로 맘에 드는 남의 집 여자를 힘으로 약탈해 아내로 삼는 행위입니다. 당연히 분쟁이 일어납니다. 사회가 혼란해집니다. 이러한 약탈혼은 현대에도 엄연히 존재합니다. 구 러시아연방에서 독립한 키르기스스탄은 중앙아시아의 스위스라 불리는데 아름다운 풍광보다 의외로 약탈혼 때문에 세인의 입에 오르내리는 경우가 더 많은 것 같습니다. 오랜 유목생활을 통해 형성된 이 나라의 약탈혼 관습은 오늘날에도 여전히 큰 사회문제로 남아 있습니다. 키르기스어로 약탈혼을 뜻하는 '알라 카

---

* 〈바이두〉, '모모(황제시대 역사 인물)' 항목.
** 당나라 때 지어진 작자 미상의 개인 문집. 총 15권 중 두 권이 일본에 남아 국보로 지정되어 있다.
*** 방추는 실 감는 베틀 추로 실을 감으면 가운데가 볼록해진다.
**** 원문은 "극추녀야(极丑女也)." 여기서 극(极)은 '다할 극'으로 읽는데 '더할 나위 없이' '아주 한없이' 등의 뜻이 들어 있다. 한마디로 심히 못생겼다는 말이다.

추[Ала качуу(잡아 달아나다)]'는 약탈혼의 대명사가 되었습니다. 이에 대한 국제인권 감시단의 보고서*가 나온 것이 불과 십수 년 전인 2006년입니다. 그러니 황제 헌원 씨가 모모를 취할 당시인 5천 년 전에는 어떠했겠습니까?

5천 년 전의 임금 황제는 모모를 아내로 맞으며 의연히 세상 사람들에게 말합니다. "나는 오직 덕이 있고 현숙하며 성정이 온유한 여자를 아내로 골랐노라." 그러면서 한마디 덧붙입니다. "미모를 중시하고 덕을 가벼이 여기는 것은 진정한 아름다움이 아니요 덕을 중시하고 색을 가벼이 여김이야말로 진실로 현명한 것이다."**

한마디로 황제인 자기가 이렇게 솔선수범하니 예쁜 여자 보인다고 약탈하려 하지 말고 미모에 관계없이 착한 여자 골라 잘 살라는 것입니다. 말인즉 옳습니다. 세상 사람들이 모두 이를 따른다면 세상 다스리기가 얼마나 수월하겠습니까?

후세의 통치자들이 솔선수범하고 이를 적극 권장한 것은 너무나 당연합니다. 예쁜 후궁들이 얼마든지 있는데 추녀 하나둘 거둔다고 무슨 지장이 있겠습니까? 그 결과 모모를 필두로 한 유명한 중국의 4대 추녀 이야기가 생겨났습니다. 모모는 전설상의 여인이지만 나머지 세 명의 이야기는 실재한 나라를 배경으로 기록되어 있습니다. 간단히 살펴보겠습니다.

종리춘(鍾離春)

모모를 이은 두 번째 추녀는 종리춘으로 기원전 1세기 경 한나라의 유학자 유향이 고대 문헌들을 참고해 지은 《열녀전(列女傳)》에 등장합니다. 열녀전의 열녀는 오로지

---

* 〈Reconciled to Violence: State Failure to Stop Domestic Abuse and Abduction of Women in Kyrgyzstan〉 2006. 9. 26.
** 〈바이두〉, '모모(황제시대 역사 인물)' 항목.

남편을 위해 산 열녀(烈女)가 아니라 여러 여자[列女, 열녀]를 말합니다. 아들을 위해 집을 세 번 옮겼다는 맹모삼천지교 등의 이야기가 다 이 책에 실려 있습니다.

여기에 종리춘의 외모가 묘사되어 있는데 "절구 머리에 눈은 깊으며[臼頭深目(구두심목)] 코는 높고 남자처럼 울대가 튀어나오고 등은 낙타처럼 굽었으며, 목은 굵고 손가락마다 큰 마디가 있으며 발은 크고 머리털은 갈풀처럼 메마르고 피부는 옻처럼 검다"라고 했습니다. 추녀를 뜻하는 사자성어 구두심목(臼頭深目)이 여기서 비롯했습니다.

모모보다 더하면 더했지 결코 나아 보이지 않습니다. 그러나 종리춘은 국내와 주변국에 대한 정확한 지식을 바탕으로 제선왕(齊宣王, 기원전 350~301)의 실정을 꼬집어 관심을 끈 다음 왕의 주위에서 간신을 몰아내고 왕으로 하여금 선정을 베풀도록 유도합니다. 종리춘 역시 나중에 왕의 부인이 되었습니다.

맹광(孟光)

세 번째 추녀는 《후한서》와 《속열녀전(續列女傳)》에 나오는 후한시대의 여자 맹광입니다. 용모에 대한 구체적인 설명을 보면 모모나 종리춘보다는 그래도 약간 덜합니다. "뚱뚱하고 못생겼으며, 피부는 검고 힘이 무척 셌다". 그러나 맹광은 당대의 선비 양홍과 결혼하는데 놀라운 것은 양홍이 먼저 청혼을 했다는 것입니다. 그만큼 맹광의 현숙함이 널리 퍼져 있었습니다.

완씨녀(阮氏女)

네 번째 여인은 완씨녀로 조나라와 위나라의 대신을 역임한 허윤(許允, ?~254)의 아내입니다. 완씨녀가 얼마나 못생겼는지에 대한 구체적인 기록은 보이지 않습니다만 첫날밤 신방에 든 남편 허윤이 신부의 얼굴을 보고 놀라 튀어나왔다는 이야기로 미루어 가히 짐작이 갑니다. 그러나 완씨녀는 군자입네 하며 미모에 집착하는 허윤의 가식을 조용히 타이릅니다. 할 말을 잃은 허윤은 사죄하고 평생을 해로하며 두 아들을 잘 키웠다고 합니다.

추녀

이러한 4대 추녀 이야기는 뻔한 공통점을 지니고 있습니다. 못났더라도 현명하고 남편을 잘 모시면 잘 살 수 있다는 것입니다. 그렇기에 나중에 그려지고 만들어진 초상화나 동상은 하나같이 추녀와 거리가 멀어도 한참 멉니다. 오히려 미녀에 가깝습니다.

앞서 신화나 전설은 후대의 인간사가 거꾸로 투영된 것인데 이 점이 매우 중요한 의미를 갖는다 했습니다. 바로 이들 4대 추녀 이야기 때문입니다. 여자를 남자에 순종하는 존재로 만들어야 남자들의 통치 행위가 원활하리라는 계산이 이러한 전설의 밑바닥에 깔려 있음을 알아야 합니다.

이러한 남자들의 속성은 동서양에 차이가 없습니다. 중국에 "추한 아내와 가까이 있는 텃밭은 집안의 보배다"라는 속담이 있는데 이는 "미인과 바보는 벗이다"라는 영국 속담이나 "미인은 보는 것이지 결혼할 상대가 아니다"라는 유대 격언과 다 같은 맥락입니다.

이제 4대 추녀를 묘사한 글들을 다시 보겠습니다.

- 이마가 망치처럼 튀어나왔다 / 콧대가 주름이 많고 굵다 / 몸이 상자처럼 굴곡

이 없다 / 뚱뚱하다 [모모]

- 눈이 깊다 / 코가 높다 / 울대가 튀어 나왔다 / 등이 굽었다 / 목이 굵다 / 손가락이 길다 / 발이 크다 / 머리카락이 메마르다 [종리춘]
- 피부가 검다 [모모, 종리춘, 맹광]
- 힘이 세다 [맹광]

어디에도 성격이나 성정을 가리키는 말이 없습니다. 겉모습뿐입니다. 이러한 추녀는 실상 추녀가 아니었습니다. '용모가 못생겼다'라는 좁은 의미의 추녀는 진정한 추녀가 아니었습니다. 그렇다면 추녀는 없었던 것일까요? 아닙니다. 남자들이 생각한 진짜 추한 여자는 따로 있었습니다. 바로 여자 자체였습니다.

여자를 어떻게 보았기에 그랬을까요? 이제 진짜 추한 여자들을 만나보겠습니다.

더러운 여자

여(肗), 치(媸), 암(婄), 녀(帤), 기(娸)

‘추하다’와 ‘더럽다’는 통하는 말입니다. 그러나 ‘추하다’는 겉을 가리키나 ‘더럽다’는 속을 가리킵니다. 겉은 화장으로 가리고 성형으로 고친다지만 속은 속수무책입니다. 교양과 수양을 쌓으면 바뀔지 모르나 타고난 속이 어디 가겠습니까? 그래서 ‘더럽다’를 여자에게 쓰면 이보다 더 지독할 수가 없습니다. 그럼에도 여(女) 자를 붙여 ‘더럽다’고 한 글자가 의외로 많습니다.

(생선, 고기가) 썩을 여(肗)

단도직입적으로 여자는 더럽다고 한 글자입니다. 《광운》에서는 썩은 생선[魚不鮮, 어불선]이라 했습니다. 그러고 보니 ‘썩었다’라는 개념에 여자를 가져다 붙인 글자가 한둘이 아닙니다. 2장의 〈노예, 두 번째 이야기〉에서 언급한 ‘생선 썩을 뇌(鮾)’도 있고 ‘살찔 퇴, 썩을 뇌(腇)’도 있습니다. 그런데 이들은 머리끄덩이를 잡아끌고 온 여자 노예였습니다.*

그런데 여(肗)는 여자가 누구인지도 밝히지 않은 채 ‘썩은 냄새가 난다’고 했습니다. 고대사회의 여자는 모두 억지로 끌려온 존재였기에 그랬을까요? ‘여(𦙍)’와 ‘여(𡛟)’도 모두 같은 글자인 이체자로 ‘썩을 여’입니다. ‘고기’가 강조되어 있습니다. 이런 글자들을 보면 자꾸 고대 중국인의 식인 습관이 떠오릅니다.

---

* 2장 〈노예, 두 번째 이야기〉, ‘온당할 타(妥)’ 참조.

더러울, 추할 치(媸)

중국어 사전의 풀이에는 '못생겼다'만 있고 '더럽다'는 없습니다. 대신 '밉다'고 했습니다. 미울 정도로 못생긴 여자인 모양입니다. '못생겼다'나 '더럽다'는 보는 이의 느낌입니다. '밉다'는 감정입니다. 여자가 못생기고 싶어 못생기나요? 못생긴 여자 중에 깨끗한 여자는 없나요? 못생긴 것도 서러운데 더럽고 밉다고 욕까지 하나요? 이 여자가 되묻는 소리가 들리는 듯합니다. "남자들은 다 미남이고 깨끗합니까?"

치(蚩)는 '어리석을 치'입니다. 얼핏 무엇을 그렸는지 짐작하기 힘드나 금문을 보면 확실히 알 수 있습니다.

뱀이 발꿈치를 무는 모습입니다. 맨발로 뱀이 있는 풀 속으로 걸어 들어갔으니 어리석다 했습니다. 그래서 '어리석다' 외에 '(뱀을) 얕보다, (물리고 나서) 소란한 모양'이란 뜻도 있습니다. 이런 어리석은 글자가 여자

치(蚩)의 금문

에 붙더니 여자가 추하고 더러워졌습니다. 여자는 어리석어 맨발로 수풀 속으로 걸어 들어가는 그런 존재로 봤습니다. 뱀에 물린 남자는 뭐라고 했을지 궁금합니다.

깨끗하지 못할 암(媜)

지금은 쓰이지 않는 글자입니다. 옛 사전인 《집운(集韵)》에 "여지부정야(女志不净也)"라 했습니다. '여자 마음이 올바르지 못하다'란 뜻입니다. '물건이 더럽다'란 뜻도 있습니다. 암(媜)에 들어 있는 음(音)은 '소리'입니다. '음악'이기도 합니다. 그런데 여자와 함께 있으니 깨끗하지 못하다니 왜일까요? '그늘 음(陰)'과 발음이 같았기 때문입니다. '그늘진 여자'란 뜻으로 만들었습니다. '소리 음(音)'과 '그늘 음(陰)'은 발음이 모두

[yīn]입니다. 못된 것은 발음만 비슷해도 전부 여자를 옆에 세워놓고 욕을 했습니다.

녀(帤)

일부러 훈을 붙이지 않았습니다. 무슨 뜻으로 그렸을까 한번
상상해보시기 바랍니다.

녀(帤)의 전서

녀(帤)에 여(如)가 들어 있습니다. 여(如)는 1장의 〈무녀〉 편에
서 본 바와 같이 뿌리가 무녀입니다. 무녀의 말이 '신령의 뜻
과 같다'라는 의미로서 '같다'라 했습니다. 그런데 사람들이 이 글자를 '같다'로만 알
고 왜 그런지는 잊었습니다. 같은 것이면 아무 데나 여(如)를 붙였습니다. 이 '같을
여(如)'를 '수건 건(巾)'에 붙여놓았습니다. '수건 같은 여자, 헝겊 같은 여자'라니 어떤
여자일까요? 무언가 더러운 것을 닦아주는 여자일까요? 하녀나 청소부일까요?

아닙니다. 이 그림의 제목은 '걸레 녀'입니다.

걸레를 가리키는 말은 많습니다. 분(帉, 帗), 절(帾), 모두 걸레를 가리키는 천 쪼가
리입니다. 쪼가리 천을 걸레로 부르는 것이야 이상할 것이 없습니다. 그런데 걸레 옆
에 여자를 세워놓고 '걸레 녀'라니 해도 해도 너무 한다는 말이 절로 나옵니다.

남자들이 이런 시각으로 여자들을 보았으니 전부 내다버려도 아깝지 않게 생각
했습니다. 그런 마음이 담긴 글자가 기(娸)입니다.

더럽게 여길 기(娸)

어떤 여자이기에 더럽다고 했을까요? 기(娸)의 여자 옆에 있는 글자는 '키 기(其)'입
니다. 키는 곡식 따위를 까불러 쭉정이나 티끌을 골라내는 도구입니다.

그런데 기(其)가 나중에 '그'라는 지시대명사로 많이 쓰이자 원래의 '키'를 뜻하는 글자로 기(其)에 재질인 대나무 죽(竹)을 더해 '키 기(箕)'를 만들었습니다. 아무튼 기(姬)는 여자와 키를 합쳐 만들었습니다.

키는 앞서 말한 대로 쭉정이를 골라 버리는 데 사용하는 도구입니다. 그렇다면 기(姬)는 '키질하는 여자' '쭉정이를 골라 버리는 여자'여야 합니다. 그런데 '더럽게 여길 기'랍니다. 골라버려야 하는 것이 쭉정이가 아니라 여자였기 때문입니다. 그럴 리가 없다고요? 그렇다면 기(姬)에 '미워할 기'라는 훈이 덧붙여 있는 이유가 뭘까요? 버려지는 것이 쭉정이였다면 더러울지는 몰라도 밉다고 했을까요? 밉다는 사람에게 쓰는 말입니다.

기(姬)는 남자 눈 밖에 나 아무짝에도 쓸모없다고 판명난 여자입니다. 쭉정이처럼 더럽기만 한 여자였습니다. 미움까지 받았습니다. 여자이기에 남자들은 아무런 죄책감도 없이 이런 글자를 만들었습니다.

여자를 보는 남자들의 시각에는 백 가지 변명이 다 소용없습니다. 녀(爾), 기(姬)라는 글자가 남아 있는 한 그렇습니다. 이런 글자가 낙인이 아니라면 어떤 것이 낙인이겠습니까?

추한 본성

망(妄), 산(姍), 녕(嬣), 욕(媷), 용(傭), 대(嬯), 두(妶), 란(嬾), 려(嬨), 방(妨), 호(怒),
착(媸), 선(嫙)

"속이 깨끗하지 못한 사람이란 여자 같은 성격에 완고한 사람이고, 맹수처럼 잔인한
사람이며 또 어리석고 교활하며, 유치하고 비열하고 난폭한 사람이다."

로마의 황제이자 철학자 마르쿠스 아우렐리우스의 《명상록》에 있는 글입니다. 여
자가 어쨌기에 이런 글을 남겼을까요?

남자들은 부정적인 모든 개념에 여자를 가져다 붙였습니다. 설령 좋은 뜻의 그림
이라 할지라도 여자가 함께 있으면 예외 없이 모두 나쁜 뜻으로 바뀌었습니다. 남자
의 눈으로 본 어머니와 딸, 그리고 아내와 며느리를 제외한 모든 여자는 추한 인간
이었기 때문입니다. 여(女)가 들어간 소위 '나쁜 글자'가 그토록 많은 이유입니다.

망령될 망(妄)

흔히 무엇인가가 잘못되면 '망했다'라고 합니다. 망(妄)은 여(女) 자가 들어간 한자
중에 간(姦)과 더불어 흉한 글자의 대표로 꼽히는 글자입니다.

여자 머리 위에 있는 것은 '망할 망(亡)'입니다. '망하다, 잃다, 죽다' 등의 뜻으로
쓰이는 불길한 글자입니다. 이런 간단한 그림들의 해석이 어렵습니다. 망(亡)의 옛 그
림부터 보겠습니다.

| 갑골문 | 금문 | 초계간백 | 전서 |

혹자는 망(亡)의 전서를 '숨을 은(乚)'과 '들 입(入)'으로 보고 어딘가에 "숨어 들어가서 안 보인다"라고 합니다. 한전의 풀이를 따랐습니다. 그럴듯해 보이지만 연결이 잘 안 되는 부분이 있습니다. '숨어서 안 보인다'고 '망했다'고 할 수 있을까요? 이 그림을 엎어진 사람 형상으로 보는 풀이도 있고 부러진 칼이라고 하는 사람도 있습니다. 동의하기 힘듭니다. 앞선 그림들을 못 보아서입니다.

이 글자는 지팡이를 앞세워 걷는 사람입니다. 시각장애인입니다. 갑골문을 보면 확실합니다. 보이지 않으니 하는 행동이 올바를 리 없습니다. 당연히 편견이지만 오랫동안 사람들이 그렇게 여겼습니다. 그러면서 "망령(妄靈)났다" 했습니다. 영(靈)은 신령, 혼령이니 '신령이 눈이 멀었다'는 말입니다. 어떤 해괴망측한 짓을 할지 모릅니다.
　그렇다고 '망령'에 여자를 붙입니까? 여자만 망령이 나는 건 아닌데 말입니다. 여자가 무녀여서 그랬을까요? '신들린 여자'라 그랬을까요? 아무튼 눈 먼 여자가 붙으면 만사가 망했습니다.

헐뜯을 산, 비트적거릴 선(姍)

옛날에는 글을 대나무에 썼습니다. 이를 죽간(竹簡)이라 했습니다. 죽간은 기원전 13세기 상나라 시절부터 사용했습니다. 후에 종이가 발명되었지만 널리 사용되기까지는 오랜 세월이 걸려 죽간이 완전히 자취를 감춘 것은 6세기에 들어서입니다.* 이 때문에 죽간은 우리에게 익숙한 책(冊)으로 그 모양을 유지하고 있습니다. 이런 책에 여자가 붙어 '헐뜯다'란 뜻이 되었습니다.

중국에서는 '남을 헐뜯고 비방하다'란 뜻의 저산(詆姍), '냉소'란 뜻의 산소(姍笑) 등에 쓰이는데 우리나라에서도 옛 선비들의 글에 간혹 산소(姍笑)가 보입니다.[**]

당나라 초기 학자 안사고(顏師古, 581년~645년)는 산(姍)을 '헐뜯을 산(訕)'의 옛 글자라 했습니다. 산(姍)과 산(訕)은 닮은 구석이 전혀 없습니다. 발음이 같을 뿐입니다. 중국어 발음도 마찬가지입니다. 둘 다 [shān]입니다. 산(訕)은 오른쪽에 산(山)[shān]이 있으니 그러려니 하겠는데 산(姍) 옆에 있는 책(冊)의 발음은 [cè]입니다. 그런데도 책에 여자가 붙으니 산(訕)과 같은 뜻이 되고 발음까지 '산'이 되었습니다. 왜일까요?

해석하기 참 어려운 글자입니다. 전서 이전의 그림은 보이지 않습니다. 소중한 죽간과 여자가 '헐뜯다, 비틀거리다'란 뜻과 어떻게 연관되는지 실마리를 찾기가 좀처럼 용이하지 않습니다. 이유가 있습니다. 여러 차례 변신을 거듭했기 때문입니다.

일단 산(姍)은 옛글에서 산(㛂)으로 썼습니다.[***] 산(㛂)은 우리나라에 '예쁠 산'으로 알려져 있지만 현대 중국어 사전에서는 사라진 글자이고 원래 뜻은 '여자처럼 천천히 걷다, 비

산(姍)의 전서

웃다'입니다. 여기서 천천히 걷는다는 건 말 그대로 걷는 속도를 가리키는 것이 아니라 비웃음을 띤 채 곁눈질을 하며 느릿느릿 걷는 모양을 가리킵니다. 그렇다면 산(㛂)의 어디에 그런 뜻이 있을까요?

산(㛂)의 여자 옆에 붙은 글자 시(㞢) 역시 현대 중국어에서 사라진 글자인데 고대에 시(屎)와 같은 뜻으로 썼습니다. 그러면 시(屎)는 무슨 뜻일까요? '똥'입니다. 즉

---

[*] 종이는 105년에 채륜이 발명했다고 알려졌으나 최근 연구에 의하면 기원전 50년경 혹은 기원전 2세기경부터 사용되어 온 마지(麻紙)를 채륜이 개량한 것이라고 한다.

[**] 이색, 《목은시고(牧隱詩稿)》.

[***] "古文姍字(고문산자)", 《육서통(六書統)》.

산(姍)은 여자와 '똥 시(屎)'의 합자, 곧 '똥 같은 여자'였습니다. 이 글자가 중국 대륙을 유랑하며 '헐뜯다, 비웃다, 비틀거리며 걷다, 동작이 느리다' 등의 뜻으로 변신을 거듭하며 산(姝)이 산(姍)이 되고 산(姍)이 산(訕)이 되었습니다. 그래도 의아합니다. '똥 시(屎)'가 들어 있던 자리에 '헐뜯다'란 뜻으로 왜 하필 책(冊)을 집어넣었을까요?

죽간 (사진 출처: 네이버 지식백과)

고대 역사는 모두 죽간에 기록했습니다. 올곧은 선비들은 죽음을 불사하고 죽간에 왕의 과오를 적었습니다. 못된 왕의 눈에는 죽간이 뒤에서 자신을 헐뜯는 가시 같은 존재로 보였을 것입니다. 뒤에서 남 욕하는 여자들과 똑같다고 왕이 '헐뜯어서' '헐뜯을 산(姍)'이 되었는지도 모릅니다.

남을 헐뜯는 말은 방(謗)입니다. 산(姍)은 남을 헐뜯되 뒤에서 헐뜯는 말입니다. 네이버 한자 사전은 산(姝)을 '예쁠 산'이라고만 풀이해놓았습니다. 이를 보고 산(姝)을 여자아이에게 붙일 예쁜 이름자로 추천하는 사람들이 있습니다. 제발 그러지 마시기 바랍니다.

용렬할 녕(嫭)

여자 옆에 붙어 있는 녕(寧)은 '편안할 녕'입니다. 우리가 하루에도 수없이 쓰는 안녕(安寧)이라는 말에 들어 있는 '녕'입니다. 먼저 허신이 참고한 전서는 오른쪽과 같습니다.

녕(寧)에 '집[宀]'과 '심장 심(心)' '그릇 명(皿)' '정(丁)'이 보입니다. 그런데 갑골문을 보면 처음부터 집 안에 이 셋이 함께 있었

녕(寧)의 전서

던 것은 아닙니다.

녕(寧)의
상(商)대 초기 갑골문

녕(寧)의
주(周)대 초기 갑골문

초기 갑골문에는 집 안에 그릇과 소반만 보입니다. '그릇 명(皿)'은 일상생활에서 중요한 역할을 합니다. 음식은 소반(小盤)에 담고 술은 잔[盅(작은 잔 충)]에 따르며 보석은 뚜껑 있는 예쁜 그릇[盒 합]에 담습니다. 모두 '그릇 명(皿)'이 들어 있습니다. 이런 그릇들이 용도에 맞게 잘 갖춰진 집안은 평안합니다. 그 느긋한 심정을 표현하고자 '마음 심(心)'을 추가했습니다.

그런데 여기에는 또 다른 뜻이 있습니다. 부모상을 3년간 지킨다는 의미입니다. 그렇다면 집 안에 보이는 그릇은 제기일 가능성이 큽니다. 부모상을 당했음을 알 수 있는 글자가 녕(𥁊)입니다. 이 글자는 '괴로워할 녕'입니다.

이런 녕(寧)에 여자가 나타납니다. 집안 살림하는 여자인 모양입니다. 부모의 삼년상을 치르는 남편을 도와 간소한 상차림을 하는 아내의 모습인지도 모릅니다.

그런데 '편안할 녕(寧)'에 여자가 들어가서 녕(嬣)이란 글자가 되자 갑자기 뜻이 '용렬(庸劣)하다'로 변합니다. 용렬은 '사람이 변변치 못하고 졸렬하다'란 뜻입니다. '편안함'의 변신치고는 뜬금없어 보입니다. 왜 그랬을까요?

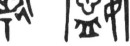

녕(嬣)의 갑골문   녕(嬣)의 금문

일을 부리는 사람 중에 아랫사람을 항상 질책만 하는 사람이 있습니다. 칭찬할 줄을 모릅니다. 칭찬하면 기어올라 자신을 추월할까 겁나 그렇습니다. 그래서 무조건 질책부터 합니다. 그래야 자신의 권위가 올라간다고 착각합니다. 용렬한 사람입니다.

남자들은 여자가 느긋하고 편안한 꼴을 못 봤습니다. 편안하면 무슨 생각을 할지 모른다며 무슨 일을 하든 나무람부터 하고 못살게 굴었습니다. 용렬하다고 나무라는 자신이 용렬한 줄도 모르고 말입니다.

이렇게 '편안할 녕(寧)'이 여자 옆에 가 날벼락을 맞았습니다. 여자가 노예나 종이었기 때문이었는지 모릅니다.

게으를 욕(嬲)

욕(嬲)을 이해하기 위해서는 여자 옆에 있는 욕(辱)을 알아야 하는데 이 글자를 두고 가장 흔히 하는 풀이가 조개를 쥐고 있는 손이라는 것입니다.

욕(辱)의 전서

허신이 참고한 욕(辱)의 전서입니다. '언덕 엄(厂)' 안에 '별 진 (辰)'과 '손 수(手)'가 보입니다. 허신은 진(辰)을 조개로 보고 욕(辱)의 본모습을 신(蜃)이라 했습니다. 신(蜃)은 무명조개나 대합을 가리킵니다. '욕(辱)본다'라는 말이 있습니다. '애쓴다'라는 말입니다. 허신의 해석과 '욕본다'를 바탕으로 후대 사람들이 소설을 썼습니다. 원시시대, 변변한 도구가 없던 시절, 씨 뿌리고 모종을 심기 위해 땅을 팔 때 큰 조개껍질을 이용했다는 것입니다. 농사일을 해본 적이 없는 선비의 머리로는 그럴듯해 보입니다. 엉터리입니다.

조개껍질은 모래사장에서 가지고 놀아도 금방 이가 나가고 부러집니다. 조개껍질로 밭일을 한다? 조개껍질로 땅을 판다? 어림없는 소리입니다. 나뭇가지, 돌조각이 있는데 옛날 사람이라고 그런 생각을 했을 리가 없습니다.

당연히 이 글자의 뜻에는 조개와 연관된 것이 하나도 없습니다. '때, 시대, 새벽, 북극성, 임금, 흔들리다, 별, 다섯 째 지지' 등등.

진(辰)의 갑골문은 욕(辱)을 풀이할 수 있는 열쇠입니다.

어딜 봐도 조개처럼 보이지 않습니다. 그렇다면 이 그림은 무엇일까요? 이 그림의 정체를 알려주는 것이 있습니다. 화상석(畫像石)입니다. 화상석은 다양한 그림을 조각한 돌인데 무덤이나 사당의 벽, 기둥, 문, 벽돌, 석관의 뚜껑 등을 장식하는 용도

辰의 갑골문

로 중국 한위(漢魏)시대에 유행했습니다. 신화부터 일상생활까지 다양한 내용이 담겨 있어 옛사람들을 이해하는 데 도움을 주는 귀중한 자료가 되고 있습니다. 아래 그림은 후한시대에 만들어진 화상석의 일부인데 진(辰)의 정체가 담겨 있습니다.

그림의 우측에 보이는 사람이 복희씨입니다. 복희씨는 중국 전설상의 임금으로 백성들에게 어업과 수렵, 농경, 목축 등을 가르쳤습니다. 복희씨가 들고 있는 것, 이것이 바로 진(辰)입니다. 천체 관측 도구였습니다. 천체 관측은 농사를 짓는 데 가장 우선해야 하는 작업이었습니다. 자칫 때를 놓치면 일 년 농사를 망쳤

후한의 화상석 일부

습니다. 농경의 신 복희씨의 손에서 이 도구가 떨어진 적이 없음을 이해할 수 있습니다. 그래서 이 글자가 '때 신, 별 신'으로 불리는 것입니다. '농사 농(農)' '김맬 누(耨)' 등 농사와 관련된 그림에 모두 진(辰)이 들어간 이유입니다.

농사일은 고됩니다. 지금도 우리나라의 일부 지방에서는 '수고한다'라는 말 대신

'욕본다'라는 말을 씁니다. 이것이 '욕'이 된 것은 훗날의 이야기고 원래는 농사일을 가리켰습니다. 그런데 이 글자가 여자 옆에 붙었습니다. 농사일을 열심히 하는 여자라고 해야 맞을 것 같습니다. 그런데 '게으를 욕'이 되었습니다. 남자들은 여자가 뭘 해도 '게으르다' 했습니다. 복희씨가 만든 도구도 여자가 옆에 선 것만으로 덤터기를 쓰고 있습니다.

게으를 용, 게으른 여자 용(嫞)

여자 옆에 붙어 있는 용(庸)은 '떳떳할 용, 쓸 용'입니다. 그 외에도 많은 의미로 쓰입니다. 그중 주목해야 할 것이 '일정하여 변치 않다'라는 의미입니다. 이 말은 무언가를 하는데 그 일이 특별한 것이 아니라, 항상 되풀이되는 일상적인 노동임을 가리키는 것입니다. 그래서 이 글자에 사람인(人)이 붙은 용(傭)을 '품 팔 용'이라 하고 사람 쓰는 것을 고용(雇傭), 돈 받고 싸워주는 사람을 용병(傭兵)이라 합니다. 그렇다면 용(庸)은 무슨 일을 하는 모습일까요?

用은 '무언가를 담는 통'이고 위는 나뭇가지 丨를 붙잡고 있는 두 손입니다. 금문을 보면 더 확실히 알 수 있습니다. 이 그림은 곡식을 통에 넣고 나뭇가지 등을 이용해 탈곡하는 모습입니다. 중요한 일이지만 허드렛일이었습니다.

용(庸)의 갑골문 　용(庸)의 금문

공자는 허드렛일을 매우 중요하게 생각했습니다. 마땅하고 떳떳한 일이라며 높이 평가 했습니다. 그래서 마땅히 해야 할 일을 떳떳하게, 꾸준히, 치우치지 말고 행하라는 중용(中庸)을 필생의 덕목으로 삼았습니다.

이 글자가 여자 옆에 붙자 '게으를 용(嫞)'이 되었습니다. 공자가 안다면 어떤 반응을 보일까요? 화를 낼까요? 아닙니다.

《논어》〈양화〉편 25장에 이런 구절이 있습니다.

> 공자가 말하길, "오로지 여자와 소인은 다루기 어렵다, 그들은 가까이 하면 불손하고, 멀리하면 원망한다."

아이와 여자를 은근히 낮춰보는 '아녀자'라는 말이 여기서 비롯했습니다. 이처럼 공자조차 여자는 남자와 동등한 인간으로 보지 않았습니다. 가까이할 존재로 보지 않았습니다. 그러니 자신이 그토록 높이 평가했던 허드렛일이지만 여(女) 자를 곁에 두었으니 욕을 먹어도 어쩔 수 없다 했을 것입니다.

허드렛일은 여자들이 주로 했고 그런 여자들을 보는 남자들의 시선은 '게으르다' 였습니다. '게으를 욕(嬞)'과 같은 맥락입니다.

미련스러울 대, 털 뽑을 퇴(嬞)

'대 대'로 읽는 '대(臺)'는 무대나 받침대 등에 쓰입니다. 사방을 둘러보기 위해 흙이나 돌을 쌓은 곳이나 무언가를 놓기 위한 받침을 통틀어 일컫는 말입니다. 산에 있는 이런 바위를 우리말로 너럭바위라고 합니다. 대개 평퍼짐합니다. 여자가 이 너럭바위처럼 생겼습니다. 미련해 보입니다. 혹시 끌고 다니다가 식량으로 삼기 위해 대 위에 올려놓은 여자일까 겁납니다. '털 뽑을 퇴'라는 훈이 있어 그렇습니다.

말 더듬을 두(娢)

이 글자에 대해서는 아무 데도 설명이 없습니다. 《옥편》에도 '말 잘 못할 두'라고 딱

한마디가 있을 뿐입니다,

중국어로 '말을 더듬다'를 '삼킬 탄(吞)' '토할 토(吐)'를 써서 '탄탄토토(吞吞吐吐 [tūntūn tǔtǔ])'라고 합니다. 말 더듬는 소리를 표현한 말입니다. '콩 두(豆)'의 발음은 [dòu]입니다. '탄탄토토'를 들은 사람들이 두(豆)[dòu]로 알아들은 모양입니다. 그렇다고 여자는 왜 불러옵니까? 시원찮은 것, 변변찮은 것은 모두 여자가 연상되었기 때문입니다. 걸레도 그렇고 두(短)도 그렇습니다.

게으를 란(孄)

란(闌)은 '가로막을 란(난)'입니다. 단독으로는 잘 안 쓰이지만 재질인 '나무 목(木)'을 더한 난간(欄干)이란 단어로 눈에 익은 글자입니다. 여자는 아무리 기를 써도 남자만큼 잽싸게 일을 못합니다. 여자는 무얼 해도 앞에 무언가가 가로막힌 듯 굼뜨기만 합니다. 그런 여자를 보고 란(孄)이라는 그림을 그렸습니다. 혹 게을러터져 남자의 앞길을 가로막는 존재라는 인식에서 만들어진 글자인지도 모릅니다.

'난간에 몸을 기댄 아름다운 여인' 같은 이름을 붙였다면 오죽 멋졌을까요?

맘에 하기 싫을 려(嫿)

사라진 글자입니다. 옛 사전과 인터넷의 존 한자 사전에만 보입니다.

여자 옆에 있는 글자는 '생각할 려(慮)'입니다. 그런데 좋은 생각을 하는 것이 아닙니다. 려(慮)는 '범 호(虍)'와 '생각 사(思)'를 합해 만든 글자입니다. 말 그대로 호랑이가 나타날까 봐 근심하는 글자입니다. '호랑이가 나타날지도 모른다'는 생각은 생각하기조차 싫습니다.

그렇게 손사래 쳐지는 여자가 여(嫿)입니다. 이밖에도 여성을 타박하는 글자들이 더 있습니다.

방해할 방(妨)

여자 옆에 붙은 방(方)은 나쁜 뜻이 전혀 없는 그림입니다.

방(方)의 갑골문   방(方)의 전서

1, 2, 3번은 방(方)의 갑골문입니다. 허신은 이를 두고 배 두 척을 묶어놓은 그림이라 했습니다.* 전서인 4번과 5번을 근거로 했는데 4번 그림만 가지고는 도무지 감을 잡지 못하다가 '물 수(水)'가 들어 있는 5번을 보고 그렇게 풀었습니다. 그러나 이 그림은 배와 아무 관련이 없습니다. 흙을 퍼내는 가래나 소가 끄는 쟁기를 그린 것입니다.

갑골문을 보지 못한 채 한자를 풀이해야 했던 허신이 저지른 대표적인 오류 중 하나입니다.

갑골문을 보면 처음에는 쟁기에 가로 막대만 있다가(1번) 후에 손잡이가 추가(2, 3번)된 것을 알 수 있습니다. 이 손잡이 달린 가로 막대로 방향을 조종했습니다. 논밭치고 동그란 모양은 없습니다. 쟁기질할 때 불편하기 때문입니다. 여기서 방향, 모서리 등의 뜻이 생겨났고 다시 '(논밭의 경계가) 바르다' '떳떳하다'로 그 의미가 확장되

---

* "倂船也. 象兩舟省'總頭形(병선야, 상양주성, 총두형). 배 두 척을 나란히 묶은 모양이다. 뱃머리 부분만 따왔다", 허신, 《설문해자》.

었습니다. 허신이 참고한 5번 전서는 아마 제방 공사에 쓰인 가래를 그린 그림일 것입니다.

이렇게 만들어진 방(方)은 강물이 넘치는 것을 방지하기 위해 양쪽에 쌓은 둑을 나타내는 '둑 방, 막을 방(防)', 작은 문이 달린 모서리 공간인 '방 방(房)', 사방으로 향기를 퍼뜨리는 '꽃다울 방(芳)' 등 여러 그림 속에서 그 본모습을 간직하고 있습니다.

이런 방(方)이 여자(女)를 만나며 얼굴에 먹칠을 합니다.

방(妨)은 '방해할 방'입니다. 애초 방(方)의 오른쪽에 붙어 가래를 따라가던 여인이

방(妨)의 갑골문　　방(妨)의 전서

변으로 쓰이며 왼쪽으로 자리 이동을 했습니다. 그러자 여자가 가래의 앞을 가로막고 있는 모양새가 되었습니다. 여자는 매사 남자 하는 일에 방해가 될 뿐이라는 남자들의 생각에 딱 들어맞았습니다.

여(女)라는 글자는 어디에 붙어도 낙인이었습니다. 애초의 그림이 아무리 발버둥을 쳐도 절대 벗어날 수 없었습니다.

호(怒)

호(好)는 1장의 〈어머니〉 편에 등장한 그림입니다. 다시 보겠습니다.

그림 속 여자는 엄마입니다. 엄마가 자식을 안고 있는 그림입니다. 엄마나 자식이나 세상에 이보다 더 좋을 수 없습니다.

호(好)의 금문

보는 사람도 좋습니다. 이런 그림에 '마음 심(心)'이 붙었으니 당연히 '좋아하는 마음'일 것입니다. 그런데 남자들 눈에는 여자가 거슬립니다. 여자가 들어간 그림이 아

무리해도 '좋아지지' 않습니다. 이 그림의 제목은 '욕심낼 호'입니다. 여자가 좋아하는 모습도 밉살스러웠나 봅니다. 어이가 없습니다.

거역할 착(婼)

여자와 함께 있는 약(若)은 '같을 약'입니다. 그렇다면 착(婼)은 '여자'와 '같다'가 붙어 있으니 '여자 같다'라는 말이어야 합니다. 그런데 왜 '거역하다'라는 뜻이 됐을까요?

여자는 일단 '말을 안 듣는다', 그러니 '힘으로 다스려야 한다'라는 남자들의 선입견 때문입니다. '거역하다' 외에 '악독하다'라는 뜻까지 들어 있습니다.

약(若)은 원래 '같을 여(如)'와 뿌리가 같습니다.

1장 〈무녀〉 편에 설명한 바와 같이 둘 다 무녀입니다. 모두 '무녀의 말은 신령의 뜻과 같다'라는 의미입니다. 다만 약(若)은 '만약 따르지 않으면'이라는 협박을 내포하고 있습니다.

약(若)의 갑골문   여(如)의 갑골문

'거역할 착(婼)'에는 여자에게 '만약 남자 말을 듣지 않고 거역하면 혼난다'라는 의미가 들어 있습니다. 그렇다고 '악독하다'라고까지 해야 했는지 모르겠습니다. 혼을 내려면 '악독해서'라는 빌미가 필요해 미리 만든 것인지도 모릅니다.

선(嬗)

마침내 마지막 여자입니다. 여자가 '착할 선(善)'과 함께 있습니다. 모처럼 '착한 여자'를 만나나 봅니다. 미리 뜻은 밝히지 않겠습니다. 한번 추측해보시기 바랍니다.

선(善)은 '착하다' 외에 '좋다' '찬미하다' '아끼다' 등 좋은 의미로 가득한 글자입니다. 그림을 보면 그럴 만합니다.

처음에는 양의 눈망울을 그렸습니다. 그러면서 '착하다'고 했습니다. 양처럼 고분고분 말을 잘 들으니 얼마나 착하고 좋겠습니까? 네이버 한자 사전의 해석입니다. 그럴듯해 보입니다.

그러나 아닙니다. 선(善)은 그리 만만한 그림이 아닙니다. 이 양이 제물로 쓰이며 바뀐 선(善)의 모습을 보십시오.

선(善)의 갑골문

선(善)의 금문

언(言)의 금문

언(言)의 금문

양에게서 눈이 사라지고 양옆에 '말씀 언(言)'이 붙었습니다. '말씀 언(言)'이 나란히 있으면 경(誩)이 되는데 '말다툼할 경'입니다. 두 사람이 양을 사이에 두고 말다툼을 하고 있습니다. 곧 선(善)의 본모습은 양을 제물로 바치고 벌어지는 재판 광경이었습니다. 그 모습이 《춘추》에 실려 있습니다.

제나라 사람 왕리국과 중리요 간에 소송이 붙었는데 3년이 지나도 매듭이 지어지지 않았다. 왕은 두 사람을 불러 각기 양을 신사에 바치고 그 앞에서 자기 주장의 옳음을 맹세함으로써 신의 심판을 받으라고 했다. 둘은 승복하고 많은 사람들이 구경하는 가운데 왕씨가 먼저 자기 양을 죽여 피를 마시고 맹세를 끝냈다. 아무 일도 일어나지 않았다. 중씨가 나서서 역시 자기 양을 죽이고 피를 마신 후 맹세를 했다. 그러자 갑자기 중씨의 죽은 양이 벌떡 일어나더니 중씨를 뿔로 받았다. 중씨는 현신한 사당의 신에게 그 자리에서 맞아 죽었다.

여기서 알 수 있는 것이 양은 '선하다'가 아니라 '옳다'를 상징하는 동물이었다는 점입니다. 이 양옆의 '말씀 언(言)'이 하나가 되었다가 '입 구(口)'로 간략화하며 애당초 '譱' 이런 모양이었던 그림이 오늘날 쓰이는 선(善)이 되었습니다.

어찌되었건 선(善)은 신의 뜻을 대변하는 '옳다' '좋다'의 대명사가 되었습니다. 여자가 이 선(善)과 자리를 함께했습니다. 선(嬋)! 얼마나 훌륭한 여자면 이런 영광을 차지했겠습니까?

그러나 선(嬋)의 뜻은 '남의 말 어기기 좋아할 선'입니다. 하고많은 '좋은 것' 중에 '남의 말 어기는 것'을 좋아하는 것이 여자랍니다.

여자는 존재 자체로 낙인이었습니다.

남(男)

| 갑골문 | 금문 | 초계간백 | 초계간백 |

여(女)

| 갑골문 | 금문 | 초계간백 | 초계간백 |

참으로 많은 여자들을 만나 보았습니다. 놀랍게도 여자를 남자와 동등한 존재로 본 글자를 단 하나도 찾을 수 없었습니다. 여(女)로 대표된 여자는 존재 자체가 낙인이 었습니다. 그 낙인을 찍은 것이 오로지 남자들이었기에 혹 이 책이 페미니즘의 시각 에서 쓰인 것이 아닌가 하는 오해를 살지 모릅니다. 그러나 페미니즘이란 말은 조심 스럽습니다. 사람은 남성과, 여성 어느 한쪽에 선다는 것 자체가 불가능합니다.

현대 사회가 남녀 갈등이라는 병을 앓고 있는 가장 큰 원인은 사람이 인간이라는 존재를 남자와 여자라는 이분법으로 보았기 때문이 아닌가 합니다. 남자와 여자는 형태상 분리되어 있는 것처럼 보이지만 실제로는 한 몸입니다. 한 몸인 인간의 어느 반쪽이 다른 반쪽을 차별한다면, 한쪽 다리가 다른 다리를 억눌러 제 기능을 발휘하지 못하게 한다면 누가 손해입니까? 억압 받는 다리입니까? 인간 자체입니까?

사람이 이처럼 어리석은 생각을 갖게 된 것은 필시 사회 구조의 변화 때문일 것입니다. 개개인을 보면 참으로 나약하기 짝이 없는 인간이 어느 날 집단을 이루면 세상에서 가장 강력한 동물로 변신할 수 있다는 것을 깨닫는 순간 필연적으로 여성은 남성보다 열등한 존재로 전락했습니다. 인간의 초기 집단생활이 요구한 최우선 조건인 먹거리 생산 능력에서 남자가 여자보다 우월했기 때문입니다. 이러한 인식에서 비롯된 남녀의 정의가 바로 위에 있는 옛 문자들입니다.

남자는 스스로를 먹거리를 생산하는 존재로 묘사했는데 여자는? 무릎을 꿇고 있을 뿐입니다. 존재의 긍정적인 가치를 나타내는 표시가 어디에도 없습니다. 인간이 집단 사회를 이루고 문자가 생겨난 시점에서 이미 남녀평등이란 개념은 사라지고 없었습니다. 이러한 남자들이 더 큰 잘못을 저지릅니다. 여성들의 가장 바람직한 삶은 남자들이 정한 지침에 따르는 것이라는 착각입니다. 아니라고 아무리 우겨봐야 소용없습니다. 이 책에 실린 수많은 글자들이 반증하고 있습니다. 문제는 이러한 착각이 너무나 오랫동안 지속되면서 인간 스스로가 불구가 되었다는 것입니다. 그 후유증이 바로 오늘날 겪고 있는 남녀 갈등입니다.

시대가 변했습니다. 남자도 여자도 변해야 합니다. 남자들은 착각에서, 여자들은 남성들이 주입한 시각에서 벗어나 5천 년간 무릎을 꿇고 있는 여자를 함께 일으켜

세워야 합니다. 그렇게 일어난 여자가 남자와 나란히 섰을 때 비로소 남녀가 서로를 진정 한 몸으로 아끼는 새로운 인간이 태어날 것입니다.

우연히 독(毒)에 들어 있는 '어미 모(母)'에 의문을 품고 시작한 작업이 10년을 훌쩍 넘겼습니다. 마침내 조그만 결실을 맺기까지 조언과 격려를 아끼지 않은 가족과 친구들, 신선한 삽화로 자칫 고루할 수도 있는 이야기에 활기를 불어넣어주신 아라 님, 그리고 이름과는 달리 아주 매운 채찍으로 방향을 잡아주신 달콤한책 김도연 대표님께 깊은 감사를 드립니다.

여자는 존재 자체로 낙인이었어

발행일 2022년 12월 12일 초판 1쇄

지은이 오현세

펴낸이 김도연
펴낸곳 달콤한책
출판등록 2012년 4월 19일 제300-2012-64호
주소 03022 서울시 서대문구 세검정로 4가길 29-7 302호
전화 070-8202-3382
팩스 02-6008-3397
이메일 sweetbooks@sweetbooks.net
홈페이지 www.sweetbooks.net
ISBN 979-11-962801-7-8 03910